読みなおす日本史

安芸毛利一族

河合正治

吉川弘文館

目 次

はしがき

本書は、毛利一族の生きざまを、鎌倉時代から関ヶ原合戦に至るまでの、中世武家社会展開の中に位置づけながら、各人物の心の襞《ひだ》に分け入って考察を進めようとしたものである。毛利氏の家史は、戦前から内容豊かにまとめられており、戦後には、鎌倉武士団から戦国大名へと発展した毛利一族を中心とした組織・構造の研究が、めざましい成果を上げている。しかし、毛利一族を客観的に突き放して、これを歴史進展の中に眺めなおすと同時に、一族の組織・構造論に人間心理の動向を加味して把握しなおし、確実な史料によりながらも、歴史をビビッドに描き出したものはまだみられない。本書では、この新分野の開拓を試みた。

毛利一族の歴史は、元就というユニークな人物が現れ、子息たちを団結させ、西国最大の戦国大名を作りあげたことで、いちだんと輝きを増したことはいうまでもない。しかし、この一族はひとりの英傑が崛起《くっき》して家を興し、初めて世に知られたのではなく、家筋がはっきりしている。祖先は、平安時代初期の大江音人《おとんど》までさかのぼる学者の家であったが、本書では、武将として毛利氏の名字《みようじ》を初めて名乗った大江広元の四男季光の時代から考察を始める。

この一族には、中世史の各時代の節目ごとに、ひとかどの人物が歴史の表面に顔を出し、波瀾に富みながらも、次の時代に引継ぐ要因を確実に残している。関係史料も比較的豊富であり、この一族の軌跡をたどれば、中世武家社会進展の具体相に触れることができる。また、この一族が各時代の波を乗り切ろうとする身の処し方と、その見通しとは別な方向に流されていく史実は、歴史のシニカルな冷厳性を示しており興味が尽きない。本書は確かな史料によりながら、幅広く歴史を読みとろうと努めたが、到底歴史の深淵な部分には達し得なかったと思う。しかし、本書の中で、読者にはそれぞれの立場から、歴史の諸相を読みとってもらえるものと期待している。

おわりに、本書をまとめるに当り、関係著書・論文の恩恵を多く蒙っており、感謝しています。また、新人物往来社は本書の刊行をお引受けくだされ、同社第一編集局長大出俊幸氏には挿図写真をはじめ編集について御世話いただき、御礼を申し上げる次第です。

昭和五十九年八月

河合正治

第一章　毛利季光の栄光と没落

一　毛利名字の地——毛利荘——

大内氏を滅ぼして防長両国を手に入れ、これから中国地方の制覇に向かおうとしていた元就は、弘治三年（一五五七）十一月二十五日付で、内部の体制を固めることをねらって隆元・元春・隆景の三子に長文の教訓状を与えた。かれはその冒頭で、毛利の名字《みようじ》を永続させるべきことを強調し、「いくたびも申すことだが、毛利と申す名字だけは、なんとしても、末代までも廃《すた》らないように心がけ、心づかいが肝心だ。元春・隆景はすでに吉川・小早川という他名の家を継いではいるが、それはほんの当座のことだ。毛利の二字を疎略に思い忘却するようなことがあっては、全く不都合でいうもおろかなことだ」と述べている（毛利家文書四〇五号）。

元就の祖先で毛利の名字（苗字）を最初に名のったのは、鎌倉幕府創業の重臣、大江広元の四男に生まれた季光である。かれは、父からその地頭職を譲渡された相模国毛利荘に土着して、武者としての性格を強め、在地名によって毛利を称した。元就にも、大江氏に属するのだという自覚があったこ

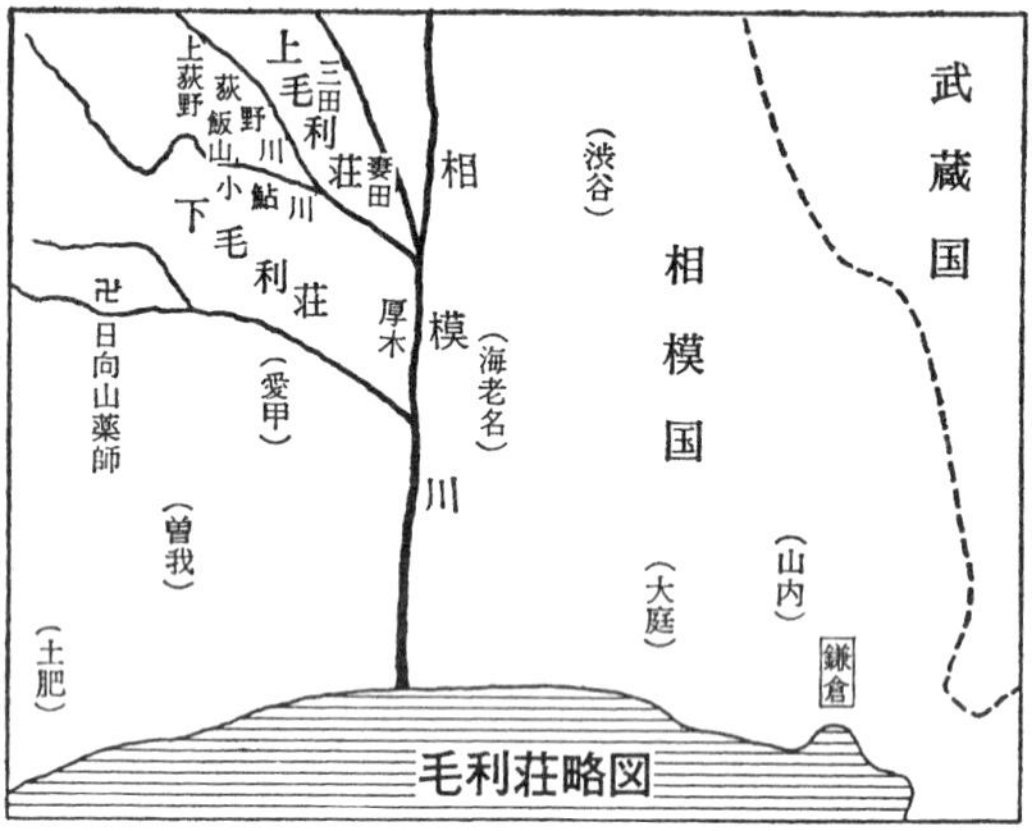

毛利荘略図

とは、かれ自筆の「大江家系図」が存することからも察せられるが、かれがあえて毛利の名字を強調しているのは、季光が名字の地毛利荘に本拠を置いて、武士として出発したことを重視しているからであろう。武士毛利一族の初代は季光である。

季光が本拠を構えていた毛利荘は、相模国の中央部を南北に流れる相模川の中流西岸で、現在の厚木市一帯の地に当っている。その荘域は、市の中心部から、北方の妻田・三田、さらに西方山間部の相模川に流入する小鮎川谷迫の飯山や、荻野川に沿う上・中・下荻野などを含む相当広大な地域で、南半の下毛利荘と、北半の上毛利荘に分かれていた。

この荘の、中央での荘園領主については知ることができないが、現地の支配については、季光以前にも二系統の毛利氏が存在していた。その一つは、源義家の末子陸奥《むつ》六郎義隆で、かれは毛利荘を知行していたので毛利（森）冠者《かじゃ》と呼ばれていたという（平治物語巻三、尊卑分脈）。かれは平治の乱に源義朝に味方して敗れ、義朝に従って東国に落ちる途中、京都から近江国に越える竜《りゅう》華《げ》越《ごえ》（比叡山の北、比良山の南）で討死している。当時、生後まもなかったかれの子息毛利冠者頼隆は、下総国に配流され千葉常胤に預けられていたが、源頼朝が挙兵したとき、常胤に伴われて頼朝の麾下に参じている（吾妻鏡治承四・九・一七）。しかし、この毛利氏は、平治の乱以後は毛利荘とは関係をもっていない。

もう一方の毛利氏は、平氏全盛期には平氏の被官となっており、治承四年（一一八〇）八月二十三日の石橋山合戦に、源頼朝を攻撃した平氏方軍勢中にあって、大庭景親らと肩を並べていた毛利太郎景行である（吾妻鏡治承四・八・二三）。おそらくかれの系統が毛利荘生え抜きで、この地方の開拓を進めた開発領主の子孫で、源義家の末子義隆を現地に迎え知行主としたのも、景行の先代が、武家棟梁として名声を高めていた義家の権勢を借りるためであったと思われる。景行の一族らしい僧印景のように、南都に学道修得のために上り、治承四年十二月の平氏の東大寺・興福寺焼討に遭遇して、毛利荘に帰ってきたものもいる（同上養和元・正・一八）。

石橋山合戦の際に、平氏方軍勢として毛利景行と一緒に戦った渋谷重国・海老名季貞・曽我祐信・熊谷直実らがこの後頼朝に帰参し、平氏討伐のため西海に赴き、また幕府御家人として活動しているのに、景行は幕府の意にそわないことがあったためか、これから三十三年後の建保元年（一二一三）五月に、和田義盛の反乱に相模国の近隣の武士たちとともに味方して、一族が滅亡することが知られるまで、その行動をうかがうことができない（吾妻鏡建保元・五・三）。石橋山合戦に平氏方軍勢中にあったもののうちには、景行と同じ相模国武士の原宗房のように、頼朝の咎《とが》を恐れて一時は信濃国まで逃れていたが、まもなく許されている例もあるので、景行の一族も幕府から生存が許され、所領のうち、根本の屋敷地や一部の名田の所有は認められたのであろう。しかし、毛利荘全域を管理する地頭職は取上げられ、これが大江広元に与えられたのである。

文章道・明法道の家を継ぎ、学問・法律に通暁した才を買われた大江広元は、頼朝に招かれて東下し、元暦元年（一一八四）十月には、公文所（後の政所）の別当となって鎌倉幕府の体制づくりの中心となり、翌文治元年十一月には、頼朝に背いた義経・行家の追捕と関係づけて諸国に守護・地頭の設置を朝廷に認めさせ、幕府の基礎を強固にした。その功績によって、文治二年二月には肥後国山本荘（熊本県鹿本郡植木町）の地頭職を与えられており、同三年四月には、伊勢国で栗真《くるま》荘（鈴鹿市白子）をはじめ八ヵ所の地頭職をもち、同四年十二月には、かつて平氏の海将平知盛が城を構えていた周防大島の島末荘（山口県大島郡東和町）を知行していたことが知られる。

これら遠隔地の荘園と違って、毛利荘は鎌倉から日帰りで往復ができる要衝の地にある。この荘が広元に与えられた正確な時期は知られないが、幕府内部でますます重んぜられた広元は、すでに頼朝時代にこの荘園を得ていたのであり、そのことが確認されるのは、建久五年（一一九四）八月八日に、頼朝がこの荘の南隣にある日向《ひなた》山薬師（伊勢原市）に参詣した際である。この薬師如来は行基菩薩の建立と伝え、当時、相模国では効験無双との評判が高かったので、頼朝はこの参詣を思い立ち、この日の払暁に鎌倉を出発した。頼朝は略装の水干《すいかん》姿で騎馬であったが、有力御家人の五十余人が随伴していた。一行が日向山の手前の下毛利荘に着いたときは昼になっており、ここで広元が一行に弁当(駄餉《だしょう》)をふるまっているが、それは、この荘の地頭職を広元がもっていたからに違いない(吾妻鏡建久五・八・八)。頼朝のこの度の日向山参詣は、長女の大姫の気鬱がこうじ憔悴が日に増していたためであった。頼朝は、大姫のまだ幼少のころであったが、木曽義仲から人質として送られた義仲の嫡子志水冠者《しみずかじゃ》義高をかの女の聟ときめていた。しかし、いまから十四年前の元暦元年、義仲が勅勘をこうむって滅亡した直後に義高を部下に殺害させた。それ以来、大姫の悲嘆はつのるばかりであったので、それをやわらげようと、頼朝の妹婿で京都守護をつとめた一条能保の長男高能を、新たに大姫の聟にと京都から招き寄せたが、このことで逆にかの女の気鬱が絶頂に達したので、その恢復を祈念しての参詣であった。一行はその日の夜更《よふけ》に鎌倉に帰っている。

毛利荘は、広元が地頭職をもつようになっても、先代毛利氏が存在するうちは、現地では屋敷を構えるこの一族が勢力を温存していた。しかし、将軍実朝時代の建保元年(一二一三)にこの一族が滅亡するので、その跡に入って広元から地頭職を譲られた季光が本拠を置き、一族・郎党を養い武将としての基盤をもつことができるようになる。先代毛利氏が滅亡したのは、和田義盛の反乱に味方したためである。幕府創業の功臣で、御家人武士をたばねる侍所別当という地位にあった義盛は、将軍の外戚として幕府の実権を握ろうとしていた北条義時と激しく対立し、これに激発されて反乱を起こしたのである。このとき、和田氏に味方したものに、同氏の姻戚であった武蔵国の横山党のほか、相模国では先代毛利氏をはじめ山内・渋谷・土肥・海老名氏や鎌倉党（梶原景時の残党）など、幕府に抑圧されていた同国中央部の武士たちが加わっている。この合戦で討死した人々の名を列記した目録が、幕府の中枢にいる大江広元に預けられた。それによると、先代毛利の人々は景行をはじめその子息・甥やおもな郎党など十名が挙げられている。先代毛利氏はこのとき族滅したものとみられる。

二　武将季光の活躍

季光は広元の四男であったが、兄たちが父の文官としての面を強く受継ぎ、京都貴族の感覚がなかなか抜けきれないでいたのに、季光だけは関東生え抜きの御家人たちに負けない武士としての性格を強め、承久の乱が起こったときは二十歳で、すでに毛利氏を名のっていた季光は、京都に進撃した関東軍勢中にあって、北条泰時・同時房につぐ武将として活躍する。

季光の長兄親広は、建久三年（一一九二）に母方の祖父の家を継いで源姓を称しており、久我内大臣通親の猶子にもなって公家身分をすてないでいる。次兄の時広は、承久の乱後には備後国守護と関東評定衆もつとめて、広元の嫡流長井氏の祖となって幕府内で重きをなすが、実朝時代には、上京して朝廷に仕えて蔵人となっていた。かれは建保六年（一二一八）六月、実朝の左近衛大将の任官慶賀のための鶴岡八幡宮神拝の行列に前駆をつとめるため、いったん鎌倉に帰るが、同年八月には、禁裏奉公のため上洛したいと申し出て、それは関東を軽視する所存だと実朝から譴責される。それでも検非違使尉に任官できたら帰参して幕府に忠節を尽くすからと、北条義時に泣きついて申請してもらい、一時の上洛を許されている（吾妻鏡建保六・六・一四、同八・二〇）。季光のすぐ上の兄政広は、上野国の藤原秀郷流那波氏の養子となっており、その子息政茂の時代には関東評定衆にもなるが、一時は幕府の主流をはずれていた。これらの兄たちと違って、季光は幕府の柱石となっていた広元の意向にそって、関東御家人としての性格を強め、その主流を歩んでいた。広元が鎌倉に近い要衝の相模国毛利荘を季光に譲ったのも、かれに対する期待が大きかったからであろう。

季光の名が幕府関係の編年体の史書『吾妻鏡』に初めて現れるのは、建保六年（一二一八）六月二十七日の将軍実朝の任大将拝賀の鶴岡八幡社参行列の前駆の中に、左近大夫季光としてである。当時十七歳のかれは、早くも五位の左近衛将監《しょうげん》の肩書をもっていたのである。このとき、季光は成人に達していたのであり、毛利の名のりがみられるのはこれから三年後であるが、すでに毛利荘を譲られ、先代毛利氏跡の経営に当っていたであろう。また結婚もしていたであろう。かれの妻は、北条氏につぐ権勢をもっていた三浦義村の娘であり、この結婚がかれの運命を大きく左右することになる。

実朝はまだ二十歳代なのに、ものに憑かれたように官位の昇進を望み、大江広元らの諫言も聞き入れず、頼朝の最高官職であった大将を望み、京都の後鳥羽院側も、身分不相応な官位を追打的に与えて、実朝の運命を狂わそうとしていたかにみえる。実朝はまたたくまに左近大将・内大臣を経て右大臣にまで任じられ、そして承久元年（一二一九）正月二十七日の雪の夜、大臣拝賀のため鶴岡八幡宮に社参の際、社頭において、二代将軍頼家の遺児で同社別当の公暁のために惨殺されてしまう。この事件の黒幕には北条義時がいたとみられ、また、公暁の乳母夫三浦義村が、実朝と一緒に義時も抹殺しようと謀ったが、義時にうまく逃げられたと知ると、逆に公暁の首を取って義時に差出したのだという見方もある。いずれにせよ、これは実朝に親近した人たちには大きな驚きであり、哀傷に堪えず、その翌日、季光の兄源親広・大江（長井）時広をはじめ御家人百余人が出家している。このとき、季光もまだ十八歳であったが出家し、入道西阿と呼ばれるようになる。季光が後年、専修念仏者といわれるほど宗教心を募らせたのは、これが契機となったに違いないが、出家姿になったからといって世俗生活が断たれたわけでなく、かれの武将・政治家としての活動はこれからはじまるのである。

実朝の死後、公武の関係は急速に悪化し、後鳥羽院は直属の北面・西面の武士だけでなく、在京中の三浦胤義（義村の弟）ら有力な関東御家人も味方につけ、ついに討幕行動に踏みきった。当時、京都には季光の長兄源親広と、北条義時の妻の兄伊賀光季が、並んで幕府出先機関の京都守護として置かれていた。承久三年（一二二一）五月十四日、親広は院からの強い誘いに応じて院方になってしまった。翌十五日、伊賀氏は、京都の情勢を報告する使者を送った直後に、院方武士によって討滅された。同日、諸国に幕府の実力者義時追討の院宣・宣旨が発せられ、ここに承久の乱が勃発した。

東国の御家人武士たちは朝廷に敵対することに大きな恐れをいだいたが、亡夫頼朝以来の御恩を強調した政子の言葉によって、いずれも幕府に忠誠を誓った。京都への進撃をためらう幕府主脳の中で、一刻も早く攻上ることを主張したのが、朝廷や貴族の表裏を知り尽くしていた大江広元であった。幕府軍は東海・東山・北陸の三道に分かれて進んだが、主力は東海道軍の十万余騎であって、その大将は北条泰時・同時房で、部将には足利義氏・三浦義村・千葉胤綱がおり、ついで毛利季光がいた。そして戦闘が進むと、義村・季光が、足利・千葉氏を越えて実力を発揮する。大江広元は、長男親広が院側に走ってしまっただけに、季光に寄せる期待は大きかったであろう。

宮方軍勢の最初の抵抗線は木曽川に置かれていた。東海道軍では、尾張国一宮（一宮市）において木曽川渡河の分担がきめられ、季光は最右翼の鵜沼（各務原市）の渡しへ向かう隊長となって、これを突破している。美濃国垂井宿（岐阜県不破郡垂井町）では東海・東山両道の軍勢が合流し、ここで合戦会議が催されたとき、義村が強引に宮方最後の抵抗線である宇治川・淀川の渡河点攻撃の分担割を提案し、泰時もこれを承認した。それは、右翼の勢多（瀬田）には時房、供御瀬には東山道軍の武田信光、宇治には泰時、そして左翼の芋洗（京都府久世郡久御山町）には季光、淀（京都市伏見区）には義村が向かうことになっていた。芋洗と淀は隣接しており、義村は最後の攻撃を、娘婿の季光と轡を並べて行ないたかったのであろう（吾妻鏡、承久記）。

京方軍勢は、宇治川・淀川の抵抗線も破られて京都へ敗走する。源親広も供御瀬に出陣していたが、敗走の途中、関寺（大津市関寺町）のあたりで宮方軍勢の中から姿を消した。京方となった有力御家人のほとんどが命を断たれたのに、かれだけは生存が許されている。承久三年六月十四日、泰時は京都南郊の深草に到着し、ここで、幕府親近の唯一の公卿西園寺公経からの使者と接触して、明日入京ときめた。義村・季光も泰時の使者をうけて深草に合流した。翌十五日、幕府軍は京都を占領した（吾妻鏡、承久記）。泰時・時房は京都にとどまって、関東と連絡をとって戦後の処置に当るが、これには義村・季光と評議している（吾妻鏡承久三・六・二九）。二十歳の季光がこのような重大事に関与できたのは、かれの父が幕府中枢の広元であったことにもよるが、また、かれがこの乱を通して、武将としてまた政治家として高く評価されたためであろう。季光は毛利荘のほかに、越後国佐橋荘と安芸国吉田荘の地頭職をもつことになるが、この両荘を手に入れた時期と事情は判然としない。佐橋荘はおそらく広元から譲渡されたもののようであるが、吉田荘は、承久の変における勲功の賞として与えられたものと察せられる。

三　栄光の座

季光は本拠を毛利荘に置いたが、他の有力な御家人と同様に鎌倉にも邸宅を構えており、それは、頼朝時代以来の大倉の将軍御所の向側にあった。将軍御所は嘉禄元年（一二二五）十二月に、鶴岡八幡宮南正面の若宮大路に移るが、季光が、将軍御所が大倉にあったころからその向側に住んでいたことは、同年四月に、かれの家が火災に見舞われていたことからも知られる（吾妻鏡嘉禄元・四・三〇）。季光の惣領家に当る長井時広・泰秀父子の邸宅も近隣にあったし、この邸宅は父広元から譲られたものであろう。しかし、幕府からこの要地を占める邸宅に住むことを認められたのは、季光の働きが期待されていたためとみられる。

季光はさらに大倉の奥にも土地を所有していた。幕府は貞永元年（一二三二）に、将軍頼経の祈願所として五大尊（五大明王）堂を建立する計画を進め、これはいちど鎌倉西南部、安達景盛の邸宅がある甘縄が有力候補地となっていたが、結局、同年十月に季光の大倉の地にきめられた。それには、これが景勝の地であるとか、幕府の鬼門に当るとかの理由がつけられているが、実際には、安達氏に対する力関係が、三浦義村を背景にもつ季光の方に有利に働いたためと考えられる（吾妻鏡貞永元・一一・二二、嘉禎元・一・二一）。

承久の変の三年後に北条義時が急死するが、そのときはまだ尼将軍といわれた政子が大江広元とともに生存していて、次の執権泰時に政権を引継がすのに大きな役割を果たす。しかし、翌嘉禄元年（一二二五）六月に広元、同年七月に政子があいついで死没し、泰時時代が到来する。幕府政治が最も充実し安定したこの時期に、季光は泰時に重用されて、一時その運命の花が開くのである。

泰時は御家人武士たちの利益を守り、道理にかなった公正な政治を進めるため、嘉禄元年十二月に評定衆を置き、執権とともに訴訟の裁決に当らせ、また重要政務を審議させた。季光はこの要職に、創設から八年目の天福元年十一月に三十二歳で召し加えられている（吾妻鏡天福元・一一・三）。評定衆は十余名からなり、文吏官僚と有力御家人の双方が加わっているが、武士出身者は審議を苦手とするものが多く、結城朝光などは学問がない方ではなかったが、評定衆になって一ヵ月余で「短慮で迷いやすく、自分の意見が述べられないから」と、辞任を申し出たほどであった。父は文吏官僚であったが、すでに御家人武士としての性格を強めていた季光は、評定衆として最適任者であり、泰時の重要政策の決定にはいずれも審議に加わっており、かれの幕府内での地位は高まっていった。

当時、将軍が方違《かたたが》えなどの名目で、幕府主脳の人々の邸宅を訪れて宿泊し、訪問をうけた側は、これを栄誉として馬・剣などの引出物を差出す慣習ができていた。季光邸も嘉禎二年十一月頼経の来訪をうけ、さらに、頼経が将軍職を頼嗣に譲った後の寛元四年正月、頼経・頼嗣父子が季光邸を訪れ、邸内の寝殿（正殿）において、八歳の頼嗣の甲冑着初の式を行なっている。季光はすでに幕府の主脳陣営に加わっていたのである。

季光には四人の男子があり、末子の経光はまだ幼少であったが、上の三人は、泰時時代の後半期にはいずれも成人しており、長男広光は兵衛大夫、次男親光は左近蔵人、三男泰光は蔵人と、それぞれ肩書をもって、将軍の側近にあって幕府の行事にしばしば参加しており、将来の活躍が期待されていた。まして、季光の娘が北条泰時の孫時頼に嫁し、北条得宗家（本家）の外戚となったことによって、かれはいよいよ栄光の座に引上げられたことになる。

季光の娘と北条時頼の嫁娶《かしゆ》の儀（結婚式）は、延応元年（一二三九）十一月二日の夜に執り行なわれた。時頼はこのときまだ十三歳であったが、これは両人どうしというよりも、北条・毛利両家の間に執り行なわれた儀式であった。当時、上級武士の間では、平安貴族の遺風をうけて招婿婚（婿入婚）の形式をとるものがあり、時頼もこの慣習に従って毛利氏の邸宅に入っている（吾妻鏡延応元・一一・二）。

この結婚は、泰時が季光の人物を見込んで、かれを時頼の後見人に選んだということであったと思われるが、季光の娘は三浦義村の外孫でもあるので、これによって、とぎれていた北条・三浦両氏の姻戚関係を復活させようとする意図もあったとみられる。義村はこの結婚式の一ヵ月後に頓死するが、式のころは八十余歳の高齢ながら健在で、多くの政変をくぐり抜けて、北条氏に脅威を与えるほどの権勢を握っていた。実は泰時の初めの妻は義村の娘であり、かの女は時頼らの父時氏を生んだが、まもなく離婚して他家へ嫁してしまった（矢部禅尼禅阿、吾妻鏡嘉禎三・六・一）。一方、義村の嫡男泰村の妻は泰時の娘であり、この方は、泰村が大番役に上京する際、かの女を同伴するほどの仲睦まじさであったが、寛喜二年（一二三〇）八月、女児を分娩した直後に死没してしまっている（同上寛喜元・九・一〇、同二・八・四）。両家にとっては再び姻戚関係の強化が望まれていたのである。

時頼には三歳年長の同母兄経時がいたが、泰時から、時頼の方が兄より将軍の後見として人物ができているとほめられている。仁治三年（一二四二）六月、泰時が死没し、経時が執権職を継ぐが、わずか四年で早死し、寛元四年三月に、時頼が代って第五代執権の重職を継ぐことになる。これで、季光が執権の外戚として幕府の中枢を占める時期が到来したかとみられたが、翌宝治元年に三浦合戦に巻き込まれ、末子一人を残して一家が全滅してしまう。時頼の妻の位置は、季光の娘から泰時の弟北条重時の娘にかわり、その間に時宗が誕生する。歴史にもしもの仮定は許されないが、そのまま無事に時が流れていれば、季光の外孫が政権の座についていたであろうのに、運命とは皮肉なものである。

四　三浦合戦

泰時の死後、幕府の執権職は十九歳の経時、ついで二十歳の時頼に引継がれ、一方、寛元二年（一二四四）四月には将軍職の交替も行なわれ、わずか六歳の頼嗣が将軍となっており、世情に不安な空気が高まった。頼経は将軍職をおりた直後に京都へ返される予定であったが、飾り物であったとはいえ、二十五年余りも将軍職にあったかれに親しみを懐く御家人も多く、大殿と呼ばれ鎌倉にとどまっていた。ところが、寛元四年五月には頼経の側近グループに属した北条氏の庶家名越光時らが頼経を擁し、時頼を排除して政権を奪取しようとする陰謀が露見し、光時らは抑圧され、頼経は同年七月、京都へ強制送還された。これは、かえって頼経側近グループに刺激を与え、そのグループの一人である三浦光村（泰村の次弟）のように、頼経をもういちど鎌倉に入れてみせると広言するものまで現れた（吾妻鏡寛元四・八・一）。そこで情勢が急転して、北条氏の三浦氏一族討滅へと動いていく。ここに毛利季光の苦悩がはじまる。かれの妻は三浦氏の出であり、かれの娘は時頼夫人になっていたからである。

当時、北条氏内部には同族の重時・政村・実時らがあり、また、得宗家の直属被官（御内人）にも尾藤景氏・諏訪盛重・平盛綱らの有能な人物がいて、時頼の地位強化をはかろうとしていた。この時頼側近グループにとって、三浦氏は父の義村は死没したが泰村・光村ら多くの兄弟が権勢を誇り、守護職は数ヵ国、所領は数万町に及び、一族郎従眷属が諸国にはびこり、ことに、光村のような頼経を擁して一旗揚げようという暴れん坊をかかえており、危なっかしい存在になっている。この対立に拍車をかけたのは、時頼母方の実家で北条氏の外様《とざま》御家人としては、三浦氏にわずかに対抗できる実力を温存していた安達氏の動きである。時頼の外祖父景盛（入道覚地）は隠退して紀州高野山に入っていたが、このとき急いで鎌倉に帰り、時頼と熟議し、一方、子息義景や孫泰盛に対し、いま武力で三浦一党を倒さなければ、かれらは驕慢となり、手がつけられなくなるぞと発破をかけている。これで、北条・三浦両氏の間はいっそう険悪となった。しかし、時頼側近グループにとって、毛利氏を討滅する予定はなく、季光もいざとなれば時頼方に参ずる覚悟であった。

宝治元年（一二四七）も無事に明け、正月三日には将軍頼嗣は御行始《おなりはじめ》として時頼邸に入り、続いて毛利季光邸に渡御している。しかし、やがて空には大流星があり、羽蟻群や黄蝶の大群が飛び、岸に

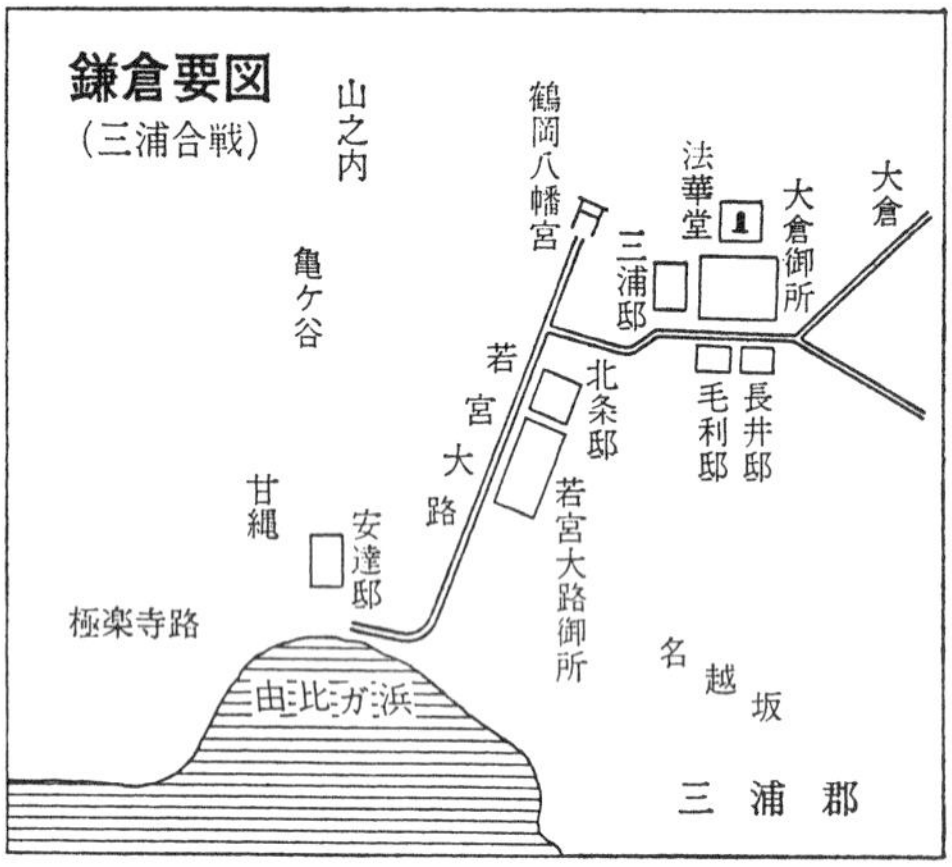

は血のごとき海水が打寄せ、山には光るものがあるなど、次々に怪異現象があらわれ、人々は兵革の兆《きざ》しだと恐れた。この年も五月になると、鶴岡八幡宮の鳥居前に、泰村は誅罰を加えられるべきだという札が立てられるなど空気が切迫し、時頼邸には近国の御家人が四方から参集し、三浦邸でも一族郎党が戦闘準備をはじめた。そして、ついに六月五日となった。この日辰の刻（午前八時）、時頼からの最後の和平の使者が旧大倉御所の西御門（八幡宮東隣）の三浦邸に送られ、泰村もこれをうけてあくまで和平を願った。しかし、安達勢はそうはさせじと襲撃をはじめ、三浦側も応戦して、三浦合戦は開始された。

なりゆきを息をつめて眺めていた毛利季光は合戦開始を知ると、巳の刻（午前十時）時頼に味方すべく甲冑を着し、従者を率いて将軍御所に向かおうと打ち出した。ところが、このときかれの妻から鎧の袖を取って引きとめられ、「あなたは泰村をすてて時頼に味方しようとしているが、これは武士としてとるべき態度か、それでは年来の約束ごとに違えることになる。後の世への聞《きこ》えも恥しくはないのか」と口説《くど》かれて、決心がにぶり、一転して泰村の陣に加わった。気丈なかれの妻は、合戦前夜の遅くに従女一人を連れただけで三浦邸に乗り込んで、兄泰村に向かって、北条方から戦いをしかけられる先に三浦方から先制攻撃をするように激励し、三浦氏が挙兵のときは夫はきっと加勢するであろうし、もし二心があっても自分が味方につけてみせるといいきっていたのであった（吾妻鏡宝治元・六・四、同五）。

確かに、このとき季光の心は、娘婿の時頼につくべきか、妻の実家三浦氏を援けるべきかと揺れており、そこを妻に突かれて思い切ったのである。かれが三浦氏に味方したのは、妻への愛情というよりは武家社会の約束ごとに従ったのである。この時期は、武家社会における女性の社会的・財産的地位が大きく変化しかけていた。鎌倉時代後半に入ると、女性は実家から土地の配分に預っても、それは一期分《いちごぶん》といって死後は実家の惣領に返還されるべきもので、すでに後世の鏡料・化粧料の性格をもっていた。ところが前半期までは、女子は男子より少なかったとはいえ、分配された土地は婚家にもち込まれ、将来も婚家に引継がれた。その土地に対する反対給付として、婚家の夫は、妻の実家の危急のときには馳せ参じる義務があるとされた。毛利氏の場合も前半期の慣例で、妻について土地がもち込まれていたのであろう。

季光のほか、常陸国の豪族関政泰も三浦泰村の妹と結婚していたため、三浦合戦が起こると縁座をまぬがれないと思い切り、三浦氏に味方して滅亡している。また、千葉氏の有力庶家で上総氏の跡を継いだ上総秀胤は、名越光時の陰謀に加担した疑いで上総国に追い下されていたが、三浦合戦の直後に、かれも泰村の妹婿だということで、北条氏から追討の兵を向けられて族滅している。ただし、時頼の岳父であった季光の場合はかれらと違っており、北条氏側も季光が三浦氏に味方することを予測していなかったことは、時頼から六波羅探題の北条重時に三浦合戦の事情を報じた書状の中で、「季光が不慮に同心したので誅罰された」と、記していることからも察せられる。

合戦はおもに鎌倉の市街戦で同日夕刻まで及んだが、しょせん敗北をまぬがれないとさとった三浦一族一党は、みな旧大倉御所北側山手にある源頼朝の影像を祀った法華堂に集まり、ここで自殺し果てた。総勢五百余人で、その中には幕府の番帳に登録された名のある武士が二百六十人いた。三浦一党最期の様子は、そのとき、法華堂の堂僧の一人が天井裏にかくれて見聞していたが、それによると、毛利季光（西阿）は専修念仏者であったので、諸衆に勧《すす》めてともに浄土に生まれるがため、浄土教の祖、唐の善導作の浄土法事讃を唱えあげた。このとき、暴れん坊の三浦光村が高らかに声をあわせて音頭をとったという（吾妻鏡宝治元・六・五）。

三浦一党の自殺・討死者についての幕府記録の中に、毛利氏では季光をはじめ広光・親光・泰光の三兄弟のほか吉祥丸が、また同捕虜には毛利文殊丸の名がみえる。吉祥丸・文殊丸は季光の孫であろう。三浦方に味方した関政泰の常陸国の本拠では、近隣御家人の襲撃をうけ、残留の郎従は合戦に敗れ、関氏の舎屋はことごとく放火されて余炎は数町に及び、悲しみ叫ぶ声が村一帯にみちたという。毛利氏の相模国の本拠でも、同様な事件が起きていたに違いない。毛利氏の本拠が毛利荘内のどのあたりにあったか判然としないが、おそらく小鮎川をさかのぼった飯山の谷迫あたりにあったのであろう。三浦合戦から三ヵ月ほどたった宝治元年九月の半ばに、毛利荘の山中で怪異などがあり、毎夜田楽の粧をした亡者たちが騒ぐと、土民から幕府に報告が出されている。これは、おそらく北条方の軍勢に攻められて毛利氏の留守家族や郎従が悲惨な最期をとげたために、この怪異が現れたと土民は感じていたのであろう（吾妻鏡宝治元・九・一六）。毛利氏はこのとき、遠く越後の所領に出向いていた季光の四男経光だけを残して全滅したのである。

第二章　越後国から安芸国へ——経光・時親——

一　生き残った経光の系統

毛利一族は三浦合戦に巻き込まれ、鎌倉と毛利荘において全滅したが、ただ一人、遠く離れた所領の越後国佐橋荘に滞在していた季光四男の経光だけが生き残った。経光は京都へ送還される前将軍藤原頼経に、途中だけを随従する路次供奉人に選ばれ、寛元四年（一二四六）七月十一日鎌倉を出発し、同年八月一日任務がおわった（吾妻鏡）。かれは、おそらく京都からまっすぐ、父に代って佐橋荘地頭代官となって越後に下向したのであろう。それから十ヵ月後に三浦合戦が勃発したのである。

季光が三浦氏に味方したのは偶発的で、幕府にとっても予想外のことだったので、謀反にくみしていないことが歴然としている経光が、生存を許されたのは当然であろう。だが、かれが、本貫の毛利荘は没収されたとはいえ、季光以来の佐橋荘と安芸国吉田荘の地頭職の所有を安堵され、毛利氏を存続することを許されたのは恩恵といわなければならない。これを可能にしたのは、幕府内部に生前の季光に好意をもったものがいたからであり、直接には、大江広元の嫡流を継いだ長井泰秀が、三浦合戦後も幕府の中枢に位置を占めていたためである。

泰秀は季光の兄時広の嫡男で、三浦合戦の際はすでに長井氏の家督を継いでいた。かれは季光の親族であるが、この合戦に際して、かれがとった行動は幕府側から高く評価されていて、『吾妻鏡』には次のように記されている。泰秀の邸宅は毛利邸の近隣なので、郎従を引率して将軍御所へ馳せ参じようとしたかれは、同じく御所へ参ろうと打ち出しながら、妻との縁故によって、三浦氏方に味方するために逆もどりした季光の軍勢と行き逢った。このとき、かれは季光を押しとめなかったが、それは季光になまじ同情したからではなく、季光が三浦氏に味方して、武家の慣習を貫徹しようとする本意を通させたうえで、かれを三浦一族と一緒に追討しようとしたためであり、これは最も「武道有情」に叶うと記している（吾妻鏡宝治元・六・五）。実際にこの直後、泰秀の郎従は三浦一族中の暴れん坊光村の軍勢と激闘している。

季光の親族中には、かれの弟の海東忠成のように、季光に同意した過《あやまち》によって評定衆から除籍されたものもいたが、泰秀は武道にかなった毅然たる行動によって、毛利氏の惣領家に当る長井氏の地位を保全することができた。泰秀は、三浦合戦の戦後処理をきめる評定衆の会議にも出席しており、経光を庇護して毛利氏を存続させようという処遇も、泰秀の意向によることが大きかったに違いない（吾妻鏡宝治元・六・一一、同二七）。長井氏は幕府の文筆をつかさどる文吏系武士であったが、北条氏の専制が強化される鎌倉時代の後半期には、北条氏による討滅をまぬがれ生き残った外様大名たちは、北条氏の弾圧を恐れて政治の表面に出なくなり、代って長井氏や二階堂氏などの文吏系武士が政治的発言力を増した。泰秀の孫長井宗秀は金沢北条氏と姻戚関係をもち、北条一門と肩を並べる権勢者となっている（金沢文庫古文書）。毛利氏は、鎌倉時代後半期においては長井氏を惣領家と仰ぎ、その庇護のもとで生存を続けることができたのである。

長井氏の惣領家は、代々関東評定衆をつとめて鎌倉に居住し、その所領も、出羽国の長井荘（米沢市及び長井市）をはじめ東国に多かったが、泰秀の弟泰重の系統は西国に進出する。長井泰重は六波羅探題の評定衆となって京都に住し、同時に、父時広から備後国守護職を受継いでいる。かれの系統は鎌倉時代末に至るまで、この両職を引継いでいる。その関係で、長井一族は備後国内で多くの所領を得ており、それは、小童保《しちのほ》（広島県甲奴町）・長和荘（福山市瀬戸町）・信敷荘《しのお》（庄原市敷信）・田総荘《たぶさ》（広島県総領町）の地頭職及び泉荘（広島県西城町）・山南荘《さんな》（同沼隈町）の年貢徴収の請所権などである。また、安芸国でも三田荘（広島市安佐北区白木町三田）がその所領となっていた。長井一族の中には、これらの所領に拠点を構えるものが多く、その子孫がこの地方に繁衍する。後に、毛利氏が西国の安芸国に活躍の場を求めたとき、長井一族の存在が大きな力となる。

毛利氏は、三浦合戦以後は本拠を越後国佐橋荘に移し、安芸国吉田荘には代官を派遣して支配する。毛利氏は名字の地の毛利荘を失ったとはいえ、越後に移り、ついで安芸に移住してからも、毛利の名字に固執してこれを名のっている。鎌倉時代において、幕府膝元の相模国や武蔵国での在地名を名のることは、幕府に直結する関東御家人の中でもとくに名誉なことであったから、毛利氏は現実に毛利荘を失っても、この名字はすてたくなかったのであろう。没収された毛利荘は北条氏の所領となっていたとみられる。その直接の証拠はないが、南北朝初期の文和元年（一三五二）六月、足利尊氏が、以前から鎌倉覚園寺《かくおんじ》領であった毛利荘内妻田散田、荻野郷などに、武士たちが乱入して狼藉したり、竹木を伐取ったりしないよう禁制を出している（覚園寺文書）。また、その前年の観応二年七月、尊氏は同荘内厚木郷半分を鎌倉円覚寺の塔頭正続院に寄進したが、以前、この地を社領としていたらしい鶴岡八幡宮の雑掌（現地管理人）がこの地を寺家に渡さないので、翌文和元年までトラブルが続いている（円覚寺文書）。覚園寺は北条義時の創建以来、北条氏と縁故の深い寺院であるが、鎌倉時代には、北条氏の所領となっていた毛利荘内の一部が、この寺院や鶴岡八幡宮に寄進されていたのであろう。

経光が毛利氏の本拠を置いた佐橋荘は越後国の中央部で、北流して柏崎市街の東北方で日本海に入る鯖石《さばいし》川流域一帯の、肥沃で広大な地域を占めていた。同荘は東から西に流れて鯖石川に注ぐ長鳥川によって南北に分かれていた。長鳥川以北を北条《きたじょう》、以南で鯖石川の谷奥の部分を南条《みなみじょう》と称した。佐橋荘の土貢は南条だけで二千貫文であり、全荘はその倍とみられるので、同荘は、土貢一千貫文の安芸国吉田荘の四倍に当った（毛利家文書一五号）。この荘の荘園領主は、文治二年（一一八六）には六条院であり、その後、亀山院から後二条天皇に引継がれていて大覚寺統の皇室領となっている（吾妻鏡、亀山院御凶事記）。また、同荘の地頭職はすでに広元時代に得ていたとみられ、これが季光に譲られ、

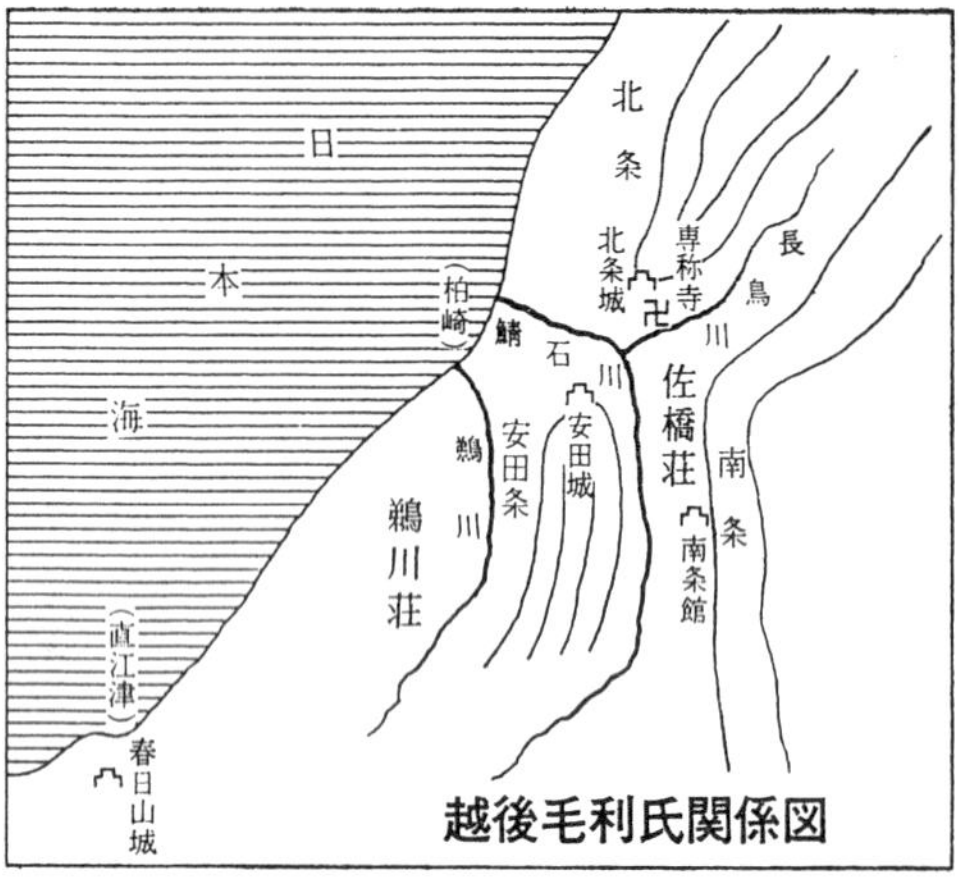

越後毛利氏関係図

ついで経光に安堵されたのである。経光が本拠を構えた南条館の跡は、鯖石川の谷迫の東岸に当り、東西二〇〇メートル、南北一〇〇メートルで、比高七メートルの小丘がそれで、現在、樹木が茂り佐橋神社が鎮座している。

経光は佐橋荘に本拠を置いてから二十三年後の文永七年（一二七〇）七月、かれはすでに出家して寂仏と称していたが、同荘の地頭職を、長男基親と四男時親に分割譲渡した。基親には、同荘北条と、分割を行なった後も毛利一族を統轄する権限をもつ惣領職《そうりようしき》を与えた。一方、時親には、自分の居館がある同荘南条に加えて、安芸国吉田荘の地頭職を譲っている（毛利家文書一号）。これは、時親の方を優遇しすぎのようであるが、その事情は後に眺める。基親は家督を嫡男時元に譲り、基親・時元は居館を分割譲渡された佐橋荘北条に構えるが、それは、鯖石川に合流する長鳥川の北側に威容を誇る北《きた》条城《じようじよう》（標高一四〇メートル）の南麓にあった。北条城は、北条毛利氏が南北朝争乱期に付近一帯に勢力を拡張するにつれて、居館の背後に構築した山城である。

北条毛利氏は永仁元年（一二九三）に、居館の近くに氏寺として時宗の専称寺を建立した。時元は応長元年（一三一一）八月、同寺御領として、佐橋荘北条下村内の金丸名の田畠と山林を寄進している（専称寺文書）。南北朝時代に入ると、北条毛利氏は、南条毛利氏の人々が安芸国吉田荘に移ったので、佐橋荘全域を支配下に入れる。さらに、同荘西隣の鵜川荘安田条の地頭職を得て、ここに安田毛利氏を分立させる。北条毛利氏はその後、越後国中部の有力な国人領主として成長する。戦国時代には、上杉謙信が春日山城を本拠に越後一国を統一し、さらに四隣に勢力を拡張していた。このころ、北条城に拠った北条（毛利）高広は、一時甲斐の武田信玄に通じ、謙信に反抗したが、謙信に帰伏して後は軍奉行として重用され、また、謙信が関八州へ進出するための本拠とした厩橋《うまやばし》城（前橋市）の城代に任命されている。南条毛利氏系の元就が西国で大活躍をしているとき、東国の天地でも、それとは全く別に北条毛利氏の活動がみられたのである。

二　時親の立場

時親は、文永七年（一二七〇）に父経光から遺産相続をうけたとき、長兄基親には毛利氏の惣領職が渡ったとはいえ、所領は越後国佐橋荘北条の地頭職だけであったのに、かれは同荘南条のほか、さらに安芸国吉田荘の地頭職まで譲渡されている。時親が優遇をうけた理由は、基親が余り世に出ず、早く嫡男時元に家督を譲っているのに、時親は当時まだ二十歳前後の青年であったが、この後のかれの活躍ぶりから察して、すでにこの時期に将来が期待される人物と見込まれていたからだといえそうである。しかし現実には、かれはすでに結婚しており、この優遇の直接の理由はかれの妻の出自によるものだったようである。

時親の妻は、当時、幕府内部で実質的な権勢を握りつつあった北条氏得宗家の御内奉公人のひとり、長崎泰綱の娘（亀谷局と号す）であった（毛利家文書一五号）。経光は文永七年、時親に吉田荘地頭職を譲渡すると同時に、時親の妻亀谷局に同荘の中心部吉田郷を重ねて譲与しており（同上四号）、時親への優遇には、かれの妻の実家を意識しての配慮があったことが知られる。

泰綱は北条時頼の側臣として仕え、奉書執筆の役目を果たしていることが知られ（南部家所蔵曽我文書一九五号）、また、時頼が死没する直前に、その病床に近侍していた長崎次郎左衛門尉も泰綱であろう（吾妻鏡弘長三・一一・二〇）。北条氏の直属被官である御内奉公人は、将軍の陪臣として公の場では地頭御家人より一段と低くみられていた。しかし、かれらは北条氏が幕府の実権を握るにつれて権勢を加え、鎌倉時代後半には、御家人が外様《とざま》と呼ばれるようになったのに対し、御内人《みうちびと》として尊重された。三浦合戦以後、惣領家長井氏の庇護があったとはいえ、北条氏の寛大な取計いによって、ようやく毛利氏を存続させてきた経光にとって、所領配分に際し、北条家内部の実力者長崎氏と婚姻関係を結ぶことができた時親に大いに配慮を加えて、北条勢力に接近をはかったのは当然といえる。

時親は京都に出て、六波羅探題の評定衆を勤めるようになる。六波羅評定衆は南・北両探題につぐ高級職員であって、西国の人々の訴訟を引受け裁判を行なったのであり、西日本の情報が自然に集まる立場にあった。かれは京都に屋地二ヵ所をもっていたほかに、在京料所として河内国加賀田郷（河内長野市）二百貫の地も与えられており、いちど挫折した毛利氏の出身としては、かれは格段の出世といわなければならない。

時親は京都で勤務するようになってからも、鎌倉時代末までは越後佐橋荘の南条館に本拠を置いていたのであり、この屋敷が火事にあって祖先伝来の文書を焼失したということもあった。安芸の吉田荘には、嫡孫親衡を派遣して経営に当らせた。親衡の安芸国下向が元亨三年（一三二三）以前であったことは、この年、かれが娶っていた吉田荘東南隣の三田荘の領主長井三田入道の娘との間に、嫡男元春（初名師親）が生まれていたことからも知られる。吉田荘の荘園領主（本家）は京都祇園社で、花山院（藤原）家が領家をつとめていたが、永仁四年（一二九六）に地頭毛利氏との間に下地中分が行なわれ、同荘南半の豊島・竹原両郷が領家方、北半の吉田・麻原両郷が地頭方となっていた（祇園社記二）。

時親は父から所領を譲られてから六十年を経た元徳二年（一三三〇）三月に、遺産の譲渡を行なう。それは、後醍醐天皇によって討幕が企てられた元弘の変が起こる前年である。時親には嫡男貞親など三子があったが、一代をとばして嫡孫親衡をはじめ孫たちに分割相続を行なう。親衡には下地中分後の吉田荘吉田・麻原両郷地頭職と、佐橋荘では南条館とともに二ヵ条七百余貫の地が譲与された。佐橋荘南条二千貫の地は七ヵ条よりなっていたが、親衡の得分を除く五ヵ条の地は庶流の孫たちに譲られた（毛利家文書三・一五号）。ただ、嫡男貞親は、時親の妻亀谷局が別に譲られていた安芸国吉田郷の譲りをうけており、また、時親が在京料所として得ていた河内国加賀田郷も譲られている（同上四・一五号）。

時親は、鎌倉時代末には早く六波羅評定衆をやめて隠栖していた。それは、北条体制の内部にあったかれであるが、いよいよ強化される北条得宗専制に批判的になっていたためでもあろう。最後の執権北条高時時代に、内管領となって権勢を振るった長崎高綱（円喜）・高資父子は、かれの岳父長崎泰綱と系譜上どうつながるか不明であるが、同族であったに違いない。弾圧政治を進め、賄賂によって裁判の公正を欠いて民心を失っていた長崎氏の政治に、時親は姻戚なるが故にかえって反発を感じていたのであろう。かれが鎌倉幕府の滅亡と運命をともにせず、冷静に一族が次の時代に生き延びる道を模索できたのもそのためとみられる。

時親は河内国加賀田郷に隠栖中に、若き日の楠木正成に兵法を伝授したという伝承がある。かれの嫡男貞親の三男で、加賀田郷を譲られた近江守某の系譜をひくとみられる同郷（河内長野市加賀田）在住の大江氏の屋敷地は、隠栖中の時親居館跡として、戦前に大阪府の史跡に指定されている。この居館跡は石川の上流の加賀田川の谷にあって、同じく石川の上流の千早川の谷にある赤坂の楠木氏居館からは、谷筋が違うが八キロメートルほどの距離にあり、正成と因縁の深い金剛寺を西方に、同観心寺を東方に控えた位置にある。ここは加賀田川の渓流をめぐらせた要害の地で、背後には小丘ながら数箇の郭をもった山城を構えていて、旧土豪屋敷の雰囲気をとどめている。ただし、大江氏は寛政十一年（一七九九）の火災で伝来の什書を失っている。時親の隠栖を語るのは、かれが楠木正成の兵法の師であったことを述べた稗史の『南朝太平記』（宝永六年刊）や、『絵本楠公記』（文化六年刊）だけである。大江氏邸内に、明治三十五年（一九〇二）に建てられた「大江修理亮（時親）遺跡碑」には、典拠不明ながら隠栖をはじめたのは延慶二年（一三〇九）としている。時親と正成との結びつきは真実は知られないが、かれがこの隠栖中に幕府の近臣としての立場を離れ、天下情勢の推移を眺め、一族将来の運命を考えていたことは確かであろう。しかし、時親は建武政府ができても、その公家貴族優先の立場には反対で、武家政治の復活を策す尊氏の党として行動する。

三　安芸国集住

安芸国吉田荘は、季光が承久の乱の勲功の賞として得たものとみられるが、同氏は毛利荘を失って後は越後国佐橋荘に本拠を置き、吉田荘には一族を交替で代官として派遣していた。ところが、時親は建武三年（一三三六）に本拠を越後国から安芸国に移し、時親・貞親・親衡・元春の四代がここに集住することになった。時親はすでに八十歳を越した高齢で、これから五年後の暦応四年に死没しているが、後世、毛利氏では、かれを安芸毛利氏の基礎を固めた人物だと意識している。毛利氏の一族だけでなく譜代家臣の多くも、かれらの祖先が時親の下向の際に随従したものと考えている。

時親が一族を安芸国に結集しようとはかったのは、鎌倉幕府が倒れ、ついで建武政府はできてもその統制は地方に及ばず、さらに足利尊氏の謀反が起こって、世はまさに南北朝の争乱期に入ろうとする時期であった。鎌倉時代には、所領が遠隔地に散在していても、幕府の権威を背景に、惣領家が血縁関係によって全体的に統轄することができた。毛利氏も、長井氏の惣領体制の庇護の下で生きてこられた。ところが、社会が激動しはじめたこの時期には、いつ周辺のものから侵略をうけるかもしれず、また、農民の自覚も高まってきたため、代官派遣のような弱い体制では在地の支配ができなくなった。そこで、遠隔の各地に力を分散することをやめ、どこか一ヵ所に一族を集住させて、その地の経営と拡大に力を注ぐことが必要となった。このとき、時親は一族の力を結集する場所として吉田盆地に目をつけたのである。

吉田荘は安芸国の山間部ではあるが、日本海に注ぐ江ノ川（可愛川《えのかわ》）によって、肥沃な水田が開かれている吉田盆地の中央を占めていた。この地を占拠すれば、四周からの侵略を防御できる要害堅固の地であったが、一方、江ノ川によって山陰地方と連絡ができ、同時に吉田荘の東南部から流出する三田川が太田川に合流しており、この河川沿いに瀬戸内海方面にもたやすく南下することができた。鎌倉時代中ごろからは中国（宋ついで元）との貿易の刺激もあって、内海地域を中心とする西国が、経済活動などの点で東国をはるかにしのいで活況を帯びてきた。京都に出てこれらの事情をよくのみこんでいた時親は、機会を得れば、本拠を北陸から内海地域に属するといってもよい吉田荘に移し、その地に一族将来の運命をかけようと思い立っていたに違いない。

その機会はすぐにやってきた。それは、元弘元年から建武三年に至るわずか五年間であったが、政治・社会が激変をはじめた時期であった。ようやく社会の中堅実力層に上昇していた武士にとって、どの方向に進めば生き残れるかわからなくなっていた。毛利一族の内部でも、各人がてんでに勝手な方向に走り出していたが、時親だけは、高齢であったが時勢を見通し、かれの一族を安芸国に集住させるようにことを運んでいた。

元弘元年（一三三一）八月、後醍醐天皇は京都を逃れ、笠置山に拠って討幕の兵を募り、これに応じて楠木正成が赤坂城に立てこもった。これを攻撃するため鎌倉幕府は大軍を派遣するが、その軍勢の部将の中に、毛利氏の惣領職を継いでいる越後国佐橋荘北条の毛利丹後前司（時元の嫡男、法号道幸）の名がみえる（西源院本太平記巻三）。いったん囚われの身となり隠岐の配所に移されていた天皇が、元弘三年閏二月、島から脱出し伯耆国の船上山に拠って宮方の軍勢を募ると、このとき、安芸国吉田荘にいた時親の孫親衡はこれに応じて馳せ参じる。親衡はこの後、天皇の腹心千種忠顕の弟で佐渡国司となった千種某に従って北陸に下向する。鎌倉幕府が倒れ元弘一統の御代となるが、その翌建武元年（一三三四）、時親の嫡男貞親は、越後国において、新政府に謀反を起こした阿曽宮に党《く》みしたことが後醍醐天皇の耳に入り、勅勘を蒙り、一時、身柄を毛利氏の惣領家である長井高冬に預けられている（毛利家文書一五号）。

この時期、時親は一族がことごとく越後国に在国していたのに、かれひとり京都に出ていた。しかし、かれは新政府から疎外された身であった。その証拠に、かれがもっていた吉田荘地頭職は新政府によって取上げられ、後醍醐天皇の寵臣で、同荘の領家であった花山院家の祇候人（家人）美乃判官全元というものに与えられてしまった。時親はそれを取返し、毛利氏の運命を切り開くために足利尊氏の陣営に接触をはかっていた。尊氏は鎌倉幕府を倒すには力を発揮したが、武家政治を復活させたい野心があったため、天皇新政の新政府の官職にはいっさいつかず、公家貴族たちから「尊氏なし」と不気味がられていた。尊氏の側近では、足利氏の直属被官でその執事をつとめる高師直と、その弟で侍大将の同師泰が実権を握っていた。当時、安芸国には時親の曽孫元春だけが在国していたが、吉田荘を取上げられていたため、母方の祖父長井三田入道の世話になっていた。時親は建武二年の初め、十三歳になった元春を元服させ、師泰の麾下に入れてもらった。元春は初名を師親といったが、それは師泰の偏諱《へんき》を賜ったものである（元春と改名するのは観応二年師泰が没落して以後である）。

時親が曽孫元春と連携して待ち構えていた機会は、早くも建武二年の後半にやってきた。同年七月、北条高時の遺児時行が鎌倉を占領するが、これを討つため関東に下った尊氏は、そのまま鎌倉に腰をすえて反乱を起こし、同年十一月二日には、ライバル新田義貞を誅伐するのを名目として全国の武士に味方するよう檄をとばし、京都に攻上った。これに呼応して、安芸国では尊氏党の同国守護武田信武が、同年十二月二日に守護所銀山城下で挙兵した。その旗下に続々と同国東半の有力武士のほとんどが集まったが、もとより元春もその中にあった。元春はこの情勢に乗じて、吉田荘から新地頭美乃全元の代官を追落し、同荘地頭職を奪回した。元春らが属した武田勢は直ちに東上を開始するが、宮方勢力の基盤があった広島湾東岸では、熊谷四郎三郎入道蓮覚らが、海陸の要衝矢野城（広島市安芸区矢野町）に拠って武田勢の東上をくいとめようと死守抗戦した。そのため、武田勢はこれを攻落すのに数日足どめされたが、翌建武三年一月十二日、京都に入って尊氏軍と合することができた。

いったん京都を占領した尊氏勢も、北畠顕家に率いられた奥州軍を加えて活気を取りもどした宮方勢のために、京都から追落された。このとき、尊氏はまだ京都を押さえ全国に号令する準備ができておらず、まず、経済的にも活気を帯びてきた西国を打ちなびかせておく必要があった。尊氏は建武三年二月十二日、兵庫津から三百余艘の船団を従え九州に向かって出帆した。このときの西走は計画的なもので、直ちに東上の準備をさせるため、尊氏は、内海地域の国々には守護のうえに足利一族を大将として配置した。このとき、時親は老体で歩行困難なので、出家して奈良にかくれ、曽孫元春を安芸国の大将桃井義盛に従って同国に下向させ、尊氏の東上を待ち構えさせた（毛利家文書一五号）。

尊氏は西走の途中、備後の鞆津において光厳院（持明院統）の院宣をうけ、朝敵という汚名をかなぐりすて、建武三年三月二日の多々良浜（福岡市東郊）の戦いで優勢な宮方に勝利してからは、たちまち全九州を支配下に入れた。早くも、同年四月三日に太宰府をたって東上の途につき、同年五月一日には厳島に着いて中国・四国の軍勢を加えた。この東上のときから、元春は元服のときの契約に従って高師泰の麾下で活動する。尊氏勢は鞆津からは海・陸に分かれ大挙して進撃し、同年五月二十五日には兵庫津に到着し、湊川の戦で楠木正成を戦死させ、同年六月十四日に京都に入った。時親はまっさきに奈良から京都の尊氏のもとに出向いて、曽孫の元春を代官として差出し忠節を尽くすことを再三申し入れ、尊氏から感謝されている。このとき、時親の子貞親、孫親衡はまだ宮方にあって戦っていたのであったが、足利氏による武家政治の再開を見越していた時親は、尊氏に恩を売ることによって、毛利氏の将来を保証してもらうとともに、宮方にある一族を、無事に武家方に帰参させようともくろんでいたのである。

尊氏勢に攻めたてられた宮方勢は、建武三年五月末には後醍醐天皇を奉じて比叡山に立てこもった。その中に、貞親やその従兄弟経親らも加わっていた。両軍勢の間に死闘が繰返されたが、宮方勢は、千種忠顕・名和長年など名のある部将があいついで戦死し、同年六月末には、京都奪回ができるような勢いは全く失われてしまった。宮方勢の籠城はまだ続いたが、時親は勝負はきまり時勢が変ったことをさとり、同年七月二日、代官の元春に毛利氏の家督を譲り、一族郎党の指揮権も与えた。かれは隠退のことを高師泰を通して尊氏の許可を得て吉田荘に下り、ここに一族を受入れる用意をした（毛利家文書一三・一五号）。

比叡山の宮方勢は同年十月十日に没落した。後醍醐天皇はこれより先、新田義貞に皇太子を授《さず》けて越前国に下し、また、諸皇子を地方の宮方のもとに送り込み、自らは、同日尊氏の要請を入れて京都に臨幸した（天皇は同年十二月二十一日、京都から脱出して吉野朝廷を建設する）。貞親はすでに時親と連絡がとれていたのであろう、比叡山が落ちたとき出家隠退し、翌十一月には父を頼って吉田荘に下向した。また、親衡は北陸において、佐渡国司千種氏に従い宮方として活動していたが、時親は同年十月に、元春から尊氏に対し、父親衡赦免の御教書を出してくれるよう願い出させ、それを得て親衡は翌月はじめて武家方に降り、安芸国にやってきた。こうして同年十一月には、時親の系統がみな安芸国に集住することとなった。

第三章　一族団結の再編成——親衡・元春——

一　抗争と妥協

安芸国に集結した毛利氏四代のうち、時親は、同氏発展の軌道を敷いただけでまもなく死没し、貞親は観応二年（正平六、一三五一）まで生存するが、隠栖して世に出ず、南北朝時代の毛利氏の飛躍的な発展は、親衡・元春父子によって行なわれた。ところが、この父子は南北朝動乱期の大半を通して、妥協・協力したことよりも、敵・味方に分かれて対立・抗争したことの方が多いほどで、一族も二人に従って分裂する。しかし、結果から眺めると、この対立がうまく生かされて毛利一族の所領は拡大され、一方の危機には、もう一方の力で毛利氏既得の所領が保持されたこともあって、動乱が終息するころには、吉田盆地一円が毛利氏の支配下に収められることになる。

時親は一族を安芸国に呼び集めるについて、最長老としての立場から、親衡・元春にそれぞれ譲歩させ妥協を強いた。かれは、これが毛利氏将来のためと信じていたが、元春は、いったんは毛利氏の全権を時親から譲られた血気盛んな十五歳の青年であり、親衡もまだ四十歳前で、野心満々で生臭さが消えておらず、そこに抗争の火種が宿されていた。時親が強いた妥協というのは、元春には先に建武三年（一三三六）七月に毛利氏の家督を譲り、吉田荘地頭方の吉田・麻原両郷のうち、吉田郷と、麻原郷内の一部山田村の収益を与え、やがては麻原郷全部も譲る約束の書状（内状）を与えていた（毛利家文書一三号）。しかし、同年末に親衡が味方に帰ってきたので、麻原郷の収益はかれに与え、さらに、吉田・麻原両郷全体の管理・運営権である吉田荘地頭職は、翌建武四年正月付で親衡に譲与しなおした。ただし、これには、一期分《いちごぶん》で親衡の死後は相違なく元春に譲渡されるという条件がつけられていた（同上一六号）。

これは親衡にしてみれば、吉田荘地頭職はすでに鎌倉時代末にいちど祖父から譲与されており、それには越後国の毛利惣領家の毛利時元の証判まで付けられていた（毛利家文書一四号）。ところが今度は一期領主にすぎず、収益も麻原郷だけで、それも山田村を除いた分しか与えられないという不満があった。一方、元春も、建武政府から取上げられていた吉田荘地頭職を実力で奪い返したのは、曽祖父と自分の連携によったのであり、その全体の譲与の約束もとりつけていたのに、ここに至り、それを父の死後まで待たねばならなくなったという不平があった。

建武四年（一三三七）から十五年間ほどは元春の得意の時期であった。それは、元春が大将と仰ぐ高師泰が、兄師直とともに尊氏の直属勢力として南朝の本拠を一時は壊滅させた功があり、威勢があがっていたからである。しかし、貞和五年（一三四九）になると、幕府内部で尊氏から政務を任されていた弟直義と師直の勢力争いが激化し、武家方が、さらに尊氏方と直義方に分裂して争う観応の擾乱がはじまる。これまでじっと堪え忍んできた親衡にとって、頭をもちあげる好機会がやってきた。

足利直冬は尊氏の庶子であり、父からは見捨てられたのに叔父直義の養子として迎えられ、直義方の中心的な武将となった。かれは貞和五年四月初めから中国地方探題となって備後の鞆に居を構え、この地方の師直勢力の排除につとめていたが、同年九月初め、師直勢力に追われ九州に逃れる。しかし、少弐氏らに迎えられ九州で大勢力となった直冬は、翌観応元年には宮方勢力とも結んで再び中国地方に勢いを伸ばした。ことに石見国の宮方三隅兼連らは、直冬の援助を得て芸備地方にも南下した。親衡はこれらに呼応し、北条氏の遺族北条相模治部権少輔というものを大将に担いで、吉田荘で宮方として挙兵した。このとき、元春は父と引き別れ高師泰の麾下として尊氏方にとどまった。

親衡の観応元年の吉田荘での最初の挙兵は失敗におわった。吉田荘には同年六月二日、安芸国守護で尊氏（将軍）方であった武田氏信の軍勢が押寄せ、親衡らは追落されその在所は焼払われた。だが、親衡はこれにくじけず、西方に当る同国山県郡の寺原・与谷（余谷）両城（広島県千代田町）に、寺原時親らと立てこもり、近隣の味方の山形（山県）・壬生氏らとも協力して戦ったが、いずれも武田勢のために敗れてしまった。一方、石見国の宮方の軍勢が、安芸国への通路の関所を破って大朝新庄（同大朝町）にまで南下したが、このときは親衡らを救援できなかった（吉川家文書一〇五二・一一五九号、小早川家証文五七〇号）。

守護には、謀反人の所領を闕所地として没収する権限があった。武田氏信は早速この権限を発動し、親衡が支配していた吉田荘麻原郷を謀反人跡として取上げ、代官を入れてきた。これでは、毛利氏は当時の所領の半分が失われることになる。だが毛利氏にとって幸いであったのは、元春が直属する大将高師泰が、中国地方の直冬方勢力を討つよう尊氏の命をうけ、同年六月二日、京都を出発し、大軍を率いてこのころ芸備地方に進出したことである。元春の願いをいれて師泰は、武田氏信に対し同年七月十七日付で、吉田荘地頭職は元春が曽祖父から譲られたものであるのに（実は親衡に譲りなおされていたのだが）、あなたの手下のものがこの荘に入部しているというのは事実か。御存知のように元春は長年自分の麾下で軍忠を励んだものであるから、その妨を止めるようにと、強引に申し入れてくれた（毛利家文書一七号）。このときは元春の立場が生かされて、吉田荘地頭職は毛利氏の手元につなぎとめられたのであった。当時、石見国における宮方の将三隅兼連や佐波顕連らは、直冬の援助を得て、同国一円を支配下に入れるほど優勢であった。師泰勢はまずこれを討つため石見国に入り、観応元年七月二十七日、江ノ川に臨んだが、急流を前に、青杉ヶ山城の要害（島根県邑智町）を背後にして布陣する佐波顕連の軍勢を攻めあぐんだ。このとき、元春は高橋九郎左衛門とともに、江ノ川を先陣かけて渡河する功をたてて師泰の恩顧にこたえている（太平記巻二六）。

最初の吉田荘での挙兵に失敗した親衡は、この地方の宮方・直冬方勢力の中心三隅氏を頼って、石見国に一時身をかくしていたとみられる。ところが政治情勢の急転によって、元春に代ってかれが毛利勢力を代表するようになり、その力によって所領も拡大されるという親衡得意の一時期が到来する。政治情勢の急転というのは、京都で尊氏方が直義方に打破られたため、急遽石見国から呼びもどされた師泰は、播磨国で尊氏・師直と合体する。しかし、観応二年（一三五一）二月には尊氏は一時直義に降伏し、師直・師泰は直義方のために殺されてしまったという事件である。

元春にとって、長年主将と仰いできた師泰の死は大きな痛手であり、一時は幕府とのつながりも失われてしまった。直義はやがて尊氏によって鎌倉で殺されるが、宮方と結んだ直冬の勢力は西国でいよいよ振るい、ことに石見・安芸方面では絶大となった。このときばかりは元春も父親衡に頼って直冬方となり、親衡と元春が力を合わせて、吉田荘の枠を越え周辺への毛利勢力の扶植につとめている。

文和元年（一三五二）春、宮方・直冬方として挙兵した毛利氏の布陣をみると、親衡が拠った坂城（日下津《ひげつ》山城）は吉田荘内ではあるが、鎌倉時代末に下地中分が行なわれてからは、地頭の毛利氏が入り込むことが許されなかった同荘南半の豊島《としま》郷坂（広島県向原町坂）にあった。また、元春は吉田荘内吉田城（郡山城）とともに、同荘の西隣で、これまで毛利氏が地頭職をもっていなかった厳島社領内部《うちべ》荘内の内部城（琴崎城同吉田町小山）にも拠っていた。さらにその西南方の禰村《ねのむら》城（同八千代町上根）にも同族の毛利弥次郎（頼広）が置かれていた。この毛利氏の陣営に対し、安芸国守護の武田氏信の率いる軍勢が、同年四月から攻撃を開始し、まず同月中旬に禰村城を攻落し、ついで元春が立てこもった内部城を、一ヵ月余包囲した後に攻落している。元春は吉田城に逃れてこれに拠るが、同年六月初旬ついに降参し、同城は破却される（吉川家文書一〇五三号）。元春には今後長い雌伏の時期が来るが、一方、親衡は味方の宮方・直冬勢の援助を得て、占領地を確保するだけでなく、ついには武田勢を追撃するという士気の盛んなところを示すのである。

親衡が立てこもった坂城には、吉田城を落とした武田勢が文和元年六月十五日から包囲攻撃をはじめたが、六ヵ月たっても攻落せなかった。逆に同年十一月初旬には、石見・備後両国から宮方・直冬方の数百騎の軍勢が坂城後攻めのため来援しており、石見軍は直冬の部将今川頼貞に率いられた有力な部隊であった。同年十一月八日、親衡軍と来援軍は武田勢の陣地（向陣）に夜襲をかけ、その要害など二十余ヵ所を焼払った。さらに追討ちをかけた毛利方の軍勢は、井原河原（広島市安佐北区白木町井原）の合戦で大勝し、武田勢を敗走させた（吉川家文書三〇・一〇五三号）。このときから、中国地方で宮方が勢いを保っていた貞治二年（一三六三）ころまでの十年が、親衡が最も力を発揮できた時期であった。かれが籠城した坂城は吉田荘領家方の豊島郷内であり、同郷には、文和元年から領家の使節が入部できなくなり、ここからの年貢で執り行なっていた京都祇園社の一切経会を中止しなければならなくなった（祇園執行日記）。これは親衡側に占拠されてしまったためである。親衡は延文五年（正平十五、一三六〇）に、吉田荘豊島郷内の有富村を後添いの女房に譲り、その一期の後はかの女に生ませた末子直元に与えること、また同郷内保垣村も直元に与える譲状を書いており、すでに領家分の占拠を永続的なものにしている（毛利家文書一三五九号）。

貞治二年春には大内弘世が、同年七月には山名時氏が宮方から幕府方に帰伏し、かれらと提携していた足利直冬も急に勢力を失墜する。弘世は幕府に帰伏すると同時に、周防・長門両国の守護たることを承認されたが、京方勢力の根強い石見国にも兵を進め、貞治五年（一三六六）には同国経営に成功し、同国守護にも合わせて任ぜられる。かれはさらに石見から安芸に発向する。親衡は、このような情勢に押されてやむなく降参する。しかし、かれはあくまで野心を深く隠しもち、まだ九州で勢いを保持している征西将軍宮懐良親王や、菊池氏らに内通して、時機を得てもういちど安芸国で成功してみせると、もと宮方の仲間に語っていたという（毛利家文書一五号）。

親衡が力を振るえなくなったとき、代って毛利一族の命運を背負って立上ったのが、元春である。かれは貞治五年（一三六六）九月に、将軍足利義詮から味方するよう招かれ、翌年三月に本領安堵の約束をとりつけたのを機会に、積極的に幕府に接近する（毛利家文書五・六号）。幕府は宮方勢力から九州を奪回するため、九州探題の強化をめざし、応安三年（一三七〇）に、今川了俊をこれに起用するとともに安芸・備後両国守護に兼任し、両国の国人領主たちを九州に動員させた。元春は応安四年から永和三年（一三七七）に至る七年間、了俊に随従して九州に出征し、出動しないもの、途中から帰国したものもある中に、かれだけは終始先頭をきって奮戦を続け、了俊からその軍功を賞賛されるに至るが、これは反幕行動をとった父親衡の失点を取りもどし、毛利一族が南北朝時代に拡張占拠した所領を幕府から承認を得たいためであったに違いない。

執念の人親衡は応安七年七月、当時、今川了俊に対する援助を打切り再び幕府に反抗の態度をとるようになった大内弘世と同心し、了俊に随従して留守になっている元春の本領吉田郷内に討入った。弘世は、はじめ子息義弘とともに了俊に従って九州に出征したが、九州探題が権勢を増すことを好まず、征西将軍宮が本拠を置いていた太宰府が陥落した直後に、兵を率いて帰国した。かれは、石見国から了俊の分国安芸国にかけて勢力の拡大をねらっていたのである。ところが、翌永和元年（一三七五）八月、親衡が死没してしまう。親衡は七十歳に達する最期まで幕府に対する抵抗をあきらめなかったのである。

親衡の死後もかれの次男匡時、三男直元は父のあとをうけて兄元春に反抗し、吉田城（郡山城）の占領を続けたが、これに反発して元春の子息広房・広内《ひろただ》らは、永和二年二月に直元が拠る麻原郷内の釜額《かまひたい》城（甲田町下小原）を攻落し、同年三月には吉田城から匡時・直元の勢力を追落した。ところが、同年四月に入ると匡時・直元は大内弘世と同心して、大勢で広房らが立てこもった小手崎城（内部城、吉田町小山）を包囲攻撃した。広房らは親類・若党に討死するものがあり、かれら自身も腹を切る寸前まで追いつめられるが、同月二十八日に思いがけず大内勢がにわかに引退き、死地を逃れることができた。

これは、弘世が幕府から永和元年末に、再度九州に出征し了俊を援助するよう命ぜられたにもかかわらず、子息義弘は手兵を率いて九州に渡海したのに、かれ自身は幕府に応じないばかりでなく安芸国に兵を入れる有様であった。そのため幕府は弘世の態度を疑って、大内氏に対し強硬な態度に出て、永和二年四月に、防長両国の保持は一応許すが石見国守護は取上げ、石見・安芸両国から早く兵をひくことを命じた。同時に、足利一門で石見国新守護となった荒河詮頼を同国に下向させた。これには弘世も屈し、小手崎城の包囲も解いて安芸国から引退いたのである。永和三年末には元春が九州から帰還する。かれは七年間にわたる奮戦の実績によって、幕府から、毛利一族が南北朝時代に吉田盆地において拡張占領した所領の承認をうけ、抗争する弟たちと子息たちを妥協させて、新しく一族統制の枠組をつくる。

二　元春の一族統制と庶家の成立

元春は永和三年（一三七七）末に、九州での転戦から安芸国に帰還したときにはすでに五十五歳であった。ふりかえれば、まだ十三歳のかれが、曽祖父時親の指示により安芸国で足利尊氏方として挙兵以来、その一生は南北朝の動乱期であり、この間、機会があるごとに宮方となって活動しわが子にさえ対抗意識を燃やす父親衡との抗争の連続であった。不思議な親子関係であったが、この対抗がかえって毛利一族の占拠地域を吉田盆地一帯に拡大させる結果となった。その父も昨年死没してしまった。まだ、親衡の遺産を受継いだかれの二人の弟と、かれの跡を継ぐことになる子息たちとの抗争が続いているが、時勢は動乱期がおわって、足利氏の幕府体制が整いつつあった。このとき、元春の最後のつとめは、一族間の抗争をやめさせるとともに、これまでに一族が占拠した地域全体の領有を幕府に承認させることである。このことは、円熟したかれの人物と、かれの長年にわたる九州での奮戦の功によって得た幕府からの信頼が可能にさせるのである。

元春は九州出征の今川了俊に密着して奮戦し、涙ぐましいほどの奉仕を続けた。応安四年（一三七一）二月に京都をたった了俊は、同年五月には備後国に入り、尾道浦・沼田里（広島県本郷町）・海田浦などに長逗留し、尾道浦と佐西浦（同廿日市町）から船で先発隊を送り出すが、元春は本隊に属している。かれは、同隊が同年十二月十九日に赤間関から豊前国門司に渡海の際、先登を切った。了俊勢が翌五年二月に、豊前から筑前境の麻生山高見（鷹見）城の攻撃に、二方から進んだ大内弘世・少弐冬資両隊のうち、東尾に向かった少弐勢が追落されたときは、元春がこれに代って城内に突入した。かれは同年八月、太宰府が陥落後大内勢などが引揚げても、了俊の力となってとどまり、筑後の高良山に拠った宮方勢に対抗し、筑後川を隔てた肥前城山（鳥栖市北方）に陣を取ることを了俊にすすめ、かれ自身も翌六年二月まで半年にわたり、日夜この城の警固に当った。

また、元春は応安六年七月に、味方の肥前国本折城が、筑後川を渡河した菊池勢によって半年にわたって包囲攻撃をうけ、兵糧が尽き陥落寸前になったとき、救援を九州の武士たちが皆しりごみする中をかれは進んで出動し、奮戦して城内に兵糧を入れることに成功した。また、翌七年十一月の筑後

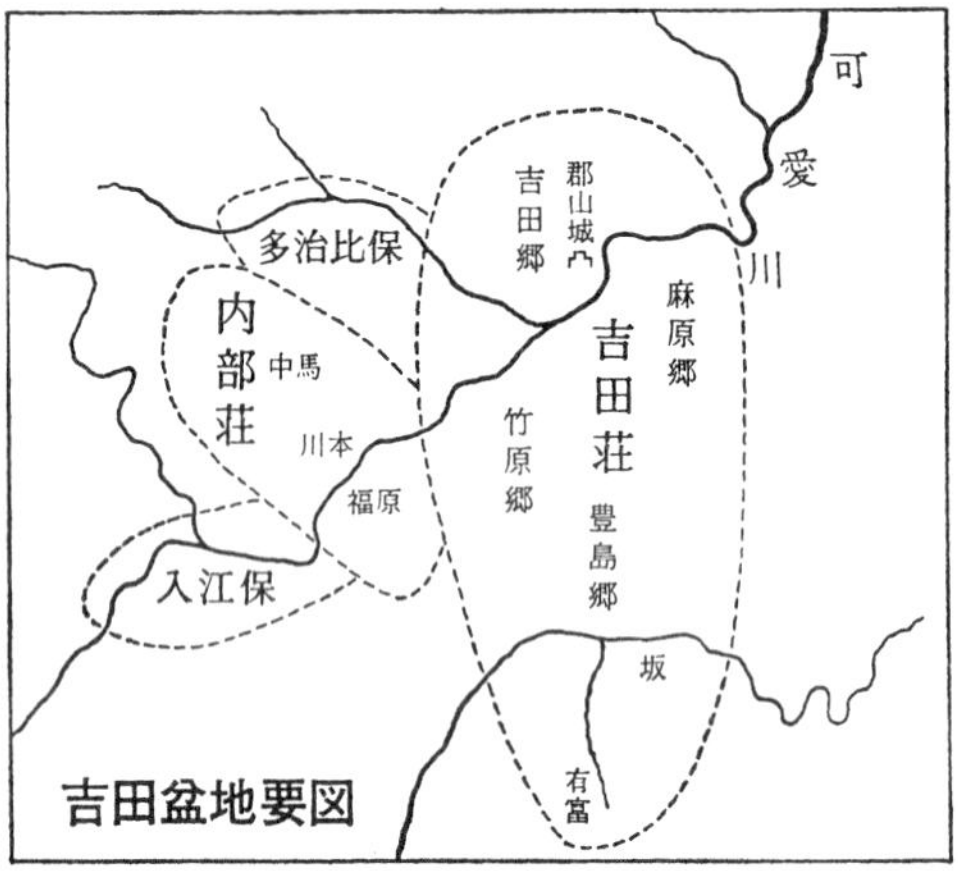

吉田盆地要図

川渡河戦でも戦功をぬきんでた。永和元年八月、菊池氏を本拠に追いつめ肥後国水鳥（熊本県七城町）に陣を進めた了俊は、大友・島津・少弐の九州三大名をここに招集したが、これまで従順でなかった少弐冬資を陣中で刺殺した。そのため、味方から多くの離反者が出て逆に宮方から追撃をうけた。このとき元春は、了俊に夜陰に乗じて引退くことをすすめ、自ら同道して無事に撤退を成功させた（毛利家文書八・九・一三号）。これらの戦功は了俊も認めているところであり、元春が勇気もあり、思慮にも富んだ武将であったことが察せられる。

元春は九州から帰還して四年目の康暦三年（一三八一）一月十三日付で、子息らに所領の分割譲与を行なうが、その後まもなく死没する。かれはこのときの譲与で、嫡男広房に、毛利一族を統括する権限をもった惣領職を与えるが、吉田荘地頭職は、地頭方の吉田・麻原両郷のうち吉田郷だけを譲っている。それは、すでに父親衡とともにかれに対抗してきた匡時・直元の二弟に対しても、惣領の傘下に入れれば、元春が、かれらの既得権を認める妥協的態度をとっていたためである。したがって、惣領広房の支配に従う条件で、直元が親衡から譲られていた麻原郷を各別に領有することを許している（毛利家文書一九・一三六一号）。親衡が実力で占拠した吉田荘領家方の豊島郷内で、坂村を譲られていた匡時、同有富（有留）村を譲られていた直元の領有も、元春はこの同じ時期に認めたものと思う。

元春は吉田荘地頭職を譲与した同じ日付で、広房・広内・忠広・広世の四子に、かれが実力で占領し、九州出征の直前に今川了俊から預置かれていた吉田荘領家方の竹原郷と、同荘西隣の内部荘の分割譲与も行なっている。すなわち竹原郷は四つに分けて譲与し、内部荘は山手村は広内、中馬村は忠広、福原村は広世、そして川本村は広房に譲与している（毛利家文書一三・二〇号、福原家文書）。内部荘内の村々には、平安時代末に安芸国国衙の在庁官人中の最有力者で、源平合戦時代に平氏に背き、鎌倉時代初めには安芸の大名と呼ばれたが、源頼朝の奥州出征に遅参して、途中から帰国した咎で本領を没収された源頼宗という人物の系譜をひく源（葉山城のち三戸）氏一族が住しており、南北朝時代前半までは多く宮方になって活動していた（毛利家文書一五〇九・一五三七号、能美家譜録、吾妻鏡）。元春はかれらを押さえ込んで、この村々を子息らに分与したのである。

ここに、吉田郷に本拠を置いた嫡男広房の惣領家吉田殿を中心に、内部荘内村々に根を下して在地名を名のる元春子息から出た山手（のち麻原）・中馬・福原氏、それに吉田荘豊島郷内の坂・有富（有留）に根拠を置き、坂・有富氏を名のる元春の弟たちから出た両氏など、村落領主の性格をもった諸庶家が成立する。

元春は最後の譲状を書いたときから一年余り前の康暦元年十一月に、一族庶家にひろく心得させる事項を盛り込んだ置文を書き残している。このころには、すでに上述の惣領・庶家が実質的には成立していたものと思われる。置文は前端が欠けているがおよそ八条からなり、その内容は、所領が一族庶家に分割された後も、山や河は共有地として分割しないこと、ことに栗林・竹そのほか立入り禁止の立山《たてやま》を設けており、また狩猟を行なうことを禁じた殺生禁断地をきめているが、これらを互いに厳守すること。各家の中間・下部・若党の口論から互いに抗争に及ばないよう、先に手出した方を誅することをきめる。また、領内にたとえどんな無礼者があっても、咎めだてして腹をたてさせないようにといっており、あくまで一族内部の和平を願っている。ただし、山賊・海賊・夜討・強盗などは領内にとどまらせず、一族各家が聞き及ぶに従ってこれを排除するようにというのである（毛利家文書一八号、拙稿「康暦元年の毛利氏置文」『日本歴史』二六九号）。

毛利氏の庶家は、元春の晩年ころまでには一応成立するが、その後も室町時代初期まで、お互いの勢力関係は流動している。有富氏を興した直元は、親衡の末子で寵愛をうけ、本拠を置いた有富（有留、広島県向原町と広島市安佐北区白木町）のほか吉田荘麻原郷も譲られており、これは惣領元春からも一応承認され、直元の譲りをうけた元衡時代には幕府の安堵もうけている。ところが、この庶家は実力に欠けていたのであろう、早くも明徳年間（一三九〇〜九四）には、直元の兄坂匡時とその子匡家、及び元春の三男山手（のち麻原）広内とその子弘親から侵略されている。この後も幕府は有富氏からの訴えをうけて、応永十九年と同二十六年にも坂氏の横領をやめるよう安芸国守護に命じている（毛利家文書一三六四～一三六九号）。しかし、現実には麻原郷は山手（のち麻原）・坂両氏に分割占領されてしまったのであり、永享六年（一四三四）ころには、有富氏の姿は毛利庶家中から消えてしまう（同上四七号）。豊島郷坂（向原町）に本拠を構えた坂匡時は、親衡の次男で父と行動をともにしたが、一時父から離れて、今川了俊に従って九州に出征したこともあって独立性が強く、父の死後は、過保護の直元の所領を侵略する。坂氏は、室町時代半ばには麻原・福原両氏と肩を並べる毛利氏の有力庶家であり、ついで惣領家を支える執権職となって活動する。

元春の三男広内は、はじめ内部荘山手村に拠ったが、やがて麻原郷（甲田町小原）に勢力を伸ばし、ここに本拠を置いて麻原氏を称す。かれは権勢欲の強い人物であったらしく、当時、弘世の跡を継ぎ安芸国にも根強い力をもった大内義弘と深く結んだ。かれが麻原郷に進出したのも義弘の権勢を背景にしている。明徳二年（一三九一）十二月の明徳の乱に、山名氏清らを討滅して幕府に大功のあった義弘は、安芸国でも守護以上の発言力をもち、広内を有富氏に代って麻原郷地頭職につけるよう推挙した。翌年一月、広内はこれを子息弘親に譲るが、それに安堵を与えるよう幕府に推挙しているのも義弘である（毛利家文書一三三五・一三三六号）。この後、応永六年（一三九九）の応永の乱で義弘が没落したとき、麻原郷地頭職は有富氏に返却させられたとみられるが、このとき、現実にはすでに麻原氏がこの地に深く根を下してしまっていた。

吉田盆地西南部の入江保（吉田町上入江、下入江）には、のち毛利氏の惣領家が勢力を伸ばし、佐東武田氏の被官となった現地豪族馬越氏と勢力争いをするが、この保に毛利一族中で最初に手を伸ばしたのは広内である。入江保は皇室の主殿寮《とのものりよう》領で、寮頭の小槻氏がその領家職をもっていた。広内は嘉慶元年（一三八七）四月に小槻氏から領家職を請負い、毎年四十貫文を京都に進上することを約束している。ところが、明徳三年（一三九二）入江保の現地でかれの支配に反抗するものがあったので、当時在京し幕府の殿中に詰めていたかれは、安芸に下って一戦しとっちめてやると、幕府の許可もうけず、大内義弘のとめるのも聞かずに下国してしまった。このとき、義弘は広内の下国に全く関知していないという起請文を幕府に提出したが、それには、安芸国は当時管領細川頼元が守護を兼任する分国でもあり、無断下向はいけないと制止したのに、聞き入れず下向してしまった。広内の背後に義弘がいるというあらぬ噂《うわさ》が流れては迷惑なので、誓文を提出したといっている。しかし、これは逆に義弘・広内の結びつきの強かったことを物語っている（毛利家文書一三三一・一三三四号）。

中馬氏は元春の四男忠広から興る。若き日の四郎は、貞和三年（一三四七）、吉田荘東隣の厳島社領高田原別符（甲田町）で公文職をもつ土豪が、地頭の内藤氏に反抗したとき、公文に加勢して、多数の悪党人とともに同別符の城郭に立てこもって活動している（閥閲録五八）。しかし、その後の中馬氏には目だった動きはなく、室町時代を通して毛利氏有力庶家の一つとして名を現すだけである。

福原氏は元春の五男広世から興る。かれは父からの譲りのほかに、備後国で長和荘西方（福山市瀬戸町）・信敷荘西方（庄原市）などの所領をもつ長井貞広と父子契約を結び、その遺領の相続を約束されている。貞広は応安四年（一三七一）十月、今川了俊に従って九州に出征するに当り、これを広世に約束したのであるが、両人の間には何らかの血縁関係があったのであろう。貞広は九州に転戦し、四年後の永和元年（一三七五）八月に筑後国山崎で戦死する。しかし、広世はこの後、貞広遺領のうち将軍の御料所となった信敷荘西方を預置かれているだけで、他の所領は相続していない。また、長井氏を名のらず毛利一族としてとどまっている。野望もあり鋭角な性格であったらしい広内は、明徳四年（一三九三）ころには死没してしまうが、穏健で幅のある人物であったとみられる広世は室町時代前半まで生存し、毛利一族の支柱的存在となる。

室町時代に、毛利氏有力庶家中の末尾に名を連ねている川本氏の系譜は判然としないが、元春の嫡男広房の養子千鶴丸から興ったと推定しておきたい。吉田荘吉田郷と川本村を譲与されていた広房は、至徳二年（一三八五）に、嫡男光房（亀若丸）が妻の胎内にあるうちに戦死する。幕府は、広房死後に出生した光房に吉田郷と川本村を安堵するが、広房の生前から養子にしていた千鶴丸に扶持を加えるよう条件をつけている（毛利家文書一三四九〜一三五二号）。この千鶴丸が川本村を分与されて、川本氏を興したのではないかと考えられる。

毛利氏の系図には、広房と広内の間に元春の次男元房がいるが、かれとその子息元光は、当時、安芸国に勢力を伸張してきた大内弘世・義弘と結びつき、毛利同族団から遠心的にとび出して大内氏の家臣団の中に入ってしまった。大内氏を滅亡させた直後の弘治三年（一五五七）五月、毛利元就は、早い時代に安芸毛利氏から身を分けた確たる証文をもった毛利元種というものが、大内氏時代からの旧領長門国豊西郡厚母村（山口県豊浦町厚母）に蟄居している報せをうけ、これを毛利麾下に入れ、相当の待遇を与えるよう命じた。元種の後は厚母氏を称するようになる（閥閲録一一四）。

第四章　安芸の国人領主——広房・光房・凞元——

一　安芸国人一揆

毛利氏は、南北朝時代後期の康暦三年（一三八一）に家督を継いだ広房以後、光房・凞元が当主となる室町時代は、安芸の国人領主としての性格を強めていった。元春時代までは越後の同族と面識があり交流もあったが、広房時代からは、越後国に残った時親の血をひく南条系毛利氏との交渉も絶え、庶家はみな惣領家周辺の地縁的つながりもある村落領主となっており、また、安芸国内の近隣領主との交渉も深まった。毛利氏はすでに、全国的視野から安芸国に伝統的勢力圏をもった国人領主と認められるようになる。

広房は、亡父元春が曽祖父時親からうけた譲状や、幕府からの所領安堵状、それに今川了俊に随従して九州に転戦した際の数々の軍忠状などを書写し、その封裏に了俊から証判をもらい、さらに将軍足利義満の袖判をすえてもらって、幕府とのつながりの支証とした。また、元春が一族庶家に与えた置文も書留めておくなどして、国人領主として出発する基礎固めをはじめていた（毛利家文書一三・一八号)。ところが、かれは家を継いでからわずか四年目に戦死してしまう。

広房は至徳二年(一三八五)七月末に起こった安芸東西条(西条盆地を中心とする地域)における合戦で、将軍義満の命によって武田氏に合力し、兄弟・一族と三人一緒に討死したこと、このとき嫡男光房はまだ母の胎内にいたことが知られるだけで、この合戦の起因や対戦相手などは判然としない(毛利家文書四六・一一九号)。次に多少だいたんではあるが、この合戦の性格について考察を加えておきたい。この合戦より六年前の康暦元年閏四月に京都で政変が起こり、これまで執権として幕政を握り今川了俊の後楯でもあった細川頼之が罷免され、四国へ引退した。これまで了俊の分国であった備後国の守護には、細川氏の対抗勢力である山名時義が就任し、幕命によって四国へも細川氏攻撃のため出兵している。安芸国の守護職は、このときは了俊の手もとに残ったが、同国には大内氏が守護でもないのに入り込んで国人領主に所領給与なども行なっていた。ただし、大内弘世が康暦二年に死没し、この前後に跡目相続をねらって義弘・満弘兄弟の両派が安芸国において抗争した。この間隙を突いて山名氏勢力が備後から安芸へも進出し、国人領主の中にもこれになびくものがあった。了俊は安芸の国人領主に対する統制を強化する必要を感じ、義満に願って、同国の国人らに対し、了俊とともに忠節を尽くすという起請文を提出するようにとの将軍御教書を出してもらい、この命令に逆らう国人に対しては、本領・当知行地の安堵を行なわず召上げるという強硬策を試みた。山名氏勢力を背景にこれに反抗する国人領主らに対し、広房らは武田氏とともに了俊の代官らを援けて合戦し、その際討死したものと考えられる。

了俊は至徳二年七月と八月の両度、九州から広房の弟福原広世に書状を送っている。七月書状では、広世が九州の了俊のもとへ下向したいとの申出を喜ぶと同時に、安芸の了俊の代官関口氏は、同国の情勢が険悪化しているときなので、味方の広世が下向しては力が失われると嘆くので、あと二、三ヵ月はとどまって代官に合力されよといっている。八月書状では、安芸では事が起こっているようであるから、とどまって兄とともに代官関口に協力されよといっている。八月書状が出されたときには、広房はすでに戦死していたのである。またこの書状の中で、広房が山名氏に同心したという噂を流したものがあるが、これは跡形もない虚脱であるといっている。これによって、当時了俊の安芸国における対抗勢力は山名氏であったことが知られる（福原家文書）。了俊は、広世に対しては早くも至徳二年六月十一日付で、将軍の命に従って了俊とともに忠節を致すとの起請文を提出したので、本領並びに当知行地の領有を保証するという安堵状を与えており、同年八月六日付でも、同内容の安堵状を熊谷宗直・毛利亀若丸（光房）・同幸千代丸（有富元衡）らに対して与えている（福原家文書、熊谷家文書九九号、毛利家文書一三四九・一三六二号）。了俊は他の国人領主に対しても起請文の提出を命じていたに違いなく、これに反発して合戦に及ぶ国人領主があったものと思われる。

毛利氏では、安芸の国人領主として基盤を固めはじめたときであったのに、広房が戦死してしまい、当主は広房死没直後に生誕したばかりの光房（亀若丸）が継ぐことになった。そして、まもなく東隣備後の守護山名時熈を巻き込んだ明徳の乱が起こり、続いて西隣周防の大内義弘が立役者となった応永の乱が勃発して、それらの波瀾が安芸国にも大きく押寄せてくる。毛利一族はこれにどのように対処していくのであろうか。

備後の守護山名時義は山名一族の惣領であり、但馬・伯耆両国の守護を兼ねたうえ、一族の分国を合わせると十余国に及んでおり、権勢があった。将軍の権力確立のため有力大名を圧倒する機会をねらっていた義満は、時義が死没した翌年の明徳元年（一三九〇）四月、その跡を継いだ時熈を、かれに不平をもつ山名氏庶家の氏清らに攻撃させ、備後国は別に細川頼之に占領させた。ところが、義満はまもなく時熈の罪を許し、権勢を得た氏清らに圧迫を加えて挑発した。そこで同三年十二月、氏清らは大挙して京都へ攻上るが、幕府勢に撃滅される。このとき、幕府勢の中心となり義満の馬前で氏清勢を倒したのは、在京中の大内義弘であった。

明徳の乱の結果、最も権勢を増したのは大内義弘である。かれはこれまでの周防・長門・石見・豊前四ヵ国に加えて、和泉・紀伊両国の守護職を得た。今川了俊が応永二年（一三九五）閏七月に長年つとめてきた九州探題を罷免されたのも、北九州で大内氏に負けず対外貿易の利益をあげていた了俊を追落そうと、義弘が背後で策動したためでもあった。義弘が安芸国の中央、西条盆地を中心とする東西条の地を直轄領として与えられたのも、この乱の勲功賞とみられる（臥雲日軒録）。かれは同国においては分国でもないのに、国人領主たちに対し自己の宰領で所領の安堵や新恩地の給与を行なって、これを幕府に推挙して私恩をうっている（毛利家文書一三三六号吉川家文書一一〇〇号）。そのため、安芸の国人領主の中には大内氏の傘下に入ったものが多く出たと思われる。毛利一族でも麻原広内が義弘に密着していたことは先にふれたし、また系図の上では比定できないが、応永の乱に、堺合戦で義弘に最後まで随従しともに戦死した毛利（森）民部丞というものもいた（応永記）。

義弘は応永五年（一三九八）十月に幕府の命に応じて九州に出征し、弟満弘を戦死させるほどの苦戦の末に少弐氏を追討し、一時の平穏をもたらす。ところが、義満が弾圧の対象を、次は権勢を得た自分に振り向けてきたことを感じ、その不平・不満から、同じ境遇にある鎌倉公方足利満兼や美濃の土岐氏らと連絡をつけ、義満打倒をもくろむようになった。かれは幕府の上洛命令に応ずるかのごとく、翌六年十月十三日に、泉州堺まで軍勢を率いて到着するが、この地にとどまって城塞を構築して反抗の態度をあらわにする。義満は同年十月二十七日に和平を説得するため、最後の使節として禅僧絶海中津を堺に遣わし、義弘と面談させるが、交渉は決裂し応永の乱が勃発する。

大内氏の勢力は堺に出撃した軍勢のほか、義弘から留守を預けられた弟盛見《もりはる》が大内氏領国をしっかりと押さえ、反幕の気勢を上げていた。さらに東隣安芸国にも大内勢の一部が進駐していたし、また、大内氏から恩顧をうけていた国人領主の中にも義弘に同調するものがあり、かれらは幕府から「芸州凶徒」と呼ばれている。このような情勢下で、安芸国において最も幕府に密着する立場をとっていたのが、毛利氏有力庶家の福原広世である。

広世は、義満の使節と義弘の最後の交渉が決裂した翌日の応永六年十月二十八日付で早速、義満から、義弘の陰謀が露見したから制裁を加えるので、早く忠節を致せという御判の御教書を与えられている。このことからも、かれが義満の深い信頼を得ていたことが察せられる（福原家文書二の九）。幕府は同年十二月十二日になって安芸の国人領主たちに対し、大内方の芸州凶徒を退治するため守護人渋川満頼を同国に下向させるので、味方の武田信守と協力して忠節を尽くすように命じており、満頼も翌七年一月に、自ら出動することを告げ参陣を求めている（小早川家証文三六号熊谷家文書一〇三号）。堺での攻防戦は、応永六年十二月二十一日の大内義弘の戦死によって決着がつき、幕府は堺において降伏した義弘の弟弘茂を許して防長両国の守護に任じ、義弘の留守を守って反抗する盛見勢を討たせた。弘茂は同七年五月に防長に兵を進める。このようなとき、義満は、毛利氏については応永七年七月十三日付で、惣領家の光房を差しおき、広世に対して、かれが毛利一族の惣領となって一族庶家を動員して忠節を致すようにとの御判の御教書を与えている（毛利家文書一三八六号）。

これは、光房がまだ十六歳の弱輩であるのに、広世は一族の長老であり、幕府と密着する態度をとっていたために義満は将軍の権限を発動し、毛利一族の惣領職を光房から取上げ、これを広世に与えて一族を幕府方として結束させようとしたのであろう。このことが、四年後に新任の守護がとった強硬策に反抗して、安芸の国人領主の多くが盟約して一揆を形成し、これに毛利一族のほとんどが加わり、光房が一揆のリーダーに推された際、広世だけが別行動をとることになるきっかけとなっている。

義弘の留守を預っていた盛見の勢力は思いのほか強く、幕府に降伏しその命で防長に攻込んだ弘茂は、応永八年十二月に盛見勢に敗れて戦死する。ついで幕府は同じく義弘の弟のひとり介入道道通に盛見追討を命じ、同十年四月に出動させ、これには毛利光房にも加勢を申しつけている（毛利家文書二三号）。ところが、道通も翌月には敗死してしまう。幕府はやむをえず盛見の勢力を認めなければならなくなり、応永十一年にはかれを防長両国の守護に任じ、逆に北九州鎮定の尖兵として利用するようになる。盛見は応永三十二年ころには安芸国の直轄領東西条も返却されている（小早川家証文三一七号）。一方、幕府は応永八年三月に、明徳の乱以後細川一族の手に渡っていた備後国を再び山名時凞（入道常凞）の手にもどす。これは山名氏の力によって大内氏を牽制するためであった。時凞はこの後いよいよ幕府に忠勤を励み、義満から信頼されて枢機に参画するようになり、その権勢が安芸国にも及んでくる。

安芸国の守護には、応永十年四月に渋川満頼に代って時凞同族の山名満氏（氏清子息）が任ぜられる。福原広世は満氏から、当国の守護を仰せつかった。近日代官を差下すので、そのとき委細を申すから毎事よろしく頼むとの親書を送られる（福原家文書二の一九）。この満氏の守護補任は義満からの厳しい指示があり、備後守護となっていた時凞勢力を背景に、これまで大内氏が守護以上の権限を振るって国人領主たちに私恩を売っていたのを糺《ただ》し、所領の整理を行なうことにあった。大内氏の旧領国の石見国では、前年の応永九年から満氏兄弟の山名氏利が守護となって、すでに国人領主の新旧所領の糺明を進めていた。それで、満氏が安芸国において同様な強硬策をとることは明らかであり、これには、国人領主の長老格の平賀入道妙章（弘章）が先頭に立って反対し、また、これまで幕府に協力的であった武田氏も不満を示した。安芸の国人領主の中には、一緒になって幕府に対し、守護満氏の受入れを拒否する嗷訴をしようという気運が起こった。これに対し、幕府は使者を下して説得につとめるとともに、説得に応じなければ征伐するという強硬態度を示した（同上二の二一、毛利家文書四五号）。満氏の代官小林清重は懲らしめのため同年十二月、平賀氏の本拠高屋の御園生城を攻撃しており、入道妙章はこのときの防戦で三人の子息を討死させてしまう（平賀氏系譜）。

応永十一年六月二十六日付で安芸守護山名満氏宛に、同国国人領主たちに対し現在知行している新恩所領・本領について帯びている支証を、来る八月五日までに代官をもって提出するよう触れるようにという御教書が出た。御教書の正文は、同七月六日に満氏の在国の守護代小林清重の手に届いた。清重は早速その案文を福原広世に送るとともに、正文は面会のときにお目にかけるといっており、両者の親密さが知られる（福原家文書二の一二・一三）。国人領主の中にも、吉川経見のように幕府に忠義だてして早速支証を提出し、同年八月三日付で早くも当知行所領について満氏の安堵状を得ているものもあった（吉川家文書二四一号）。しかし、多くの国人領主はいわれなく所領が没収されるのをおそれてこれに反抗し、守護代がその宗徒《むねと》の者と同年八月二十七日には合戦に及ぶが、このとき広世は守護方に加勢している（福原家文書二の二〇）。

このように情勢が切迫していた応永十一年九月二十三日付で、守護の強硬策に反対する安芸の国人領主大小合わせて三十三名が、同心して衆中を結成し五ヵ条の契約状を結んでいる。それは、強硬策をとる現在の守護を排除はするが幕府には無抵抗であるという姿勢をとっている。第一条と第三条は、当面の事態に対するかれらの団結をうたったもので、第一条は、いわれなく本領を召放されるようなことがあれば衆中一同が愁訴しよう。第三条は、弓矢の一大事には即刻馳せ集まって、お互いの身の大事として奔走しようというのである。ただし、第二条では、幕府から課せられる国役、すなわち一国単位で課せられる段銭等の臨時課役などは、守護に代って衆中で談合して分担しよう。第五条では、京都様（義満・義持）の上意には衆中一同が従おうというのであり、また第四条では、この衆中で争論が起こったら、ともに談合して理非を糺し、理のある方に合力しようというのである（毛利家文書二四号）。

この国人一揆衆には吉川・小早川氏など一部の不参加もあり、毛利氏のように、一族中のものが分かれて幕府守護方にとどまった例外もあったが、一応ほとんどの国人領主がこれに加わったといってよい。これは幕府にとっては驚きであり、翌十二年一月末には石見・備後両国の国人領主らに安芸への出動を命じている（毛利家文書三一号、熊谷家文書一〇八号）。石見国では守護山名氏利が急死したため、その兄弟の同凞重が守護代とともに出動している（閥閲録一二二）。しかし、翌十三年の半ばになると、幕府側は京都から征伐軍を発向させるという強硬な姿勢を示すと同時に、一揆側と妥協をはかろうとする態度も示した。この両者の仲介につとめたのが山名時熈であり、一揆側の代表となって交渉に当ったのが平賀入道妙章とともに毛利光房であった。安芸国人一揆三十三名中に毛利一族は最も多数の五名が加わっており、それは光房（当時は之房という）・有富元衡のほかに大江親秀・沙弥宗護・大江広身の三名である。このうち光房・元衡以外の三名は系図の上で比定できないが、おそらく麻原・坂・中馬氏など有力庶家に属した人たちと思われる。光房はすでに二十歳を越えており、毛利一族の惣領家ということで一揆リーダーの一人に推されたのであろう。

一揆側から応永十三年閏六月五日に幕府側に届けたものに続いて、同月十五日付で、さらに厳重な内容の起請文を再度差出したことによって、両者の妥協が成立した。仲介役の山名時熈は同年閏六月二十六日付で、一揆リーダーの毛利光房・平賀入道妙章宛に、幕府の征伐軍の発向が止められたこと、一揆の面々に対する赦免の御教書が出されたこと、一方、守護山名満氏が罷免され代って同凞重が任ぜられたことを報じている（毛利家文書三八・三九号）。一揆側は守護を交代させるという名目的な成果は得たが、一方では、おそらく所領の支証を提出して審査をうけるという厳しい内容の起請文を提出させられたことによって、幕府の最初からの要求に屈したことになる。しかし、この早い時期に、安芸国においてほとんど一国全域に及ぶ国人領主たちが、横の連絡をとって衆中を形成したことは、この一揆が三年足らずで解体し、契約の内容もほとんど実行の機会がなかったとはいえ、この後、同国で国人領主の横の連絡が容易にとられる気運ができたことで、これは歴史的意味が大きい。

一揆衆に加盟した毛利一族と分かれて幕府・守護方に味方していた福原広世が、この事件の収束のためにとった行動は具体的には判然としないが、山名時凞と連絡をとり側面から仲介の労をとったと思われる。応永十三年閏六月五日、一揆衆に対し再度の厳しい内容の起請文を提出させることがきまったとき、時凞は、広世にこのことを報告するとともに、この間の広世の大変な骨折をお察し申すといっている（福原家文書二の二二）。おそらく広世は一揆のリーダー光房に、厳しくとも起請文を幕府に提出するよう働きかけていたのであろう。この後、光房は幕府の中枢にいる時凞と密接に連絡をとり、応永十五年四月ころには、毛利氏一方の有力庶家麻原氏と福原氏の和解の仲立を時凞に依頼しているようなところがみられる（毛利家文書三二・三三号）。晩年の広世は、次に述べるように惣領家光房・凞元父子の唯一の支柱となっている。

二　惣領家と一族庶家

光房は応永十三年（一四〇六）、国人一揆のリーダーとなって幕府側との交渉の表面に立ったときはすでに二十四歳となっており、幕府側から要求された厳しい内容の起請文の提出を仲間たちに承知させる手腕をみせ、一方には、守護交代という一揆側の要求を幕府に実行させるという成果を上げている。このときのかれは、すでに毛利一族の惣領としての風格を備えており、一時、一族から離脱していた福原広世もこれ以後は一族の中に復帰している。

一族解体後の光房は他の国人領主に先んじて幕府側に接近をはかる。かれはまず山名時熈に親近し、かれに弓十張を贈って喜ばれ、先方からも将軍拝領の馬をもらいうけるなど両者の親密ぶりがみられる（毛利家文書四三・四四号）。かれはこの後自ら在京するようになる。これは、安芸国に御用がなかったので多分に在京するようになったということであるが、実際は幕府の権威をかりて、一族を統括する惣領としての仕事をやりやすくしようとしたのであろう（同上一一九号）。惣領は、幕府から軍役をはじめとする諸役や諸入費の公事《くじ》を一括して賦課され、これを一族庶家に所領割に配分して取りまとめるのである。ところが、村落領主化している一族庶家は容易に惣領の命に従わないようになっており、一族の統制に幕府の権威をかりる必要があった。

幕府では、終生権力を手放さなかった義満も応永十五年五月に死没し、その後、やっと将軍義持時代が到来する。その時代の応永二十五年には光房はすでに在京しており、郷国の吉田郡山城には、当時小法師と呼ばれたまだ幼時の熈元を置いていた。この年の春に、今度は福原氏を除く一族庶家中ことごとくが惣領家に反抗するという事態が起こった。光房は早速義持に頼んで一族庶家に成敗を加えてもらい、将軍から一族庶家中に、諸役・公事はみな惣領光房の進退に従うようにとの御教書が出された。これで、一時惣領光房側と一族庶家中との和睦が結ばれた（福原家文書二の一五毛利家文書一一九号）。

しかし、その後惣領家側が強硬策に出たためであろうか、再び一族庶家との間に紛争が起こり、翌二十六年六月には吉田郡山城が一族庶家から包囲攻撃される。これは、やっと福原広世・朝広父子らの尽力で城に踏みとどまることができた。光房は広世宛と朝広兄弟宛の二通の起請文を送り、籠城戦の勝利が将軍の耳に入り面目をほどこしたことを感謝するとともに、今後も福原殿と一味同心しその子息らを取立てることを誓い、とくに広世には小法師（凞元）の扶持を依頼している。さらに、将軍の意向とそれをうけた毛利氏近隣の国人領主らの仲介で、再び惣領家側と一族庶家の間に和睦ができた。すなわち近隣領主の平賀頼宗・宍戸弘朝・高橋玄高の三人は、惣領家側の広世（入道玄猛）・凞元（小法師）両名宛に起請文を書き、この平穏を保つため、今後一族庶家が無法をはたらくときは惣領家側に味方して奔走するが、貴殿様方から乱したときは、自分たちは一族庶家の方に合力すると申述べている（福原家文書二の一五〜一八）。

毛利氏における惣領家と一族庶家の対抗は、この度は一応収まったものの、この後も室町時代を通じて繰返される。惣領家は血縁の原理によって一族を統括する権限をもっており、室町幕府もこれを承認し、諸役・公事は一括して惣領家に課している。それにもかかわらず、一族庶家が惣領に対抗できたのは、その所領の在り方によるところが大きい。

庶家の所領はもともと惣領家から分割譲渡されたものであるが、南北朝動乱期に自力で拡大したものもあり、室町時代初期にもまだ流動している。毛利氏ではこの時期に、麻原・坂両氏が有富氏の所領を横領して自己の領有地を拡大し、有富氏はついに姿を消している。流動期が過ぎて室町時代中期に入った永享六年(一四三四)における山・河・狩猟地など、共有地を除いた毛利一族各家の田畑領有の配分状態が知られる。それによると、惣領吉田殿が一七六町九反余であるに対し、麻原殿一五八町三反余、福原殿九二町九反余、中馬殿八二町二反余、坂殿一二四町一反余、川本殿三五町五反余で、有力庶家の領有面積が惣領家とほとんど変らない状態にあった(毛利家文書四七号)。また、同年における福原氏領有の田畑の所在が、毛利一族占有地内にどのように分布しているかも知られる。それによると、同氏は領有地が竹原・豊島・吉田・坂にも分散しているが、その過半の四八町六反余が福原村に集中しており、この地に屋敷を構え門田を経営して根を下ろし、独立性のある村落領主としての性格を強めていた(福原家文書一の八)。他の庶家の所領の領有状態も同様とみられる。そこに、惣領家が一族庶家に対する統制を強化しようとすると、かえって庶家たちが一揆して反抗を起こしうる要素があった。

光房(沙弥浄済と称す)は永享二年(一四三〇)二月に、嫡子凞元(初名凞房)に全所領の譲状を書いているが、この中で、入江保は領家預所職に補任されているのに、現在は知行できないでいる。幕府に嘆願してこの地を知行できるようにせよと記している(毛利家文書四六号)。吉田盆地の西南部を占めるこの保の下地管理と年貢の取立てを、毛利一族で最初に請負ったのは麻原広内であったが、その後、惣領家の光房が代って預所職に補任されていたのである。ただし、実際には応永二十一年(一四一四）ころには、福原氏など庶家たちがこの保内を分割して支配していたことが知られる（福原家文書一の六）。この地から毛利一族が一時排除されたのは、この地の在地土豪の馬越氏が武田氏の被官となり、その権威を背景にして毛利一族に強く抵抗していたためであることが、次の凞元時代に明らかになる。

光房の晩年は、幕府の命令のままに大内氏の援軍となって北九州に再三出動して鎮定戦に明け暮れ、ついにかの地で死没している。北九州には鎌倉時代に鎮西奉行をつとめた少弐氏が、勢力を温存していて幕府に反抗し、豊後の大友氏や肥後の菊池氏もひそかにこれを援助するので、同地の統制は九州探題の手に負えなくなった。そこで幕府は、以前は反抗していた大内盛見を起用し、豊前と将軍御料国の筑前との両国の守護を兼任させ、北九州の鎮定に当らせた。ところが、盛見が永享三年六月に筑前国深江で少弐勢と戦って戦死する。盛見の後嗣をめぐって甥の持世・持盛兄弟が争うが、幕府から大内氏惣領職を安堵された持世が勝利をおさめ、かれが盛見に代って北九州の鎮定に当る。光房は将軍義教の命をうけて安芸国ではただひとり九州に三度まで発向し、いったん帰国する。さらに永享五年八月、筑前国二岳城に立てこもる少弐満貞を攻撃のため、安芸国のすべての国人領主に出動命令が出たので、このとき光房は身体の調子がよくなかったが、大病中の凞元を国に残し、次男元忠を引連れて出陣し、ついに九州の陣中に死没したのである（毛利家文書一一九号）。

これから毛利氏は凞元時代に入るが、毛利軍勢は光房死没後も永享八年まで、凞元の弟元忠に率いられて北九州各地に転戦している（毛利家文書一三五三・一三五四号）。同九年七月には、将軍義教の弟義昭が兄に背き、南朝残存勢と連絡をとって大和国に出奔する。今度は凞元自身が軍勢を率いて参洛し、翌十年、命をうけて大和国各地に転戦して義昭方の軍勢を破る（同上四九〜五七号）。同十二年五月には、義教から大和出陣中の幕府方部将土岐持頼を討つよう命令が出た。義教はかねて持頼の横暴を憎んでいたのである。凞元は持頼討滅に加わり、自身疵をうけて奮戦した軍功を賞せられている（同上六〇・六一号）。こうしてかれの大和在陣が三ヵ年に及んだ。このように幕府に忠勤を励んだ甲斐があって、凞元は父から譲られた安芸国所領を義教から安堵されているし、また同十一年八月には、小槻氏から改めて以前の通り入江保の預所職に補任されているのも、幕府の口入があったからに違いない（同上五四・五九号）。

凞元は長期間の大和国在陣の後も帰国せず、そのまま在京している。それは、このころ義教がますます独裁者の性格を強めており、かれの機嫌を損なった国人領主に対しては、たちまち将軍の権限を振るって当主から惣領職を取上げ、これを一族中の他の者に与える内部干渉を行なうのである。実際に安芸国の小早川氏に対して義教は、嘉吉元年（一四四一）三月に、惣領凞平の態度が「正体なし」ということでかれを退け、代って有力庶家の竹原盛景に惣領職を仰せつけている（小早川家文書八一・八二号）。凞元としても気を緩めることができず、在京奉公に精を出していたのである。

嘉吉元年六月には嘉吉の乱が起こり、義教が殺害される。播磨・備前・美作の守護赤松満祐は、義教の制圧が強まって次はかれが取りつぶされるという疑念から、義教を自邸に招待してこれを殺害し、本国の播磨へ下って反乱を起こした。管領細川持之は幼少の義勝を将軍につけ、赤松征伐の命令を出す。煕元も急いで帰国するが、かれの眼前のねらいは、入江保内に城郭を構えてかれの支配を妨げる土豪の馬越元親を討伐することであった。かれは馬越氏の要害を破却する目的を達し、同年九月、東隣の宍戸氏とともに播磨に出陣するが、赤松氏はすでに山名持豊らの軍勢によって討滅されていた。それでもかれは出征軍の大将細川氏久に見参し、参陣した注進をすませて上洛した（毛利家文書六六号）。ついで同年十一月には、幕府から入江保は以前の通り煕元が管理し、馬越氏の妨害を停止するようにという保証を与えられて一安心をした（同上六三・六四号）。

ところが入江保の支配をめぐって、当面毛利氏が相手にしていた馬越氏に代ってその主家の武田信賢が、同保の年貢取立てと下地支配の権利を獲得する行動に出てきた。すなわち、翌嘉吉二年九月二十四日付で、信賢は小槻氏から毎年九十貫文の年貢を進納する条件で同保の預所職に補任される（壬生家文書七四一〜七四三号）。これは、武田氏が管領交代の幕府の混乱期をねらい、自己の京都での地位の利用と、毛利氏の倍以上の年貢納入という好条件を出すことによって、この権利を得たのである。武田氏はすでに安芸国西部の佐東・山県・安南三郡の分郡守護であり、永享十一年からは若狭国の守護も兼ねていた。気勢の上がっていた武田氏は、被官馬越氏の後楯となって吉田盆地の一角に勢力浸透をはかったのである。煕元は、早速幕府に元通り入江保の知行を全うさせてほしいと訴え出る。幕府も翌三年十一月に、凞元・信賢の双方から申状を提出させている（毛利家文書六六・六七号）。しかし、この後入江保が再び毛利氏の手にもどったことが知られるのは文安年間（一四四四〜四九）になってからであり、さらに引続いて同保をめぐって毛利・武田（馬越）・宍戸氏の競り合いがみられる。毛利氏が入江保を全くその手に収めるのは、凞元の孫弘元時代になってからである。

第五章　戦乱期に入る――豊元・弘元――

一　反転の勝利

これは元就の祖父と父の時代で、応仁の乱前夜から戦国時代前期に相当する。祖父豊元は三十三歳、父弘元は三十九歳で死没し、長い生涯とはいえず、毛利歴代中で優れた人物ともみえず、ともに一族内部や外部の情勢に悩まされ続けた。しかし、かれらが当主として苦しまぎれにとった行動が、結果としては毛利氏の所領を拡大し、また、毛利一族の団結に新しい体制をもたらす好成果を生み、この時期に、元就時代の飛躍的な発展の基礎が固められた。

豊元は童名を松寿丸といい、文安元年（一四四四）に凞元の嫡男として生まれた。それは嘉吉の変のあとで、独裁者としてふるまった足利義教が赤松満祐に誘殺され、その跡を継いで将軍となった義勝がわずか二年で十歳で早死し、二歳年下の弟義政が、管領畠山持国に擁立された翌年であった。毛利氏は先述したように、惣領家が一族庶家を統括して幕府に仕えていたが、麻原・福原・坂・中馬・川本氏など半独立性をもった有力庶家があり、惣領の統制に容易に従わなかった。凞元が再三上洛・

在京し、幕府に過度なほど忠勤を励んでいたのも、将軍の権威を頼り、それを後楯として庶家を統制していくためであった。しかし、幕府の権威が低下してきたこの時期には、庶家たちが勝手な行動に出てくることは目に見えていた。凞元は文安元年閏六月二十一日付で、一族庶家中から惣領家の統制に従うという起請文を提出させているが（毛利家文書一一七号）、これは、一族の団結の乱れをこれによって引締めようとしたのであろう。

宝徳元年（一四四九）四月、六歳でまだ成人には間があった豊元は、山名持豊（法号宗全）の次男是豊から名字を与えられて、豊元と名のることを許されている（毛利家文書九八号）。当時、持豊は畠山持国の勢力に対抗し、若き管領細川勝元を盛りたて中央政界に羽振りをきかせつつあったので、凞元は、持豊の次男ですでに備後国守護を譲られていた是豊の麾下に、わが子を送り込む約束をとりつけることにより、細川・山名連合勢力の庇護を得ようとしたのであろう。持豊は但馬・備後・安芸・伊賀四ヵ国の守護を父時凞から譲られたほか、嘉吉の変で播磨・美作両国の守護を加えて、中国地方では絶大の権勢をもっていた。凞元が幕府の実力者に取入っていたためであろう、康正元年（一四五五）ころには、毛利氏の一族庶家が惣領凞元の統制に従わず、分担すべき諸役も果たさない状態になっていたが、幕府は同年五月、毛利一族庶家中に対し惣領の下知に従うよう命じ、もし、なお緩怠するようなことがあれば罪科に処すと申し送っている。また同時に、毛利氏領に隣接する安芸国西部諸郡の分郡守護であった武田信賢に対しても、毛利一族庶家がなお緩怠を続ければ罪科に行なうが、そのときは惣領凞元に合力するよう命じている（同上八二号）。勝元と持豊は、応仁の乱勃発時にはそれぞれ東西両軍の総大将として対抗するようになるが、それは、共通の敵として追落した畠山持国が不遇のうちに死去し、畠山家が兄弟の政長・義就の両派に分裂・抗争し、勝元・持豊がそれぞれ、その両派に味方して抗争するようになってからである。

凞元は宝徳三年（一四五一）八月、まだ八歳の豊元（松寿丸）に、毛利氏がこれまでに獲得した吉田盆地を中心とする全所領（入江保預所職も含む）を譲与する譲状を書き、これを幕府に上申した（毛利家文書九九号）。これは二年後であるが、享徳二年（一四五三）九月に幕府により承認され、全所領が豊元に安堵された（同上一〇〇号）。ところが、これから七年目の寛正元年（一四六〇）には、惣領家（凞元・豊元）は一族の統制を乱す庶家に処罰を加えたところ、かえって惣領家自身が幕府から罪科に処せられ、南北朝時代以来の本領である内部荘（吉田荘西隣）と豊島郷（吉田荘の東南部分、向原町）を闕所に処せられ没収されるという悲運にみまわれる。

庶家の所領は一族所領の分割地であるから、これを総括する惣領家が、幕府から軍役その他の公事《くじ》を課せられたとき、庶家はこれを分担するのが当然であり、それに従わない庶家に対しては、惣領家が罪科に行ない、その所領を没収する権限が許されていた。毛利氏でも有力庶家の麻原・坂氏らが惣領家の統御に従わず、凞元が幕府の命で畿内に出動したときも、再三の催促にもかかわらず容易に従軍しなかった。そのため、先述のように康正元年にも幕府から一族庶家中に対し、惣領の命をなお緩怠したら罪科に処すと申達してもらっている。しかし、庶家の中でも麻原少輔三郎是広は最も惣領家に対抗する意識が強く、凞元が一族を引連れて参洛する命をうけたとき、是広は他の親類どもをそそのかして出頭をとどめた。そのため、凞元は万事を抛って上洛したのに一族のものが随従せず、幕府の殿中で面目を失って退出する始末であった（毛利家文書一一九・一三一・一四一一号）。

凞元は寛正元年（一四六〇）に意を決して惣領権を発動し、実力で麻原氏の所領（主要部は麻原郷）に兵を入れ、その要害を討落して所領を没収し、やがてこの由を幕府に上申した。ところが、麻原是広は幕府の要路者に取入って、自分の所領は惣領家とは別に将軍の安堵の御判をもらっていること、しかも惣領家は幕府のうかがいも出さずこれを没収したと、事実を曲げて訴え出た。幕府はこの訴えを取上げ、理不尽にも惣領凞元を罪科に処し、上述のように、内部荘と豊島郷を闕所に処し幕府に没収した。是広に対しては、かえって麻原郷内にあった凞元の知行分までも与え、かれを挙用して幕府に直接に出仕させるという優遇をしている（毛利家文書一三三九号）。このような処置を行なった幕府の要路者は、おそらく、当時、政所執事となって管領勝元をも押しのけるほどの権勢を振るうようになった伊勢伊勢守貞親であろう。没収された内部荘と豊島郷は、伊勢氏一族の伊勢兵庫助（貞親の甥の貞職か）の知行分となっている（同上一三一号）。

畠山氏は政長・義就の両派に分裂し抗争したが、細川勝元が政長に味方し、これを幕府に挙用したので、義就は領国の河内国に拠って幕府に反抗した。幕府は寛正三年（一四六二）四月から、細川成之を総大将とし、大軍を差向けてこれを攻撃するが、山名是豊も備後国の軍勢を率いて一方の大将をつとめた。麻原是広は、同年九月には是豊の麾下となって出陣しており（毛利家文書一三三九号）、毛利惣領家は本領の一部を没収され苦しい立場にあったが、翌四年三月には、豊元を是豊の麾下として出陣させている（同上一〇二号）。かつては惣領家の支配下にあった庶家麻原氏と、この度は同じ是豊の麾下として肩を並べて戦うことは、惣領家豊元にとっては不本意であったに違いない。豊元は寛正四年八月まで河内国内を転戦しているが（同上一〇二〜一一六号）、かれの出陣中の同年六月に、熈元は再び豊元に譲状を書いている。熈元は翌五年二月に病没するので、これはかれの遺言とみなされる。その中で、緩怠する一族庶家を成敗したところ、かえって不実を訴えられ、知行分内を闕所にされたこと「口惜しき次第なり」といい、先祖以来の本領を回復するよう幕府に嘆願せよと、強く申し置いている（同上一一二号）。このように闕所地の回復が豊元の使命として残される。

応仁元年（一四六七）正月、将軍家をはじめ、管領家の畠山・斯波氏らの相続問題に、細川勝元・山名持豊（宗全）の勢力争いが絡んで、京都において両派が戦端を交え、応仁の乱が勃発した。両派は京都での本陣の位置から東軍方・西軍方と呼ばれ、勝元・持豊はそれぞれの総大将であった。持豊方には周防の大内氏が味方する。ただし、安芸・備後両国ではこれより数年以上前からこの両派の対立が進行していた。

安芸国は、瀬戸内海地域を二分して争っていた細川氏と防長の大内氏の両勢力が接触する地域であった。この両氏は、中国・朝鮮との大陸貿易でも互いに競っていた。大内氏は早くも応仁の乱勃発より十年前の長禄元年（一四五七）に、味方の厳島神主家を援けて安芸国に出兵し、細川方の武田氏の本拠広島湾頭の銀山城下に押寄せ、さらに西条盆地の奥深く沼田小早川氏領の田万里（竹原市北部）にまで進撃している（毛利家文書九七号）。大内氏は、安芸国の中央部の西条盆地と黒瀬川流域、さらに広浦・仁方等内海沿岸部を含む安芸国東西条と呼ばれる地域を支配し、西条盆地の鏡山城に代官を置いていた。同氏は寛正二年（一四六一）には、東西条をはじめ呉浦・上下蒲刈島・能美島を分国中に入れており（大内氏掟書）、その麾下の厳島神主家・野間・竹原小早川氏（沼田小早川氏の有力庶家）らの勢力圏と合わせて、安芸国の沿海一帯を支配下に入れている。寛正六年（一四六五）六月、大内氏は安芸国府中で武田勢と激戦を交えるが、当主教弘は伊予国に渡海し、幕府の命に背いて河野通春を援け、讃岐の細川勝元の軍勢と交戦する。同年九月、教弘は在陣中に病死するが、その跡を継いだ政弘は細川勢を散々に打破った（同上一一八号）。同時に、政弘の一部隊は沼田小早川氏領の能良・乃美（賀茂郡豊栄町）に猛進撃している。このとき、毛利豊元は一勢を差遣わして沼田小早川氏を救援している。これに対し、勝元は自筆の書状を豊元に送ってその忠節を賞し、今後もこの堺目で計略をめぐらしてほしいと依頼している（同上一〇一号）。安芸国の細川方には武田・沼田小早川・吉川氏などがいるが、毛利氏もこのときになっては手放せないたいせつな味方であった。

備後国では、山名是豊が父持豊から同国の守護を譲られており、この国の軍勢を率いて河内国に出陣したことは先述した。ところが、この父子は応仁の乱以前から疎隔をきたし、ついに敵対するようになる。それは、持豊と細川勝元が中央政界で勢力争いをはじめたことと関係がある。是豊は、嘉吉の変に将軍義教に殉じて殺された同族山名凞貴の遺跡を相続できたのは勝元の奔走の結果であり、これに恩義を感じていた（応仁記一）。勝元の是豊に対する庇護はこの後も加わり、寛正三年十月には、河内国出陣の命に応ぜず改替された山名政清に代って石見国守護職を与えられ（閥閲録四三）、さらに同五年末には、かれは父持豊もなれなかった京都所在の山城国守護にも任じられた（大乗院寺社雑事記）。これは、是豊を是非とも味方の陣営に引入れ、山名氏内部に楔《くさび》を打込もうとする細川方のねらいでもあった。宗全は寛正元年に、嫡男教豊を一時追放せざるを得なくなったが、山名氏の惣領は是豊には与えず、やがて、その弟政豊を教豊の養子として同氏を継がせることになる。

応仁の乱がはじまると、備後の守護家父子が対立していたため、同国の国人領主たちは、西軍の持豊方と東軍の是豊方に分かれ抗争するようになる。同国南半七郡（外郡という）の杉原一族や宮氏惣領家などは是豊の麾下に入り、同国最強の国人領主で持豊の信頼が厚い山内首藤氏をはじめ、宮氏の庶流・三吉・広沢江田・同和智氏など同国北半七郡（内郡という）の諸氏は持豊方に従った。備後国北部は西軍方の強力な地盤であったので、細川氏は毛利氏に一部隊を三吉（三次）口に出して陣所を構えさせた。毛利氏は、備後の押さえとしても東軍方にとって重要な存在になっていた。

毛利氏は、幕府（細川方）が同氏に対する芸備両国での依頼度を高めた応仁の乱前年の文正元年

（一四六六）三月、長文の申状を幕府に差出し、本腰を入れて訴えを起こし闕所地の返付を請うている。その申状によると、幕府の軍役・公事を忠実に実行しようとする惣領家の命に、一族庶家が従わなかったのは、全く庶家の麻原是広の仕業《しわざ》であり、麻原氏が他の一族庶家たちをそそのかして緩怠させたのである。惣領家が惣領権を発動して庶家に成敗を加えたことを、幕府に伺いをたてず行なったなどと不実を訴え出たのも麻原氏である。ところが、幕府は麻原氏を挙用しこれを出仕させているのは筋違いである。どうか麻原氏の挙用を放ち、惣領家の闕所地を返して下さるようにというのである（毛利家文書一一九・一四一一号）。

このように、一族庶家中で麻原氏だけを槍玉に挙げることができたのは、豊元が、すでに麻原氏と肩を並べる有力庶家の福原・坂両氏を味方に取込んでいたからである。豊元は福原式部大輔広俊に対しては、すでにこの前年の寛正六年（一四六五）三月に起請文を与え、広俊が今度の合戦に懇志を通じてくれたことを喜ぶとともに、いよいよ兄弟の契約を申し、子孫までも大小のことどもを相談し、きたるべき大事の機会を逃さないようにしようと申している（福原家文書）。坂下総守広秋が、毛利氏の内部に入って執権職をつとめるようになるのも、豊元の時代である（毛利家文書四二〇号）。数年後の文明三年（一四七一）に行なわれる毛利氏の思いきった反転の行動は、むしろ福原・坂氏らが先導をつとめるのである。福原・坂氏らは、一族を離れ幕府に直結していった麻原氏に反発し、これを一族外に弾《はじ》き出すことによって、惣領家を中心に団結を固めたのである。

応仁の乱が起こると、すぐに大内政弘が西軍として大挙上洛するという風聞が京都に達した。細川勝元は応仁元年二月、まだ在国の毛利豊元・吉川経基らに対し、武田氏と談合して防戦のてだてをめぐらすよう申しつけているが、とくに豊元に対しては翌三月に、かれの本訴をなおざりにしていないからしっかり頼むと付け加えている（毛利家文書一二〇・一二二号、吉川家文書三一一号）。大内勢は同年六月、周防山口をたち、主力は海路をとり五、六百艘の大船団で東上し、同年七月には兵庫に上陸している。豊元は京都が大変だということで上洛するが、同年十一月には、摂津の要衝中島（大阪市の中心部）を占拠した大内勢を攻めるため、細川勢に合力を命ぜられている。この前後には、芸備の国人領主の多くが上洛して東・西両陣営に属しており、豊元は同年末から翌年五月にかけて、京都の各所で東軍方として合戦していることが知られる（毛利家文書一二三〜一二六号）。

応仁の乱も三年目の文明元年（一四六九）になると、敵方を味方に誘い込む謀略戦が活発となり、互いに領国内を攪乱するようになる。同年五月、大内政弘の伯父大内教幸（入道道頓）が長門国で反乱を起こして東軍方となり、幕府（細川方）から備後の味方に合力するよう命をうけ、翌二年正月には、一部隊を安芸国廿日市にまで進軍させ、かれ自身も芸備への進発を企てたが、政弘方の在国の宿老陶弘護に阻止された（閥閲録一一一の二）。しかし、政弘の重臣仁保弘有のように教幸に応じて東軍方となり、淀川上流に陣を構えた備後の守護山名是豊らと連絡をとり、京都の戦場を離脱し防長に帰国するものも現れる（三浦家文書七一〜七五号）。一方、安芸国守護家武田信賢の末弟元綱は、文明二年末から西軍方に転じ、政弘の在国の宿老陶弘護と提携して安芸国に勢力を伸ばした（閥閲録五八）。毛利豊元もすでに文明元年七月、西軍方から味方に誘われている（毛利家文書一五五号）。このような情勢をふまえて、豊元は同年九月、幕府（細川方）に訴状を提出し、先に出している闕所となった本領返付の訴えは捨て置かれたままであるが、早く返してほしいと強く申し出ている（同上一三一号）。幕府（細川方）は文明二年六月、西軍方の宍戸駿河守（宍戸氏庶家）の旧領を豊元に与え、同八月には、毛利庶家麻原氏がこのころ一時西軍方となっていたため、没収されて幕臣伊勢貞英の知行分となっていた旧麻原領の年貢取立ての代官職も、豊元に与えている（同上一三三～一三九号一三八・一三九号）これは豊元を味方にとどめておこうとする心づかいとみられるが、毛利氏としてはすでに幕府（細川方）を見限る段階にきていた。

東軍方として在京していた豊元は、古くから因縁のある山名是豊の麾下に属していた。かれは文明三年（一四七一）七月、是豊に暇を賜り帰国したい旨を申し出て、是豊は管領細川勝元と政所執事伊勢貞宗にこれを取次いだ。それは、豊元が、国の留守の者たちはしっかりやってはいるが、自分が帰国したらいっそう東軍のため奔走したいといっているので、どうか許可を与えてやってほしいというのである（毛利家文書一四三号）。許可は下り、豊元は帰国する。ところが、豊元は在京中からすでに留守の者たちと連絡をとって、西軍方への反転を企てていたのである。留守の者の中心となってこれを進めたのは福原広俊で、かれは同年四月には大内氏の在国宿老陶弘護と打合せ、また先ごろ西軍方に転じた武田元綱とも連絡をとっていた。坂氏など他の一族も広俊に同調しており、坂氏らは広俊の代理となって、大内氏の安芸国の拠点東西条鏡山城の城代安富行房のもとに使いしており、毛利氏の動向は、安富氏からも在京の大内政弘に注進されていた（福原家文書）。

毛利氏が西軍方への反転を実行に移したのは文明三年閏八月で、これまで備後国の西軍方に対する押さえとして、三吉（三次）口に部隊を派遣し陣を構えていたのを撤退させたのである。備後の北部は西軍方の強力な地盤であり、文明二年から山名持豊方の守護代宮田教言が、山内首藤氏の本拠甲山《こうやま》城（庄原市山内町本郷）に入って指揮をとり、備後国南半の山名是豊方の国人衆を圧倒していた。それで、毛利氏の三吉口撤退は東軍方の大きな痛手となるので、細川勝元は同月十九日付で、毛利氏の闕所の本領返付を聞き入れるという義政の御内書を送り、豊元を東軍方に引きもどそうとし、是豊もまた説得の書状を送る（毛利家文書一四一・一四二号）。しかし、このときに至っては何の効果もなかった。

勝元は、豊元が敵方となったことが確たる事実だと知ると、同月二十七日付で、これまで惣領家に対抗し一時西軍方に転じていた麻原是広を早速味方に招き、恩賞を約束して忠勤を求めている（毛利家文書一三四三号）。しかし、すでに毛利一族から弾《はじ》き出されている麻原氏では、毛利氏の一族被官を動かせないので、幕府（細川方）は翌年六月に、豊元の弟元家に兄の全所領を与える約束をし、一族被官を引連れて東軍方になるよう誘っている（同上一三五七号）。元家はこの誘いに乗らなかったが、是広はこれを機会に幕府（細川方）との結びつきを強めたものとみられる。元家は実際に兄に代れる実力をもたなかったし、一方、是広は有力庶家ではあったがすでに毛利氏内部で足場を失っており、幕府に直結して都へ出るよりほかなかったのである。麻原氏の庶流は、後に門田氏と改称し毛利氏に仕えているが、往年の麻原氏の実力を失っている。是広のその後については、将軍足利義尚が長享元年（一四八七）に、六角高頼を討つため自ら近江国へ出征したとき、将軍の随従者の中に毛利麻原伊豆守の名がみえる。これはおそらく是広か、またはその後嗣であろう（長享元年常徳院御動座当時在陣衆着到、群書類従巻五一一所収）。

毛利氏は東軍から西軍方へ反転することによって、長年の懸案であった闕所にされた本領を取りもどせただけでなく、安芸国中央の西条盆地で一千貫の所領を与えられ、さらに備後国の世羅台地で三千貫の所領を獲得し、同国へ進出する足がかりも得た。文明三年閏八月、福原広俊は毛利氏を西軍方につける先導役を果たした恩賞として、大内氏から西条原村（東広島市）内で所領を与えられる（福原家文書）。備後国では、同国の西軍方の守護は文明四年八月に、山名持豊から家督をうけた政豊に譲られるが、東軍方の兄是豊も同国守護を手放しておらず、同国での両勢力の争いは激化する。福原広俊は同年末、政豊方から小国地頭分を与えることを約束され、備後国での毛利氏の尽力を依頼され、翌五年正月には、政豊方の守護代宮田教言から、小国郷（世羅郡世羅西町）一円を与えるから早く代官を入れ守備されるようにといわれる（同上）。原村・小国郷はこの後毛利領に編入される。

文明五年九月から同七年四月まで、沼田小早川敬平の本拠高山城（古高山三原市本郷町）が芸備地方における東西両軍攻防戦の焦点となった。攻撃軍の中心は、惣領沼田小早川氏が幕府に直結したのに対抗して、大内氏の麾下となっていた有力庶家竹原小早川弘景であり、これに毛利氏などが加勢していた。高山城包囲攻撃軍は強力で、東軍方は備前の松田氏や備中の庄氏まで動員したが、高山城の危急を救うことができなかった。これを実力で救援できるのは東軍方備後守護の山名是豊だけであったが、その本隊は京都入口の淀・鳥羽・八幡など、淀川流域の要衝に布陣していた。是豊は、これまでも再三帰国して備後での勢力を盛り返していたが、この度は幕府から救援命令が出ているにもかかわらず西下に手まどった（小早川家証文一九九・二〇〇・二〇五号）。同年四月二十三日、沼田小早川氏は是豊の諒解をとらず、備後国守護代宮田教言らとの間に高山城開陣の講和を結んでしまった（同上二〇二〜二〇五号）。

文明七年六月、山名是豊は優勢な本隊を率いて備後に入国した。かれは自分に諒解もなく西軍方に屈辱的な講和が結ばれたことに不平で、自ら備後西軍方の主力山内首藤氏の甲山城に攻め懸かり、同西軍方の広沢江田氏の旗返山城（三次市三若町）を、子息七郎頼忠と沼田小早川氏に攻めさせた。すでに西軍方となっていた豊元は、かつて頭領と仰いでいた是豊に真正面から立ち向かうことになった。毛利勢はまず旗返山城の救援に赴いて山名七郎と小早川氏の軍勢を破り、そのまま甲山城の救援に向かった。ところが、是豊の軍勢が敗走をはじめていたので、これを追撃し、実力で伊多岐（板木、双三郡三和町）・山中・重永・横坂（世羅郡世羅町）の要害を切落した。これらの地は、山名政豊から毛利氏永代の知行地として与えられた（毛利家文書一五一・二五一号、山内首藤家文書一二七号）。

安芸国では文明七年七月から同年十月にかけて同国の大内氏直轄領の東西条に対し、東軍方の攻勢が激しくなる。大内氏の要請で出動した毛利氏は、武田・沼田小早川氏の軍勢に包囲攻撃された鏡山城を救援して敵勢を追払い、さらに、東軍方にそそのかされて地下人たちが蜂起した徳政一揆を鎮圧した。その功によって豊元は、西条盆地において御薗宇・寺町・寺家・原・三永などの所々を永代の知行地として与えられた（福原家文書、毛利家文書一四七・一五〇号）。

豊元は文明七年十一月二十四日付で嫡男千代寿丸（弘元）に、本領のほか新たに獲得した備後と安芸の所領を別紙で同時に譲っている（毛利家文書一四九〜一五一号）。このとき本領には、父から取りもどすよう遺言されていた内部荘・豊島郷も含まれており、さらに本領は、吉田盆地の周辺部にまで拡大されている（同上一四九号）。かれは翌八年五月二十八日、まだ三十三歳の若さで死去してしまう。これは後に元就がいっているように飲酒の害によるのであろう（同上五九九号）。かれの活動期は、二十一歳で父から闕所地回復の使命を託されて以来わずか十余年であり、戦乱期に際会し、幼少のときから頭領と仰いだ人にも反旗を翻すことになったが、所領は拡大し、一族結束の新しい体制も生まれ、後から見れば、毛利氏にとって好運な時期であった。

二　大内・細川両勢力の谷間

父の豊元に早く死なれたため、弘元は幼くて家を継いだが、かれの時代は、一族庶家がまだ半独立的に知行地をもっていたとはいえ、福原氏をはじめ、いずれも惣領家に寄合おうとする姿勢をとるようになっていた。また、庶家の坂氏が郡山城に詰めて執権職をつとめ、譜代家臣も成長して庶務会計に習熟するものが現れていたため、応仁の乱後の混乱収束期に当って、毛利氏が乱中に拡大した既得権を保持することができた。ところが、弘元が当主として責任をとるようになったその後半生には、乱後の混乱から立ち直った大内・細川両氏が対抗を再燃させ、大陸貿易の激化も伴って両勢力は実力衝突の寸前にまで至った。安芸国は両勢力が激突する先端に当っており、同国の国人領主はいずれも去就に迷ったが、なかでも他の国人領主より一歩頭角を現しそのリーダー格とみられていた弘元は、両者からの誘いが強烈で、その対処に苦悩することになる。

弘元は童名を千代寿丸といい、文明八年（一四七六）五月父に死別したときは九歳であり、同十年二月には、前年京都から周防に引揚げていた大内政弘に願い出てその名字をもらい、加冠されて弘元と名のった（毛利家文書一五二・一五三号）。同十四年三月には、政弘からその領国内の豊前国京都《みやこ》郡津隈荘（福岡県豊津町）内で二十町の地を預けられており、大内氏の知行制の中に取込まれている（同上一五六号)。

弘元時代に毛利氏の執権をつとめたのは、坂下総守広秋の長男同下総守広正であり、また、その弟兵部少輔広時であった。坂氏は一時兼時氏を称しており、明応年間ころから再び坂氏を称するようになる。文明八年七月、大内氏の安芸国鏡山城代安富行房から毛利氏に対し、豊元の死をいたんだ弔文は、兼時(坂)下総守と譜代筆頭の飯田下野守両人宛に出されている(毛利家文書一五四号)。延徳二年(一四九〇)、毛利氏は吉川経基に対し、近接する吉川氏領の河合村(名)を石見国から南下する高橋氏らが干与することに同意せず吉川氏に味方すると約束するが、その折衝には弘元に代って兼時(坂)下総守広正が当っている(吉川家文書三四八〜三五〇号)。

明応四年(一四九五)ころには、広正の弟坂兵部少輔広時も執権をつとめており、毛利氏の西南部の所領入江保が、まだ京都の領家の小槻家に年貢を毎年四十貫文送らなければならなかったのを半減しようと画策した。小槻家は、当時幕府の実権を握った管領細川政元に依頼したので、細川氏の執事は毛利氏に半減の不可なることを強く申し入れてきた。この時期には、すでに弘元が毛利当主としての責任をとっていたが、細川氏の執事が直接交渉相手としたのは坂兵部少輔で、弘元に対し「よくよく入魂の指南が肝要だ」と書き送っている(壬生家文書一一六八・四八一号)。また、弘元時代には粟屋元久・長沼元重・国司有恒らの譜代の実務家が活動しており、毛利氏の家政機関が整ってきたことが察せられる(同上二二六一・二二六六・二二六七号)。

戦国時代は応仁の乱からはじまると、以前は説かれていたが、今では、明応二年（一四九三）に将軍足利義稙を廃して同義澄を擁立した細川政元のクー・デターから、本格的に戦国時代に入ると説かれるようになった。文明五年、東西両軍の大将の山名宗全と細川勝元があいついで死没し、その翌六年に両人の後継者の山名政豊と細川政元が講和したが、両軍の中にこれに反対するものがあり、乱は続いた。しかし、文明九年十一月、西軍方の責任者として和平にも気を配っていた大内政弘が兵をまとめて帰国し、同時に義政の対抗者として、西軍方から将軍と仰がれていたかれの弟義視が、その子義稙とともに土岐氏に伴われ美濃国に去って、やっと応仁の乱がおわった。乱後の京都では復興がめざましく、太平の到来を謳歌する一時期があった。義政が、将軍職は子息義尚に譲っていたが、東山山荘を造営し、ここに、当代文化生活の指導者として君臨した東山時代もこの時期であった。地方では乱後の処理のため波瀾が絶えなかったが、中央の太平ムードは地方にも及んでおり、弘元は文明十四年（一四八二）二月、入江保の年貢の取立て不調を、幕府の奉行所宛に詫びた書状の中ではあるが、「天下御無為」ではありますがと述べている（壬正家文書一九九号）。

応仁の乱後、幕府の体制が立ち直り、東西両軍の諸大名がその命に服するようになると、毛利氏の乱中に取得した所領のうち、幕府から闕所に処せられた内部荘と豊島郷を、実力で占拠したことについての後始末が問題になったに違いない。幕府はとうてい毛利氏の占拠を排除する力はなかったが、形のうえでは、乱後も内部荘は将軍直轄の御料所となし、これを安芸国の分郡守護武田元信に預けるという処置をとっている。毛利氏は一刻も早く正式に返付の許可を得たかったに違いなく、幕府に対し諸方面からこれを訴願したとみられる。文明十七年（一四八五）三月、沼田小早川敬平は京都の小槻家に対し、入江保の年貢輸送に、自領内通過の際便宜を与えることを申し送った書状の追加書に、「毛利弘元は幕府から御免のことを承っておらず、しきりに詫事どもありげです」と記している。これは、弘元がかねて将軍の奉公衆である敬平に、幕府から本領返付の許可が得られるよう斡旋を依頼していたからであろう（壬生家文書二二五四号）。

しかし、幕府が毛利氏に内部荘返付の許可を与えることになるのは、細川政元のクー・デター後で、大内氏が前将軍義稙と結んで幕府（細川方）に対抗する気運が高まった明応八年（一四九九）になってからである。同年三月、安芸在国の武田元繁以下武田氏の重臣九名が連名で弘元に書状を送り、将軍義澄から弘元の訴願を聴許するとの上意をもらうことと、当主元信から弘元に対し内部荘の預りを解消するとの確約書を出す二件を、京都に申し送る約束をしている。同年十一月には元信から弘元に対し、上の二件とも実現したことを報せるとともに、これは近年毛利氏が武田氏に好意ある態度をとっているからだといっている（毛利家文書一六六・一七三・一七四号）。

弘元時代の前半期には、毛利氏はまず安芸国に絶大な勢力を伸ばしていた大内氏の傘下に入り、一方、大内氏からも頼りにされ同国内の安定役をつとめている。明応年間には、国人領主の平賀・沼田小早川両氏間に起こった田万里（竹原市田万里町）の所蔵をめぐる争いを調停しており（毛利家文書一六〇〜一六二号)、また、先に吉川氏に河合名の領有を保証したのも大内氏の諒解を得ていたのである。

備後国では、毛利氏は山名氏から知行地を与えられていたので、弘元時代にも同氏の動向にかかわることになる。山名氏では、政豊が長享二年(一四八八)に但馬国に退いてから、備後国はもっぱらその子息俊豊が支配した。ところが父子が争い、山名勢力が再び分裂し抗争するようになる。明応二年(一四九三)には、俊豊が備後衆を率いて但馬国に攻込むが失敗し、逆に政豊方が備後に進出し、和智・江田氏など備後衆の中にもこれに味方するものがあった。明応六年には両勢力が世羅台地を中心に衝突するが、毛利氏は俊豊方に味方し、津田・田総方面で戦っている。このとき毛利勢には、後に同氏の執権となる若き日の志道広良が加わって転戦している(閥閲録一六)。俊豊はすでに明応二年二月に、弘元に備後の毛利氏旧知行地を安堵しているが、同六年十月には、毛利氏が備後国に長々在陣した賞として敷名郷(双三郡三和町)などを与えており、同時に、再び但馬へ進攻する意図を示して弘元に合力を求めるとともに、同国で一千貫の地を与える約束までしている(毛利家文書一五八・一六三・一六四号)。ところが、山名氏では明応八年政豊が死去し、同時に俊豊も史料の上からその名が消え、この後は政豊から家督を譲られた俊豊の弟致豊《むねとよ》が、但馬・備後両国の守護を兼ねることになる。

弘元は、前半生にはこのように応仁の乱中に拡大した所領を保持できただけでなく、備後国にも活動の拠点をもち、芸備の国人領主の中ではいちだんと目だった存在となり、外部勢力からも注目されるようになる。かれが大内・細川両勢力の双方から味方に誘われて、その去就に心を悩まされなければばならなくなるのは明応七年ころからであるが、両勢力の対抗が再燃する発端は明応二年の細川政元のクー・デターにある。

明応二年（一四九三）四月、将軍足利義稙が管領畠山政長とともに、河内国に畠山義豊（義就の後嗣）を討つため出陣中、幕府の実力者細川政元は京都に味方の大名たちを呼び集め、クー・デターを起こし、義稙に替えてかねて支持していた義澄（伊豆堀越公方政知の次男）を将軍に擁立した。義稙は、前将軍義尚が早死し、ついで義政が死没した延徳二年（一四九〇）に将軍となり、早速、義尚にならって、幕府の命に応じない六角高頼を討つため近江国に出征した。このときはまだ諸大名も多く召しに応じており、大内氏でも明応二年に政弘嫡男で十六歳の義興が名代として参陣している。近江国鎮定に成功した義稙はその勢いに乗り、畠山政長に勧められるままに河内国に出征した。しかし、これは近江出征とは性質が違い、分裂抗争を続けている畠山両派の一方政長方を援けるもので、もと西軍方の諸大名はこれに反発した。政元は東軍方の大将勝元の後嗣として、かつて西軍方に担がれた義視の子息義稙の将軍就任には反対であり、また、同じ東軍方であったが、政長が義稙を擁し権勢を増長していることに憤りを感じた。そこで、もと西軍方諸大名が義稙から離れた機会を利用して反逆を行なった。このときから、将軍は有力大名の擁護がなければ地位を保てなくなり、義政・義尚時代には、まだ将軍の親衛隊としての力をもっていた将軍奉公衆の組織もこのとき解体してしまった。

この事変で政長は自殺し果てるが、いったん捕えられて京都に幽閉された義稙は、やがて風雨の夜に紛れて脱出し、政長の領国の一つであった越中国に走った。義稙は越中にあっても自らが将軍であることを主張し、明応二年十一月、政元を退治するから忠節を尽くすようにという将軍の御内書を、豊後の大友義右や肥前人吉の相良為続らに送っており、九州の大名たちから越中公方様と呼ばれている（相良家文書二三六〜二三九号）。大内氏が義稙から救援を求められたのもこの時期と思われるが、義稙は北陸地方においても、能登の守護畠山義統、加賀の守護富樫《とがし》政親、越前の守護朝倉貞景らの支持者があり、かれはまず北陸守護らの支援によって京都に入ろうとした。ところが、義稙の再三の挙兵はいずれも失敗した。それは、北陸の諸大名たちには、京都に攻上り政元の勢力を打破り幕府の実権を奪うだけの実力も熱意もなかったのである。義稙が、細川氏に対抗し京都を奪回できるのは周防の大内氏しかないことを認め、大内氏を頼って周防に移動することをきめたのは明応七年末であった（同上二四一号）。

義稙は明応七年末には越中から越前に進んでいたが、すでに大内義興を頼って周防へ下向することをきめており、義興は翌八年一月、肥後の相良氏に対し、義稙を迎え入れるため出征中の九州から取りあえず帰国したことを報じている（相良家文書二四一号）。また、かれは同年九月には安芸の平賀弘保に対し、義稙の周防下向が近々だというのでその覚悟で帰国していたが、下向が延引するようなので、まず豊筑の敵を退治するために渡海するから、弘保も急ぎ参陣してほしいといっている（平賀家文書五〇号）。毛利弘元が義稙下向のことを知らされたのもこの同じ時期であろう。

ところで、義稙は明応八年十一月に北陸地方の軍勢を率い入京を企てる姿勢を示し、越前から近江の坂本まで南進するが、ここで細川政元の軍勢に敗れて逃走する。一般には、ここで義稙が大内氏を頼って周防に逃れたということになっているが、実際には、かれが大内氏に頼ることは一年以上も前からきめていたことであり、これより二ヵ月前にも周防への下向が、予定より遅れることを大内氏に連絡していたのであるから、この度の近江への南下は、かれと側近の奉行衆一行が、まとまって無事に北陸から瀬戸内海方面に通り抜けるための擬勢であろう。一行の近江から周防への経路は判然としないが、おそらく、この度のかれの南下に呼応して、領国の紀伊から摂津の天王寺まで北上していた畠山政長の嗣子尚順《ひさより》と連絡をとって、まず紀伊に入ったのであろう。紀伊から内海に入り、しばらく伊予に立寄って、翌明応九年三月に周防の楊井津（柳井市）に上陸し、ついで大内氏の本拠山口に迎え入れられた。

義稙が大内氏の勢力を背景に、自分こそ将軍だとして諸大名を味方に誘い、義澄を将軍として擁する細川氏に対抗すると、応仁の乱後しばらくしずまっていた大内・細川両氏の抗争が再燃し、両者がそれぞれ将軍を擁することで、それはいっそう激化した。周防に下向した義稙は、翌月の明応九年四月十日付の将軍御内書を安芸の毛利弘元・平賀弘保らに送り、下向を告げるとともに忠節を求め、くわしくは大内義興が申すのでその意向に従うようにといっている（毛利家文書一六八号、平賀家文書二五号）。これまで幕府（細川方）に従う立場をとってきた武田元信も、このときは義稙・義興の意向を弘元に伝え、これに味方するよう求めてきた（毛利家文書一六九号）。これに対し、細川政元は同年六月二十日付で弘元に将軍義澄の命を伝える奉書を送り、義稙の周防下向は事実のようであるが京都将軍の下知に従って忠節を抽《ぬき》んでられよ、もし義稙に同意するものがあれば厳しく成敗されるであろうと通達してきた（同上一七〇号）。

義興が家を継いだころの大内氏は周防・長門・豊前・筑前の四ヵ国の守護を兼ね、石見・安芸両国も実質的に支配下に置いていた。同氏では義興が家督を継いだ翌年の明応四年九月に、父政弘が死没するが、同年二月に長門国守護代の内藤弘矩《ひろのり》が、同八年二月には奉行人筆頭の杉武明が義興を廃し、その庶兄の高弘（大内太郎）を擁立することを企て、ともに誅せられる事件があった。しかし、義稙を迎え入れた明応九年には、すでに二十四歳になっていた義興の大内氏当主としての地位は固まっており、この年から翌年にかけて、かれは義稙を擁して上洛の決意をしたことを、誇りをもって諸大名に伝えて味方に誘い気勢を上げている。この呼びかけは西国の大名だけでなく、これまでは連絡のなかった信濃国伊那の松尾城主小笠原貞忠（定基嫡子）にまで及んでいる（文亀元年六月十三日付小笠原弾正少弼宛大内義興書状『書の日本史第四巻』所収）。

政元は、前半生には後にみられる異常な性格がまだあらわになっておらず、守護をつとめる数家の有力庶家も、惣領家のかれに協力して寄合っており、細川氏の権勢はまだ衰えていなかった。細川一族の領国は、四国では讃岐・阿波・土佐と、伊予の一部、畿内では摂津・和泉・淡路・丹波、それに中国地方の備中を加えた諸国で、内海地域東半の大部分を占めていた。細川氏は京都の幕府を独占する優位な立場にあったので、応仁の乱後、幕府の体制が立ち直るにつれて、芸備の国人領主たちもその命に服するようになった。ことに毛利氏は、乱中に幕府から闕所にされていた本領の内部荘などを実力で取りもどしたが、まだその認可をうけていなかったので、それを得るためにも幕府（細川方）に接近するようにつとめた。細川氏も毛利氏の実力を認めており、備中国で細川氏の被官人らの知行分を横領するものが現れたので、政元はその混乱を収めるため、弘元に同国の代官庄伊豆守に合力するよう依頼したこともあった（毛利家文書一七六〜一七九号）。

弘元は、義稙が周防に下向したという情報を確実に握った後とみられる明応九年三月二十九日、まだ三十三歳の壮年でありながら、当時わずか八歳の嫡男幸千代丸（興元）に家督を譲り、四歳の次男松寿丸（元就）を伴って、吉田盆地の北西、多治比川の谷迫にある猿掛城に隠退してしまった（毛利家文書一九二・四一〇・四二〇号）。当時、本拠の郡山城には執権の坂下総守らがいて興元の補佐には心配なかったとはいえ、不自然さはまぬがれない。この早い隠退の理由の一つは、多治比保は郡山城すぐ北西方の押さえとなる要衝の地なのに、これまで毛利氏所領の中に名を現していない。平安時代末から皇室内蔵寮所管の内侍所灯油料所であったこの保を、毛利氏が実力で手に入れたのは応仁の乱中であり、弘元はここを隠居領として握っておくことにより、その領有を確実なものにしておきたいということがあったかもしれない。また、かれはこれより六年後に死没しており、年号不詳ではあるが、吉川経基からの病状を見舞われたのに対する礼状の中で、自分の「心内」の病気はいっこうに良くならないが、いろいろ養生を加えているので取り直すでありましょうといっており、病弱だったことも理由の一つであったであろう（同上一八八号）。しかし、この隠退の真の理由は、自分が毛利氏の表面から退くことによって、その責任の所在をあいまいにし、少しでもこれから増大するであろう大内・細川両氏の圧力から逃れようとねらったものと思われる。

弘元が隠退して責任を逃れようとしても、外部勢力はあくまでかれを毛利氏の当主とみており、かれに対し義興は、明応九年四月十日付で義稙の下向を告げて忠節を求め、政元も同年六月二十日付で、将軍義澄の命令として、必ず京都の下知に従うように、義稙に同意する輩には成敗を加えると通達してきたのであった。弘元は幕府（細川方）に対しては翌文亀元年正月十六日付で、京都の下知に従い忠節をいたす旨の請文を提出する（毛利家文書一七一号）。一方、大内氏からは同年二月二十一日付の書状をもたせた使僧が派遣され、同氏では義稙の命をうけて、細川氏方と通ずる大友氏らを討伐するため九州に進発するので、弘元も早急に出陣するよう申し付けてきた（同上一八〇号）。これに対しても否とはいえず、同年七月十日付で、名代を遣わして奔走させると返事している（同上一八一号）。弘元は大内・細川両氏に対し、それぞれに味方するという良い顔を向けたのであるが、細川氏が大内氏攻撃に本腰を入れてくると、双方に忠節を誓うという二つの顔を使い分けることはできなくなる。

政元は大内氏を攻撃するに当り、九州では大友親治・義長父子や、義興の庶兄で弟に対抗し、逃れて大友氏に頼っている大内高弘（太郎）と連絡をとる一方、中国地方からは安芸・石見両国の国人領主らに先鋒をつとめさせようとした。かれは文亀元年（一五〇一）八月に、義興退治の義澄の御内書だけでなく、後柏原天皇の綸旨までももらい、国人領主たちにこれを誇示して忠節を求める書状を送る。同時に、政元やその重臣たちと親密で一体的な立場にあった京都天竜寺の前住、泰甫慧通《たいほえつう》を団長とする使節団を下向させ、両国の国人領主たちを歴訪して説得に当らせた。こうなると、この地方の国人領主たちは中央の権威に慴伏《しようふく》して、かれらの方から先鋒をつとめることを願い出る雰囲気になってしまった。なかでも率先して細川氏勢力に迎合し、早く中央から御大将を派遣し指揮をとってほしいと申し出たのは弘元らであった（毛利家文書一七二・一八六号、小早川家証文二四九〜二五二号、閥閲録一二一ノ二）。

使節団の報告で、安芸・石見の国人領主たちの多くが中央の権威になびき、ことに毛利氏など、宍戸氏と話し合い攻撃軍の御大将の派遣を求めるなど積極姿勢を示すものがあることを知った幕府（細川方）は、いちだんと大内氏に対する包囲攻撃策を進めるとともに、弘元らに新たに使僧を送って激励することにした。文亀元年十二月に、使僧が持参した前使節団長の泰甫慧通から弘元に宛てられた書状によると、攻撃軍の御大将は来春には任命される由である。弘元と宍戸氏に対しては、安芸の国人領主たちを一致協力して味方にするよう将軍家の下知があったので、きっと実行されよ。九州の味方の大友氏らにも合戦の用意をするよう申しつけた。伊予の河野氏に対しても同様である。四国の海賊衆や、弓削島・岩城島に海賊監視のために置かれた関立《せきたて》の兵も、味方すると言上している。これらを知らせて義興退治を今にもはじめよという、幕府（細川方）の意向を伝えている（毛利家文書一八四〜一八六号）。

この勢いで進行すれば、翌文亀二年の春には攻撃軍の御大将が下向しなければならないはずであるが、一向にその気配がない。このころ、安芸国から眺めると威勢よく見えた幕府（細川方）の内部には、すでに亀裂が生じはじめていたのである。同年二月には政元は将軍義澄と不和となり、ふいと丹波国に下向してしまい、ついで政元が帰京すると、今度は義澄が政元の驕慢を怒って籠居する事件も起こる。政元の重臣中にも、かれの命に服さないものが現れ、やがてかれの養子問題から重臣たちの分裂抗争が起こるようになる。同年六月になって、泰甫慧通は幕府奉行人飯川国資と連名で、安芸国の弘元と小早川扶平に宛て返事を出し、義稙・義興攻撃を今度安芸・石見両国のものが引受けてくれたにつき、弘元・扶平の注進に従って、中央からも兵を与えよとの義澄の仰せであると伝えている。これは前年末の気勢のあがった書状にくらべ、形式的で空虚な内容で、これは弘元らに何とか返事を出さなければならないので、このようにとりつくろったものに違いない（小早川家証文二五六〜二五八号）。

細川氏内紛の原因は惣領政元の異常な行状にあった。かれは幕政を統轄すべき管領の身でありながら、山伏修験の道に熱中して「常に魔法を行なう」とまでいわれ、修行のため四十歳に及ぶまで女性を近づけず、夫婦の語らいがないので子息がなかった（細川両家記）。そこでかれは文亀二年九月、前関白九条政基の子息澄之を養子としたが、また、翌三年五月には一門の細川成之の孫澄元を養子とした。これから細川氏の重臣らは、もの狂いの政元に代って、どちらの養子をかれの後継につけて実権を握るかをめぐって抗争を激化させた。この紛争の渦中にあって、政元は永正四年（一五〇七）六月二十三日夜、「御月待の御行水」の最中に家臣のために殺されてしまう。内訌によって細川氏の勢力が弱まると、細川氏方に傾きすぎていた毛利氏の内部にも、再び大内氏の傘下にもどろうとする動きがみられた。その推進者は、郡山城で当主の幸千代丸（興元）を輔《たす》けていた宿老で、それは執権坂下総守の甥ですでに実権を譲られていた志道広良である。そこで広良らと、すでに細川氏方に密着してしまった多治比の隠居弘元との間に、感情の疎隔が生じてくる。文亀二年八月、広良は、かれのとった行動や処置について弘元が憤慨していると聞いて、起請文を弘元に差出し、いちいちの条項について弁明して忠誠を誓った。これに対し弘元も諒解を与え、これからも弘元・松寿丸（元就）親子に忠節ある由であり、この条々について承知したうえは、我々も遺恨を残さないと誓って、起請文を与えている（閥閲録一六）。

弘元は永正三年（一五〇六）一月、三十九歳で死没するが、かれの死を早めたのは、おそらく大内・細川両勢力に対する去就についての心労であろう。毛利氏では弘元の死を待っていたかのように、その死後大内氏の傘下に入り、三ヵ条からなる服属を誓う神文（起請文）を義興に提出し、許可を求める。義興からも同年十月十三日付で、これを受入れる契状が与えられる（毛利家文書一九三号）。ついで翌永正四年十一月、十五歳の幸千代丸は義興から加冠され、その名字を与えられて興元と名のり、完全に大内氏の麾下に入る（同上一九四号）。

第六章　元就登場の前夜――興元・幸松丸――

一　当主興元と多治比殿

毛利氏では先代弘元が死没したとき、当主興元はまだ十四歳であり、翌年には、足利義稙を奉じて東上する大内義興から出陣命令をうけ、他の安芸の国人領主とともに部下を率いて在京三年余に及んだ。大内勢力が東上した留守中に、安芸国の政情は不安定となり、急激に勢力を増大した山陰地方の雄尼子氏の南下もはじまる。帰国した興元は、安芸や備後の国人領主と提携してこの地方の安定につとめるが、一方では東隣の宍戸氏と戦いを続け、足もとも固まらない状態であった。この混乱期に、毛利氏では興元が二十四歳で死没し、その跡を二歳の幸松丸が継ぎ、この幼児が九歳で早死するまで当主と仰ぐのである。

興元・幸松丸二代十八年間は、次代の毛利氏を担って立つ元就が、歴史の表舞台への出番を待っていたかれの十歳から二十七歳までに当る。しかし、元就は毛利氏当主となって、采配を振るえてこそ時勢を動かすこともできたのであり、この時期のかれはやっと父弘元の隠居領を譲られ、毛利氏の分家で多治比殿と呼ばれる身となったとはいえ、兄興元に臣従しなければならない立場にあった。幸松丸時代になっても、かれ自ら「幸松丸の下として、多治比にまかりおり候つ」といっているように、他の重臣や幸松丸の外戚らに気をつかいながら、毛利氏の一翼を担うにすぎなかった（毛利家文書二五一号）。かれの三男小早川隆景は、後年庶弟の元清・元康宛の書状の中で、元就が「未だ多治比殿にて御座候つる間」のことを語っており（渡辺三郎左衛門直家譜録）、元就自身も、年号不詳であるが宗家を継ぐ以前、毛利氏の重臣井上元貞に宛てた書状の中で、多治比と名のっている。元就がそのまま宗家を継ぐ機会に恵まれなかったら、かれは多治比元就でおわったであろう。

細川政元生害の情報はたちまち地方にも伝わった。京都の将軍足利義澄は事件から十日もたっていない永正四年七月五日付で、小早川扶平に対し、これで都鄙ともに大変なことになり、足利義稙はきっと京都へ出張を企てるであろうから、それ以前にこちらから攻め懸かるようにと命じており、義稙の東上は中央でも当然とうけとめられていた（小早川家証文二六一・二六二号）。大内義興は好機到来とばかり義稙を奉じ、同年十一月周防山口をたち、同年十二月から翌年二月にかけて安芸厳島で軍勢を整え、北九州や伊予の諸勢も馳せ加わった。安芸国でも武田元繁をはじめ毛利興元など、国人領主のほとんどがこれに加わった。備後国では同国守護の山名致豊が義興に協力姿勢を示し、本国の但馬から永正四年十二月十三日付で、備後南部の国人領主の杉原元盛・上山《うやま》広房らに対し、義稙上洛のことがきまったので、尾道・鞆における義稙・義興一行の宿舎の設営を山内直通と相談して進めるよう申しつけている（閥閲録六七・四〇）。後世の毛利氏関係軍記類（陰徳太平記、安西軍策）には、備後国でも国人領主の多くが上洛したと記しているが、三吉鼓氏に曽祖父が船岡山合戦で討死したという伝えがある以外には、その証拠となる史料が知られない（三吉鼓文書二二号）。ただ、海賊衆である因島村上氏は、義興から永正五年三月に所用の警固船の調法を依頼されている（因島村上文書一四号）。

大内勢は永正五年四月、和泉の堺浦に上陸し、六月には京都に入った。これより先、京都では細川政元の二人の養子のうち澄元が、澄之を攻滅ぼして将軍義澄を擁していたが、細川一門中の高国が、大内勢の東上に呼応して澄元に背いたので、澄元は将軍義澄とともに近江に逃れた。同年七月、北陸に内海地域にと流浪を続けた義稙は十六年ぶりに将軍に還補され、管領には細川高国がなった。しかし、京都を実力で維持したのは、管領代となった大内義興が率いた軍勢であった。

毛利興元をはじめ安芸・石見両国の地方領主にとって、東山文化の香りをとどめる京都の占領は晴れがましいものであったに違いない。しかし、その滞在費の捻出には、領分内の郷村に莫大な夫役《ぶやく》銭を課さなければならなかったし、地下侍《じげざむらい》である部下たちを京都に引きとめるには課役の免除などの恩恵を与えねばならず、長びく滞在は苦痛であった（毛利家文書二〇四・二〇五号）。そのため、義興の許しを得ず郷里に闕落《かけおち》するものもあった。しかし、澄元は本国の阿波からも軍勢を呼び寄せ、京都奪回をねらっていたので、永正八年八月二十四日、船岡山合戦で義稙・義興方が大勝して一応の安定をみるまでの三年余りは、かれらのほとんどが京都滞在を強いられていた。

船岡山合戦は、いちど澄元方に京都を明け渡して丹波に逃れた義稙・義興の軍勢が、たちまちとって返し、澄元軍が防御最前線の陣を構えた京都北西郊の船岡山に猛攻を加えて、大勝を得たのである。この合戦に毛利勢も奮戦し、興元部下の国司有相は、敵の大剛の侍大将を討取って即刻興元から感状を与えられ、土地を給せられている（閥閲録一五の二）。この合戦後、帰国の禁足が緩められたためもあり、安芸の武田氏や石見の益田氏など特別な有力領主を除いて、安芸・石見の国人領主たちのほとんどが互いに誘い合わせて、同年十二月には京都から堺津まで下向しており、同年末か翌年の初めには帰国している（閥閲録二七）。

元就にとって、父弘元に死別した翌年の十一歳となった永正四年は、一生のうちで最も孤独感に陥るとともに印象深く追憶される年でもあった。かれと兄興元の生母である福原殿（福原広俊の娘）は、かれの五歳のときに死没していた。そして、兄は永正四年大内勢に加わって東上していった。多治比に残されたかれは、父の隠居領であった三百貫のこの土地を譲られていたが、後見人であった井上中務丞が、軍勢出動の混乱に乗じたのであろう、この地をかれに渡さず横領した。猿掛城もおそらく中務丞が押さえていたのであろう。よるべなきかれは、弘元の側室であった多治比の大方殿の土居屋敷に身を寄せた。大方殿は心根の優しい女性で、ふびんなかれの様子を見捨てがたくて、かれを育てるためばかりに、若い身空なのに再婚を断り両夫にまみえないでおわった。元就には、同じ十一歳のときの大方殿にまつわる想い出が生きている。かれは大方殿に連れられて、井上光兼の屋敷に旅僧が来て念仏の大事を授けるというので出かけ、二人そろって伝授された。それは毎朝、朝日に向かって念仏十ぺん唱えるのである。かれはこの祈念が、戦国の荒波に生き残れた一身の守りとなったと信じていた。そして、この十一歳のときの想い出が六十歳を過ぎてからもよみがえり、これを子息たちに語り聞かせている（毛利家文書四〇五・四二〇号）。ただし、元就の胸裏に生きたこの多治比の大方殿については、大方殿とは大名夫人の尊称にすぎず、その実名もわからず実家も知ることができない。

元就（松寿丸）の元服は十五歳になった永正八年であり、そのときまでに多治比がかれの手に返されていた。それは井上中務丞が思いがけず急死し、その後、井上肥後守・同伯耆守の調法によって多治比に呼びもどされていた。元服についても、大方殿の配慮で、まだ在京中であった興元のもとに使者が送られた。興元は自分が少輔太郎（治部少輔であった弘元の長男の意）であるから、かれは少輔次郎であるべきで、実名は毛利家歴代の元の一字はいうまでもないが、下の一字は東福寺の彭叔守仙《ぼうしゆくしゆせん》に尋ねるようにといった。彭叔和尚は韻鏡《いんきよう》および周易を考えて、就の字を選んだという（陰徳太平記巻三）。彭叔は後、東福寺の住持となり典籍に精通した人物として知られるが、このときはまだ二十二歳の若輩であった。しかし、同和尚伝にも元就の名を選んだことが記されており、何かの因縁があるのであろう（彭叔和尚伝『東福寺誌』所収）。ただ、元就の名字で注目されるのは、澌元・豊元・弘元・興元と歴代の元の字が下にあるのに、かれだけが上についていることである。これは、主君に当る兄興元の元の一字を賜って上に置いたのであり、明らかにかれは、もともと当主になるはずがなかった人物であったことを示している。

永正十年（一五一三）は、興元はすでに帰国していて芸備地方で毛利氏の力を発揮しはじめており、十七歳になり分家をたてて多治比殿とよばれる身の元就には、兄を頼って気ままにふるまえる時期であった。このとき、郡山城では坂下総守の甥志道広良が執権となっていたが、四十七歳のかれが十七歳の元就に、ともに力を合わせ長く毛利家に奉公するため申し合わせを行ない誓文を交換しようと申し出た。元就もこれに応じ、同年三月十九日付で五ヵ条からなる起請文を広良に差出している。その第三条では、毛利家中でもし自分が若気の至りで他のものに無理を申すようなときは、意見してほしいといい、第四条では、興元様へいちずに奉公忠節をいたすといい、ささいなことで太郎殿様（興元）へ不足を申したら、また自分が少しでもゆるみがあったときは、まったく同心してくださるなといっている。これは広良に宛てているが、実は興元に絶対の忠節を誓ったものといってよく、弟の元就に、兄に対する反逆の芽も出ないうちに釘をさしておこうとする広良の老婆心からなされたものに違いない（閥閲録一六）。

興元をはじめ安芸の国人領主の九家が、京都から帰国して二ヵ月ほどしかたっていない永正九年三月三日に、寄合って「衆中」を結成し、大変に思いきった内容の申し合わせを行なっている。この衆中に加わった九家は、毛利氏のほか志和の天野興次、志和堀の天野元貞、高屋の平賀弘保、竹原の小早川弘平、瀬野の阿曽沼弘秀、矢野の野間興勝、大朝の吉川元経、それに石見国阿須那を本拠とするが、安芸国高田郡北部を領有する高橋元光も加わっている。沼田小早川氏の名がみえないが、この時期には沼田・竹原両小早川氏の融和が進んでいたので、幼少の沼田興平に代って竹原弘平が両小早川家を代表したのであろう。このとき、武田元繁とその麾下の熊谷・香川氏らはまだ義興に従って在京しており、厳島神主家の当主は上京まもなく病死しているので、この衆中に名を連ねているのは、当時安芸在国の有力国人衆の全部であった。

この衆中の申し合わせの第一条は、将軍足利義稙やまた大内義興など諸大名から命令されても、これを引受けるかどうかは衆中で相談してからにしよう。上へ訴え出るときも同前で、一人勝手はすまいというのであり、かれらは数ヵ月前まで従属していた義稙・義興に対し距離を置こうとしているのである。これは、大内氏の安芸国に対する統制が緩み、中央でも反大内氏勢力の繰り返しがあり、これと提携した山陰の尼子氏勢力が備後に南下しはじめており、安芸国でもいつ大内氏に対する反乱が起こるかもしれない流動した情勢を踏まえて、申し合いが行なわれたのである。第二条では、かれらそれぞれの親類・被官人やそれ以下の中間・下人らが、主人を軽んじまたは勘当されて隣接の国人領分に逃げ込んだとき、これを許容せず突き返しあおうときめて、下部層からの台頭を押さえ、お互いの領主権益を守ろうとしている。第三条・第四条では、かれらどうしが境争論を起こしたとき、また喧嘩をはじめたときは、衆中で理非を糺《ただ》して裁許しようというのである。ただし第五条では、衆中に属さない他方と弓矢合戦に及んだときには、衆中に味方すると申し合わせている（天野毛利文書一一二号、平賀家文書一六八号)。安芸国では先にも触れたように国人領主の独立性が強く、相互の提携も他国より進んでいたが、このときも、流動する情勢をかれらの申し合わせによって一応の安定をはかっているのである。

備後国においても、毛利氏は所領があった関係もあり、興元はこの地方の安定にも乗り出している。永正九年十月、同国北部の雄族山内氏と備南の木梨杉原氏の争いに、興元は沼田小早川興平とともに和平の調停に立ち、四者が参会して盟約を結ぶ形でこれを収めている(小早川家証文二六三号)。かれはこの後も興平と参会し、先に結んだ兄弟の盟約を連続させることを確認している(同上二六五号)。かれはまた同じころ、世羅台地北部の在地領主吉原通親・敷名亮秀・上山《うやま》実広らと盟約を行ない、備後国では味方(大内方)の中にも少々心変わりしたものがあるが、この衆中では、大小の事に協力してもとのように力を保持しようと申し合わせている(毛利家文書二〇七号)。

備後国に混乱をもたらしたのは、永正九年、兄致豊に代って但馬・備後両国の守護となった山名誠豊が、反大内氏勢力に味方し、同じ行動に出た尼子氏の活動に好意を示したからである。同年九月に、備後国沼隈郡本郷(福山市松永町本郷)に大場山城を構えた古志為信が反大内氏の旗を揚げた。古志氏は近江佐々木氏の一流で、本拠は出雲国古志郷(出雲市)にあったが、応永八年(一四〇一)に山名氏から備後国守護代として派遣されてから、同国にも拠点を構えていた。毛利興元は大内氏の命で早速この古志氏の城に攻撃を加え、一時はこれを切崩した(西備名区所収文書)。しかし、やがて退却を余儀なくされた。古志氏からこの報告を但馬国でうけた誠豊は、同年十月二十六日付で為信に書状を送り、備後での合戦の勝利をよろこぶとともに、尼子経久の働きに期待しているから、今後も力を合わせて奔走するようにと励ましている（古志文書三号）。

毛利氏西北隣の吉川氏は山陰地方と因縁が深く、同経基の娘は尼子経久の妻となっていた。そのような関係から、年号不詳であるが、おそらく興元に長男幸松丸が生まれた永正十二年（一五一五）ではないかと思われる年に、経基は経久に対し、毛利氏と親密な申し合わせをすることを斡旋し、経久の孫娘を毛利氏に嫁がせたらと提案した。経久・政久父子はこれに対し、同年十二月末に経基・国経父子にそれぞれ返書を送って、毛利氏とは遠路を隔てており、それに第一当方無力で、いざというとき所用にも立ちそうにないので辞退したい。孫も一両人あるが、いずれも申し合わせた先約があり、似合のものがいない。しかし、折角の仰せなので御意見に任せましょうといっている（吉川家文書三五五・三五六・一四七七号）。この尼子・毛利両氏の申し合わせは、尼子氏方の消極的な態度で成立しなかったのであろう。興元時代にはこのように遠路で疎遠といっている尼子氏が、次の幸松丸時代には、備後国だけでなく安芸国へも深く進出し、毛利氏の内部にまで干渉するようになる。

興元は芸備両国にわたって安定勢力として活動したし、本拠の吉田周辺においても、永正八年には東南方の内藤・井原氏ら三田川流域の中郡衆《なかごおりしゅう》がこぞって臣従を誓っているし（毛利家文書一九五～二〇三号）、同十二年には西隣の壬生氏も、今後は武田氏や高橋氏との交渉を断って、もっぱら毛利氏に臣従することを誓っている（同上二〇六号）。ただ、郡山城からわずか八キロメートル余東方の五竜山城を本拠とする宍戸元源《もとよし》は勢いが強く、永正四年から興元と戦いを交え、ともに上京中の中断はあったが、同十年五月から興元の死没直前の同十三年五月にかけては、宍戸氏が三吉氏の後援を得たため戦いは激化し、興元も一時は五竜山城下に攻込んだが勝敗は決しなかった（閥閲録各巻）。このような情勢下に興元は、後に元就がいっているように酒害が原因であろう、二十四歳で同十三年八月二十五日死没した。

二　幸松丸下の元就

興元の跡を二歳で継いだ幸松丸は、九歳で早死するので、この七年間に毛利氏は幼少の当主を擁して苦労する。この間、郡山城の幸松丸は志道広良らの重臣に囲まれており、外祖父高橋大九郎久光の干渉も大きく、久光が急死する大永元年（一五二一）以前は、一分家の元就には宗家に対する発言力はほとんどなかった。ようやく元就の宗家に対する立場が強まった幸松丸時代の末には、毛利氏は、怒濤《どとう》のように南下した尼子氏の勢力に巻き込まれ翻弄される。

高橋氏は元就によって、かれが宗家を継いだ六年目の享禄二年（一五二九）に討伐され族滅している。それで、同氏関係の直接的史料が少く、系図もまちまちでその実態がつかみにくいが、推察を加えながら、北隣から毛利氏にのしかかっていた同氏の動向を追ってみる。高橋氏は、その本拠が石見国東南部の阿須那（島根県邑智郡羽須美村）であるが、その西隣の出羽《いずは》（同瑞穂町）にも出羽本城を築いており、安芸国でも高田郡北部・山県郡東部を領有し、さらに備後国にも勢力を伸ばしていた。

久光には嫡男元光のほか、次男弘厚と、興元室で幸松丸の母となった娘がいた。元光が家を継ぎ、永正九年（一五一二）の安芸国有力国人領主らの衆中結成には一員に加わっていたことは先に述べた。ところが、元光は同十二年三月に備後国で討死してしまうので、隠居はしても実権を握っていた久光は、家中の反対を押さえ元光の跡を弘厚の子息興光に継がせ、これを、当時かれが所属していた大内義興の許可も得た。それで、義興は高橋氏近隣の石見の周布興兼や安芸の毛利興元らに、このことを存知し興光に協力するよう通達している（閥閲録一二一長府毛利文書）。久光は出羽本城に居を構え、興光を阿須那の藤掛城に置くとともに、弘厚を安芸の松尾城に拠らせた。松尾城は郡山城の北方、毛利氏領に隣接する位置にあり（高田郡美土里町横田）、かれは外孫幸松丸を援護すると同時に毛利氏に強圧を加えうる態勢をとっていた。

高橋氏は、当時の石見・安芸の民談に「三歳小牛の毛数ほど人数持たり」といわれたほど強大で、多数の部下をもっていた。そのため、元就は久光の存生中には幸松丸に対し、後見人としての役割を与えられていない。それどころか、かれの娘の一人を高橋氏に人質として差出さなければならなかった。「弘元子女系譜書」によると、元就の娘三人、「此内一人高橋殿へ二歳ニ而《て》御座候」と記されており、これは養女としてもらわれたのであろうが、ていのよい人質であったに違いない（毛利家文書一九一号）。久光は大永元年（一五二一）夏、勢力を東に伸ばそうとして、三吉氏の支城青屋城（加井妻城、三次市粟屋町）を攻落した直後、油断から敵方に討取られてしまう（「温故私記」は久光と興光を混同、「陰徳太平記」は大永三年三月とする）。元就は久光の死後、はじめて毛利氏内部で発言力を得る。かれが宗家を継いでまもないとき高橋氏を討ったのは、大内・尼子両勢力の激突最中に同氏と敵味方に分かれたためとはいえ、同氏を族滅させたことは、幸松丸下時代の元就が、同氏からよほどの抑圧をうけており、その反発であるとみられる（毛利家文書二五一号）。

幸松丸の下ではあったが、二十一歳の元就が初陣の武功として知られているのが、永正十四年（一五一七）十月二十二日に有田城（山県郡千代田町有田）下において、この城を包囲攻撃中の安芸国守護家の武田元繁を討取った合戦である。このとき、武田勢は熊谷元直など麾下の部将も失って敗走した。この合戦の由来は、安芸国にも備後国に続いて尼子勢の南下が激化しようとしており、すでに同国厳島神社の神領郡（現在の佐伯郡）では神主家の病死後、庶家が東西に分裂して抗争をはじめていた。そこで大内義興は永正十二年、最後まで京都にとどまっていた元繁にかれの養女（飛鳥井雅俊娘）をめあわせて、同国鎮撫のため帰国させた。ところが、元繁は妻を離別し、大内氏に背いて自立し、神領郡を侵して己斐城を包囲攻撃した。このとき、毛利氏では興元がまだ存生中で、かれは大内氏から己斐城の「後巻」を命ぜられ、山県郡の有田城を攻落した。武田勢の中には山県郡の兵が多かったので己斐城の囲みは解かれた。有田城はもと吉川氏のものであったので、興元下として吉川元経に与えられ、吉川氏はこの城を小田信忠に守らせた。翌十三年に興元が死没し、幼い幸松丸を当主とする毛利氏の弱体化につけこんで、元繁は有田城の包囲攻撃をはじめ、さらに東隣の毛利氏領を侵略しようとした。このとき、義興は元繁を討つために平賀・天野・竹原小早川氏らに対しても動員をかけたが、武田勢と戦ったのは毛利・吉川両氏の軍勢だけであった（毛利家文書二五一号、平賀家文書四五号、天野毛利文書）。

有田城下合戦は、元就の初陣を強調するあまり後の毛利氏関係の軍記物には、毛利勢の全軍をかれが指揮したように記されている。しかし、この合戦について多く残されている幸松丸の感状によると、幸松丸自身は出陣しなかったが、毛利勢の中心は当手衆と呼ばれた国司・児玉・三戸氏らの譜代旗本たちであり、これに井上衆や元就の多治比衆らが加わったのである（閥閲録一五・八四・一〇九等）。このときの感状はすべて幸松丸の名で出されており、ただ、井上元良・同元光に対しては、同時に元就の「後証のため一行件の如し」という添状がある（同上六九・九三）。かれらは元就と同じ場所で戦い功名抜群であったからであろう。この合戦は元就にとって「西の桶狭間」と呼ぶほどかれの運命を決したものではなかったが、かれの存在がはじめて京都の大内義興に知られたのはこのときであり、義興から「多治比のこと神妙」という感状を与えられたと、元就自身が記している（毛利家文書二五一号）。

元就が幸松丸下にありながらも、毛利氏を代表して責任ある行動をとり得るようになったことが知られるのは、大永二年（一五二二）八月の壬生城（山県郡千代田町壬生）攻略のときからである。これは、かれがすでに二十六歳になっていたからというだけでなく、前年の高橋久光の死没によって発言力を増していたためであろう。毛利氏は、このときはまだ大内氏の麾下にとどまっていたが、壬生城主の山県氏は、反大内氏方の武田氏や尼子氏に通じていたのである。大内義興は壬生城攻略の戦功についで直接元就に感状を送るとともに、いよいよこの地域をよくととのえることが肝要だと申していい る（毛利家文書二〇九号）。一方、元就ははじめて自らの感状を出し、毛利譜代家臣の三戸元次に、その軍功を賞するとともになお忠節を励むようにと申しつけている（閥閲録一〇九）。

壬生城をたやすく陥落できたのは、実は元就の説得によって、城主の一族山県筑前守元照が毛利氏の被官にしてもらい、本領のほかに新しく所領を給与される約束で城主に離反したためである。敵方の一族を分断して降伏を早めるという元就の常套《じょうとう》手段が、ここにすでに現れている。城の陥落は大永二年八月十六日であったが、元照は約束が反古にされるという雑説が耳に入り、心配して訴えたのに対し、元就は同年九月八日付で約束は神かけてまもる、「何時もふしんの事候はば元就に面に承るべく候」と、自分があくまで責任をとるから安心せよと答えている。同年九月十三日には、約束通り幸松丸から元照に対し、被官契約と所領給与の通達が出されている（閥閲録一二九）。元就が毛利氏の重責を担うようになるこの時期に、尼子経久の強圧が毛利氏にのしかかってくる。

尼子氏は近江国北半の守護佐々木京極氏の庶流で、その名字の地尼子郷は同国犬上郡甲良荘内にあった。京極氏は出雲・隠岐両国の守護も兼ねたが、尼子氏は持久・清定・経久と三代続いて出雲国守護代をつとめた。ことに応仁の乱に際会した清定は、在地で守護を凌ぐ確固たる地盤を築いた。文明十年（一四七八）、二十一歳の若さで家督を継いだ経久は将軍・守護の下知にも従わず、国人領主たちを押さえて自立の道を突き進もうとする。かれの本拠は出雲国東部で、北流して中海に注ぐ富田《とだ》（飯梨）川中流東岸に聳えており、早くから守護所が置かれていた富田月山《がっさん》城（島根県能義郡広瀬町）であった。

経久は文明十六年（一四八四）三月に幕府から追討をうける。それは、かれが幕府の河内国への出動命令に応じないだけでなく、出雲国内の社寺領を押領し、また、幕府が納入を命じた御所修理料段銭を納めないなど種々の非法を働いたこと、さらに国内の武士を抑圧するために、隣国石見の佐波氏を味方につけて合力させたことなどによるのである（吉川家文書三一七号）。このときは、出雲の国人領主のほとんどが幕府の命を奉じ守護京極政経側に味方したため、経久は富田城から追放された。しかし、かれはそれから二年足らずしか経ていない同十八年一月に、近臣たちを率いて富田城を奇襲し、城将を敗死させこれを奪回する。この後、永正五年（一五〇八）に政経が死没するまで守護を廃してはいないが、経久は富田城奪回のときから、全く山陰の独立勢力として活動する。

大内氏の在京が長びきその領国の統制が緩んだことは、尼子氏が山陽側へ南下できる好機会であった。ただし、軍記物の中には、永正八年（一五一一）八月の船岡山合戦のときは経久も上京し、将軍義稙の麾下に入って、義興と武功を競っていると記したものがある（陰徳太平記巻二）。これを肯定すれば、経久が義稙のもとを離れ、前将軍義澄の遺孤義晴を擁している近江の六角高頼・定頼父子と手を握り、反大内氏の旗を掲げたのはこの直後ということになる。永正九年九月には、備後国の古志為信が経久の活発な動きに応じて反大内氏の兵を挙げたことは先に述べた。同十五年八月末から同九月にかけて、尼子方勢力が備後国の大内氏の拠点があった世羅郡赤屋陣所（甲山町）や沼隈郡山南《さんな》（沼隈町）を攻撃したので、大内方救援のため、赤屋には毛利氏をはじめ三吉・和智氏らが、山南には沼田・竹原両小早川氏の警固衆や御調八幡の渋川・高須杉原・宮（上野介）の諸氏が出動している（閥閲録六七・七四・九〇・一二六）。備後国に続いて安芸国に対する尼子氏の大攻勢が、永正年間末から大永年間初めにかけて開始される。

山陰地方から興った政治勢力が、山陽側の瀬戸内海地域まで拡大進出したことは、有史以来はじめてのことといってよい。これは、出雲守護代を三代続けた尼子氏に、清定についで経久という英傑が現れたことによるが、さらにその背景となった要素があったに違いない。それは、尼子氏が基盤とした出雲の東南部を中心に、伯耆・備後・安芸にと続く中国山間部は、砂鉄を原料とするタタラ製鉄の生産地帯であり、刀剣・武具の需要が増加した戦国時代には、生産技術・産出量が飛躍的に上昇していた。経久の母の実家が、製鉄と関係深かったとみられる出雲国仁多郡の土豪真木（馬木）氏であったというから（雲陽軍実記）、尼子氏も製鉄と深くかかわりがあったであろう。また当時、日本海の海運が活発となっていたが、尼子氏は清定時代から山陰随一の港津であった美保関の代官をつとめており、この方面の物資の流通も押さえうる立場にあった。尼子氏はこれら有利な条件を背景に、国人領主らの統制に乗り出したが、かれらを麾下につけることは並たいていではなかった。それで、かれらを外征に駆りたてることによって統制強化をはかったところがあり、これが尼子氏の備後・安芸両国への強圧的な南下となって現れたとみられる。

安芸国の国人領主のうちで最初に大内氏から離反し尼子方となったのは、経久と姻戚関係もあった大朝の吉川国経であろう。年号不詳であるが経久から自筆で国経に宛て、「現形《げんぎょう》」すなわち大内氏離反の態度をはっきりすれば、要求通りの所々で知行地を与えることを約束した書状がある（吉川家文書五九号）。おそらく永正年間末のものであろう。また、佐東銀山城の武田氏では、永正十四年に戦死した父元繁の跡を継いだ光和が再建につとめており、大内氏に対抗上、早く尼子氏に通じていたものとみられる。毛利氏は大永二年八月までは大内方にとどまっていたことは先にふれたが、その直後に強引に尼子方に引入れられる。

毛利氏が大内方から尼子方に転じた際の事情を語る直接的史料はないが、これを推察させる記事が、軍記物語ではあるが『吉田物語』と『温故私記』にみられる。それは大永二年に、経久の強引な要求に屈して元就と毛利氏宿老が、一族の坂氏に腹を切らせその首を尼子氏に差出したというのである。

この坂城主というのは、兄下総守広正についで毛利氏の執権職をつとめた坂兵部少輔広時であるとみられる。かれはすでに甥の志道広良に執権職を譲り、坂城（日下津城高田郡向原町坂）に隠退していたが、因縁の深い大内氏を裏切ることに強硬に反対したため、尼子氏から目の敵とされたのであろう。経久は元就の多治比近くまで陣を進めて強要したので、元就は毛利氏宿老たちと相談し、幸松丸がまだ幼少であるからやむなしと、自分たちの手で坂城を攻め城主に腹を切らせたという。このとき、元就は経久から褒賞にかこつけてその陣所に再三呼び寄せられたが、だまし討ちにあう疑いがあったので、病気と偽って出頭しなかったというのである。

大内義興は尼子氏の激しい攻勢に対処するため、十年に及ぶ京都滞在を打ちきって、永正十五年（一五一八）十月に周防山口に引揚げた。かれは、自ら大規模な芸備地方の奪回作戦を進める前に、本国の防長両国と北九州の支配を確実にしておかなければならなかったので、まず重臣の陶興房を大永二年（一五二二）三月に安芸国に派遣した。興房は尼子氏と結ぶ武田氏の諸城に攻撃を加えるが、とりあえずの目的は、大内氏の直轄領となっていた厳島社神領郡（佐伯郡）と、同氏の安芸国の本拠東西条を保全することであった。それで、興房は先にいちど尼子氏の手に落ちていた西条鏡山城を奪回し、蔵田房信を守将として置いた。かれはこのとき、安芸国攻撃を途中で切り上げて本国に帰っている。

翌大永三年は、尼子・武田勢が安芸国において一時大内勢力を圧倒した時期である。同年閏三月、厳島神主家の庶家友田興藤が武田光和の援助を得て、神領郡内の諸城から大内氏の城番を追放し、桜尾城（佐伯郡廿日市町）に拠り神主となって自立した（房顕覚書）。この友田・武田氏の背後に尼子氏が存在したのである。ついで同年六月には、尼子経久が自ら大兵を率いて安芸に進出し、西条鏡山城を攻落し、西条盆地から芸南海岸に及ぶ東西条の地の占領に乗り出す。このとき、攻撃の先頭に立たされたのが毛利氏である。

経久はまず毛利領北方の北池田（高田郡美土里町生田）に陣を構え、重臣亀井秀綱を遣わし、毛利当主の幸松丸が秀綱とともに先鋒をつとめることを要求した。そのため、元就も幸松丸に相伴して出陣した（毛利家文書二三九号）。このとき平賀氏が率先して尼子方となって参戦したのをはじめ（平賀家文書六一号）、情勢を眺めていた西条盆地周辺の国人領主のほとんどが尼子氏の麾下に入った。経久の本隊も西条に進出し、鏡山城の攻撃は同年六月十三日にはじまり、同月二十八日に城が落ちた。守将の蔵田房信とその伯父同備前守盛信が責めを負って切腹した。このとき、もう一人の伯父同日向守真信が元就の誘いに乗って尼子方に内通したが、かれは結局不義者として処刑され子孫も絶えた。一方、房信と盛信の子孫は毛利氏の家臣となっている（閥閲録一一二）。

鏡山城攻撃の際に、尼子氏の味方に参じた平賀・阿曽沼氏らの国人領主は、大内氏旧領の東西条内で、これまでの所領のほかに新しく所々で知行を加えられているのに、このとき先鋒をつとめさせられた毛利氏に対する処遇は芳しくなかった。毛利氏は、旧領御薗宇三百貫が安堵されたほかは、郡戸《こうど》村（賀茂郡河内町河戸）内で多治比の抱分《かかえぶん》として五十貫の地が与えられているだけである。後者は多治比殿元就の参陣に対する恩賞であろうか（平賀家文書二四三号）。毛利氏では、幸松丸が西条から帰陣した直後から病いを発し、同年七月十五日に九歳で早世してしまう。この時期は、尼子氏の勢力が安芸一国をおおい瀬戸内海まで達したときであるが、一方、大内氏も同国を失った大きな痛手を恢復するため本腰を入れて攻撃をかけてくるのは目にみえている。この流動する両大勢力の狭間に置かれた毛利氏は、家督相続の大きな問題をかかえこんだ。

第七章　芸備の経略——元就活躍の前半期——

一　大内・尼子対決下の相続問題

元就が西国最大の大名領国を作り上げ、戦国時代の英雄として大きな足跡を残すことができたのは、かれが毛利宗家を継ぐ機会に恵まれたからである。かれの場合は、兄興元についでその嗣子幸松丸も早世したため、家中の宿老たちも、のち一部のものの陰謀が露見されたとはいえ、表面では一同がそろってかれを当主に迎え入れたのである。それは、父信虎を駿河国に追放して家督を継いだ武田信玄や、兄晴景と戦い、これを押しのけ春日山城に入って家を継いだ上杉謙信など、他の戦国大名の例に比べれば平穏のごとくみえる。そのため、元就の相続時期における深刻な情勢については余り関心をもたれなかった。

毛利家では、早世の幸松丸の跡目にだれを当主に迎えるかについて家中が半分に分かれ、一方の衆は、尼子家から子息一人を申し請けて当家に据《す》え申すべしという。また他方の衆は、幸いに元就がいるのであるからかれを据えようというのである（桂岌円覚書）。当時の毛利氏は、急激に芸備地方に南下し瀬戸内海に達する勢いを示した尼子氏に、頸根《くび》っこを押さえられていた。芸備の国人領主のほとんどが尼子方となっていた時期であり、毛利氏にとっては、尼子一族から子息一人をもらいうけ当主に据えることは、家中一同が安易に生きのびる道だと思われたであろう。これは尼子氏側でもひそかに望むところであったし、また、優れた武将であり大内氏とも密接な関係をもったことがある元就が、毛利氏を継ぐことに強い危惧を懐いており、これを阻止しようと毛利内部にはたらきかけていたに違いない。

しかし、毛利一門にとって尼子家の子息を迎えることは、家は断絶し尼子家へ取られたと同様になり、これは堪えられないことであった。一方、防長の大内氏に目をやれば、尼子勢に圧倒されているとはいえ、いちど京都まで制圧したほどの強大なこの勢力が、芸備地方の挽回に全力を注ごうとしている。尼子氏と深くかかわりすぎておれば、毛利氏が大内氏から全滅させられる虞《おそれ》もある。逆に大内氏と結べば飛躍できる機会が待っているかもしれないのである。このとき、興元・幸松丸時代からの執権志道広良は初発から元就に家督を継がせようとの存念であり、一門の福原広俊と連絡をとる一方、粟屋元秀・国司元相ら若手の譜代衆と密談して一挙にことを運ぼうとした（閥閲録一六・七四）。

このとき、老練な五十七歳の志道広良と円熟期に向かった二十七歳の元就の関係は、ちょうど十年前の興元時代に、広良は、元就が若気のいたりで暴走し兄に反抗することのないよう誓紙を差出させているが、その後の元就の成長ぶりはめざましく、今や両人は毛利氏運営の良きコンビとなっていた。

しかし、元就を家督に据えるためには尼子経久の承認を取りつける必要があり、それには、毛利氏内部が一本に結束していることを示さなければならない。

幸松丸の死没から四日目に、広良は宿老代表として渡辺勝・井上元兼両名とともに、かれ自身の使者両名も多治比の城に赴かせ、元就から家督相続の承認を取りつけた。さらにそれから六日目の大永三年（一五二三）七月二十五日付で、毛利氏の一門宿老十五名が連署して、元就が相続を承認したことをよろこび、大事小事ともに奉仕することを誓うとともに、近日中に吉田郡山城へ入城することを請うた書状を元就に送った。これには衆議区々に分かれていたものたちも、皆そろって署名している。かくて、元就の郡山登城も毛利菩提所の満願寺住職の卜定によって来る八月十日ときめられた。まことに電光石火であり、家中一致という情報をもって願い出た毛利氏からの特使に対し、尼子経久も承認の返事を与えなければならなかったのであろう（毛利家文書二四六〜二四九・一二三九号）。

元就が家督を継いでまもない時期（大永四年四月か、小早川家文書四七八号）に、毛利氏宿老中の、しかも先に元就が宗家に入ったことをよろこび奉仕を誓った十五名中の坂広秀・渡辺勝の一派が、元就を抹殺しその異母弟相合元綱を擁立する陰謀が露見し、元就に討果たされるという事件が起こっている。この陰謀の背後に、尼子経久の手が伸びていたことは確かである。この事件から十年余り後の天文年間の初めに、元就近臣の桂元忠・児玉就忠両人から尼子氏奉行人宛の書状の中で、経久は元就相続のことを承諾していたのに、それ以後、毛利氏の「渡辺の者共」が経久腹心の亀井秀綱にいろいろ頼んだので打置かずこれに荷担した。そのほか毛利氏に対する取りあつかいに曲がったことが多かったので「防州へなげつけ申候事」とあり、元就が尼子氏から再び大内氏に身をなげかける決意をしたのは、この事件が大きくかかわっていたことが知られる（毛利家文書二三九号）。

坂・渡辺一派が元就を抹殺しようとまでした理由は判然としない。渡辺氏は毛利時親の安芸国下向のときから随従したという譜代衆で、吉田盆地東部の小原（甲山町）に本拠を置く地侍であった。享徳元年（一四五二）には親類八名が寄合って、弓矢では公私ともに尽力し、卑怯な振舞なく、博奕を禁じ、盗み・山賊のほか一紙半銭の不正も主家毛利の手を煩わさず、自分たち親類中で規制しようと起請を交わしており、まだ土の香りをとどめていた（毛利家文書七三号）。この家は陰謀事件で断絶した後、再興されているが、その系譜には渡辺勝が「旨趣」があり討果たされると明記されている（閥閲録二八）。

坂広秀の場合は、執権の志道広良、宿老の桂元澄とその弟で元就の近臣となる元忠らが親類に当るので、事情は複雑であった。毛利氏の執権職は坂広秋の長男広正（広明、下総守）からその弟広時（兵部少輔）に移り、さらに末弟元良の子息志道広良に引継がれたとみられる。広時の子息である広秀は尼子氏に強制されたとはいえ、元就と志道広良に父が攻められ切腹させられていた。広秀が陰謀露見で討たれたのは当然であるが、かれの従兄（広正の子息）で桂氏を継いでいた広澄が、元就の制止をきかず自刃している。これは親類中から謀反人を出した責任をとったものとみられるが、主命に背いて自刃したため、その子の元澄・元忠らは一家全滅の覚悟をきめたが、元就の捨身の説得で再び元就に仕え活躍することになる（毛利家文書六六三号、陰徳太平記巻五）。

これから三十年後の厳島合戦に当って、元就は陶氏の軍勢を厳島におびき寄せる謀略として、重臣の桂元澄に、陶晴賢に対し偽って内通の誓紙を送らせ、厳島で陶・毛利の合戦がはじまれば、その留守に元澄は反逆して吉田を攻め陶氏に協力すると伝えさせたという。その誓紙には、元澄は元就に対し遺恨が少なからずと記されていたという。これは『吉田物語』『温故私記』の記載であるが、裏付ける直接的史料がない。しかし、これから一年余前の天文二十二年（一五五三）十二月に毛利隆元が、陶氏に対する決戦か和平かの毛利氏の態度を決する重要な相談のため元澄に送った書状の中で、あなたの若い時、親父広澄以下に不慮のことどもがあったとき、あなたはひとえに元就の扶持により一身を全うし今日に至っていることを伝え承っており、また、あなた自身からも内々聞かせてもらったことがあると記している（毛利家文書六六三号）。元就相続直後の陰謀事件は長い歳月を経ても、毛利氏の内部に濃い影をおとしていたことが察せられる。

また、元就迎立を誓って連署状に署名した一門宿老十五名中に、井上氏一族が惣領元兼はじめ五名が含まれている。元兼は、幸松丸死後四日目に元就に宗家相続の内諾を得る際にも、宿老代表として渡辺勝とともに多治比に赴いている。ところが、相棒の勝が元就抹殺陰謀の張本人のひとりであった。井上氏一族の中には、元兼の叔父元貞のように元就・志道広良の側に心を寄せていたものもあったが、一方、元就の相続に反対し尼子氏に通じたものもあったとみられる（雲陽軍実記）。元就が宗家相続ができたのは、元兼が惣領として一族を元就擁立の側に一致させたことが大きな要因であったことは間違いない。

元就は相続から二十七年後の天文十九年（一五五〇）に、元兼父子を中心とする井上一党を、心が奢《おご》り、主家の命にも従わないことが多く、将来毛利氏の存立を危くするものだとして、党類三十余人を討果たすことになる。井上一党の横暴は、その後戦いに明け暮れる毎日であったため、戦力を減じてはならじとじっと我慢を重ねてきたが、兄興元死没後三十余年に及ぶ堪忍の口惜しさはいかばかりであったことかと、元就は三男小早川隆景への書状の中で述べているほどである（毛利家文書五七六号）。元兼一党が慢心したのは、一族が繁衍《はんえん》し武功者も多かったことにもよるが、そのもとは、自分らが擁立してやったからこそ古今無双の名将といわれるようになった今日の元就もあるのだと、元就を軽視したことにあり、ここにも相続問題が毛利氏内部に長く尾をひいていたのである。

元就は宗家相続の翌々年（大永五）三月に、尼子氏に離反し再び大内氏に味方するが、これも、後年元就の近臣から尼子氏奉行人に、経久が元就の相続を承認しながら裏面では元就抹殺の陰謀に荷担するなど曲事が多かったため、大内氏に身をなげつけたのだと申し送っているように相続問題とかかわっている。ただし、これには情勢を見通し、大内氏と結んで毛利氏の内海沿岸部への発展の機会をつかもうとする元就・志道広良コンビの思惑も存したとみられる。

当時の情勢は、大内氏が芸備両国の奪回に本腰を入れ、大永四年（一五二四）七月、大内義興は厳島に本営を置いて厳島神主友田興藤の桜尾城（佐伯郡廿日市町）を囲み、義興の子息義隆を擁した陶興房の別働隊は、武田氏の佐東銀山城（広島市安佐南区祇園町）を攻撃した。尼子経久の本隊は伯耆国出陣から引返す途中にあったが、当時尼子氏に属していた多くの芸備の国人領主たちは、尼子氏の部将とともに銀山城を救援した。銀山城は同年八月五日の元就を先頭とする安芸国人領主連合軍の夜襲が功を奏し、大内勢の包囲が解かれたが、桜尾城の厳島神主は同年十月十日に開城降伏し、大内氏の安芸国進出の拠点は固められた。

元就の尼子氏から大内氏への反転が明確になるのは大永五年三月二十一日で、この日陶興房は毛利氏の譜代の重臣粟屋元秀と井上元貞に宛て、元就が大内氏に対して無二の心意気で「現形」したことは、あなた方の入魂のいたすところである。すでに安芸国に馳せ上っているのですぐにも面談したいと申し送っている（閥閲録七四・一二六）。実はこれより先に志道広良が元就の意をうけ、興房の呼びかけに応じて面談し密約をとりかわしていた。それは、大内軍勢の進出に元就が自ら参加すると同時に、広島湾東岸（海田湾頭）の阿曽沼・野間氏や西条盆地の天野氏への攻撃に際し、元就が裏面から和平降伏を勧めることであった。

陶興房が率いる大内勢は大永五年四月四、五両日、桜尾城に近い岩戸尾の陣所を出発し、武田氏勢力圏の佐東川（太田川）河口や仁保島をさけて海上を進み、広島湾東岸の矢野浦に上陸する（房顕覚書)。四月七日には矢野郷一帯に放火するが、阿曽沼・野間両氏はともに城に立てこもって一兵も出合わない。この日、志道広良が吉田から矢野にやってきて興房と相談最中という(乃美文書正写)。これは、かねての密約に従って阿曽沼・野間両氏に降伏を勧めるためであり、このとき両氏は、毛利氏の仲介で大内氏に降伏を申し出て許されたものとみられる。ただし、阿曽沼氏は大内氏が西条に、さらに備後に進攻しているすきに、武田氏(尼子氏)方に反転してしまう。

西条盆地に進んだ大内勢は、天野興定の米山城(東広島市志和町)を大永五年六月まで包囲攻撃するが、天野氏も元就・広良の仲介で生命と所領を保証されて降伏する。このとき元就と興定は、大事・小事にかかわらず互いに扶助し合う一揆契約をなし、また、広良も興定と兄弟の契約を交わしている。これで天野氏は毛利氏と同様に大内氏の麾下に入ったのであるが、この後、同氏は毛利氏の与力として協力し、ついにはその家臣の列に入る(天野毛利文書)。

毛利氏は大永五年、尼子氏から反転し大内氏のために活躍した成果を上げた賞として、同氏から可部・深川上下・温科(温品)・久村の地を知行地として与えられる(毛利家文書二五一号)。これらの地はまだ武田氏の勢力圏内にあったが、毛利氏が広島湾頭に一直線に南下できる佐東川(太田川)流域に知行地を得たはじめであり、このことは、この後武田氏が滅亡した跡に、毛利氏が大内氏の麾下にありながら佐東川河口一帯の領有を許されるきっかけとなっている。このように眺めると、尼子氏から大内氏への反転は相続問題に端を発しているとはいえ、むしろこれを踏台に、毛利氏の広島湾頭への南下の機会をつかもうとした元就・広良コンビの思惑が大きくはたらいたようである。

大内氏は大永五年四月、味方になったばかりの毛利氏の協力で、広島湾東岸瀬野川河口に近い鳥籠《とこの》山《やま》城に拠った阿曽沼氏をいったん降伏させたが、同氏は、大内勢が備後へ出動中に再び武田氏（尼子氏）方に引きもどされた。府中城（安芸郡府中町）・仁保島城にも武田氏麾下の白井一族が拠っており、広島湾東岸一帯に大内氏の手が届かなくなった。そこで同年十二月になると、大内氏はこのころ一時友好関係にあった豊後大友氏の軍兵一万が、海陸両路で来援したのを機会に広島湾東岸部の攻撃にかかり、元就にもかねての約束により出動を求める（閥閲録一二六）。阿曽沼氏は、このとき重臣野村杢允に責任をとって腹を切らせて開城降伏する。また翌六年春には、府中城の白井氏も大内氏支援の豊後勢のおびただしさにおびえ開城降伏する（房顕覚書）。しかし、豊後衆がこの直後に国許で不穏な噂があったため帰国してしまうと、阿曽沼・白井両氏ともまた強力な手入にあって武田方にもどってしまう。

大永七年（一五二七）二月、当時厳島の対岸大野の門山城に本営を移していた大内義興は、陶興房を主将とする石見・豊前の兵も含む大内主力勢を遣わし、広島湾東岸部の制圧に乗り出すが、これには毛利・天野氏らも加わっている。翌三月、阿曽沼氏は降伏するが、こんどは武田氏方に誘引されないように鳥籠山城に大内氏の部将が城番として入っている。大内氏は翌四月に府中城の白井氏を攻撃するが、武田氏の支援が強力でこの城は容易に落ちなかったが、仁保島城に拠る白井氏の有力庶家を味方につけることに成功した。仁保島白井氏は早くから同島周辺の海上権を握っており、警固衆の性格をもっている。大内氏は、仁保島白井氏に牛田・箱島（白島）をはじめ佐東川（太田川）河口一帯の地で多くの知行地を与えることを約束する（岩瀬文庫所蔵白井文書）。これによって、大内氏は武田氏の海上勢力を切り崩したのであり、この後、仁保島白井氏は大内方の有力な警固衆となって活躍する。

広島湾頭を制圧した大内勢は再び備後国に進出するが、その先鋒をつとめたのも毛利元就であり、大永七年七月から八月にかけて同国和智（三次市和知）において、南下した尼子勢と合戦してこれを撃退している（閥閲録一六・四一）。翌九月には、尼子氏に服属していた南天山城（双三郡吉舎町）主の和智豊郷が大内方に転じており、これは、当時大内氏に好意的な立場をとっていた甲山城（庄原市山内町本郷）主の山内直通らの仲介によったことが知られるが（山内首藤家文書二〇〇号）、ここでも、裏面で元就・広良の降伏勧誘のはたらきがあったとみられる。

大内義興の芸備両国奪回の作戦は、まっ先に有能な毛利元就を味方にできたこともあって大きな成果を上げていたが、享禄元年（一五二八）七月に義興が重病になってしまった。大内氏の諸将は、厳島神社の西の回廊に集合して熟議した結果、安芸国に少数の部隊はとどめたが主力は陣営を引払って帰国することとなった。義興は同年十二月に死没し、大内氏は義隆時代となる（房顕覚書）。

元就は翌享禄二年五月に、吉田のすぐ北方の松尾城（高田郡美土里町横田）に居を構えた高橋弘厚が、情勢の変化をみて重恩ある大内氏を離れ尼子方に転じたのを責め、味方の備後の和智豊郷とともに、西条の大内氏の留将弘中隆兼の助勢も得て、この城を陥落させた。ついで、弘厚の子息で高橋氏の惣領家を継ぎ阿須那の藤掛城（島根県邑智郡羽須美村）に拠る興光が、尼子経久の三男塩冶《えんや》興久と結んで毛利氏に対抗しようとしたのに対し、元就は得意の武略を用いて高橋一族を分裂させ、興光に腹を切らせ、ついで同氏を全滅させた（毛利家文書二五一・二五二号）。

高橋氏は元就にとって兄興元の妻の実家であり、先代当主幸松丸の外戚であった。元就は国人領主（国衆）のほとんどに対して、同盟の形からはじめてこれを麾下に入れる穏健な対策をとっているのに、高橋氏だけは宗家を継いでからわずか六年目に族滅させていることは、これも相続問題と関連がありそうである。かれにとって高橋氏干渉下の幸松丸時代は想い出したくない暗い時代であり、かれ自身も抑圧をうけていただけでなく、確たる証拠はないが、かれの宗家相続に反対する一派の黒幕に尼子氏とともに高橋氏があり、その反発として同氏の族滅という厳しい行動に出たものと思われる。しかし、これには同時に毛利氏の北隣の障害を取り除き、山陰地方へ進出しようとする元就の思惑も絡んでいたに違いない。

元就は高橋氏を族滅させたことで、安芸・石見両国にまたがった同氏の遺領をその手に収めた。高橋氏の遺領は、石見国では阿須那を中心に西方は出羽（瑞穂町）、東方は出雲国へ江ノ川を渡る要衝の都賀（大和村）に及んでいる。安芸国では吉田荘の北隣から石見との国境に至り、横田・池田（生田）など要地をもつ吉茂上下荘とその周辺部まで含んだ膨大なものであった。

元就は大内義隆から高橋氏旧領の吉茂上下荘を享禄三年七月、同阿須那などを同年十二月に知行することを承認されるが、この中で五百貫の地を東隣の宍戸氏に割譲している（毛利家文書二五二・二五六・二五七号）。このことは、元就が興元時代に交戦を続けていた宍戸氏と和平融和する契機となる。また、元就は享禄四年二月、石見国出羽の本領主出羽祐盛に対し、同氏の本領七百貫地の中、高橋氏から代々横領されていた四百五十貫地を返し与えることにより、出羽氏に以後毛利氏の与力となって活動することを誓わせ、石見国へ進出する足場を固める（閥閲録四三）。また、やがて志道元良の次男（広良の弟）口羽通良を高橋氏旧領内の口羽に据え、北方の敵尼子氏対策をうけもたせることになる（同上三二）。

二　大内義隆と尼子晴久

大内氏では享禄元年（一五二八）、義興の跡をうけて二十二歳の義隆が継ぐが、かれの初政は文人義隆のイメージとは違って軍事に明け暮れている。北九州には、鎌倉時代以来鎮西奉行をつとめ大宰少弐を世襲した少弐氏の伝統的な勢力が、代々の大内氏の攻撃をうけながらも隠然と存し、この時期には、少弐資元・冬尚父子が東肥前を本拠に勢力回復をはかっていた。また、先には大内氏に協力して安芸国に援軍を送った豊後の大友義鑑も、大内氏の九州での勢力増大をおそれ、少弐氏と結んで大内氏に反抗するようになった。義隆は本陣を長府に進め、宿老陶興房を大将として主力を北九州に転戦させ、これは、天文五年（一五三六）九月に肥前多久城（佐賀県多久市）に拠る少弐資元を攻滅ぼすまで続いた。義隆はこの間、安芸国には留守部隊を置いただけで、南下する尼子勢の防衛には味方の毛利氏だけが大きな頼みであった。元就は大内氏の勢力を背景にしながらも、尼子氏に対しても和平の心くばりを怠らず、享禄から天文初年に至る数年のうちに、周辺の国人領主たちを味方につけて自己の地盤を固めることに専念している。

大内氏が北九州の軍事に縛られているとき、尼子氏においても経久の三男塩冶興久が、富田城の父経久とその孫で後嗣の晴久に対して謀反を起こし、塩冶衆と富田衆が合戦に及び、一時は尼子氏が内部から分裂状態になり、外部に進出できる状態ではなくなっていた。同氏では経久の嫡男政久が早く永正十五年（一五一八）不慮に戦死し、わずか五歳であった晴久が後嗣となっていた。経久が七十歳の坂を越し、三十歳に入った晴久が当主となった享禄年間になると、興久は甥を主人として仕えることを潔しとせず、処遇の不足を訴えて宗家に反抗するようになる。興久が配置された出雲国西部の塩冶（出雲市）は、鎌倉時代後半期、同国の守護佐々木塩冶氏が本拠を構えたところで、経久もこの要衝を重視して興久を置き、三千貫の知行を与えたものとみられる。興久はこれで満足できず、さらに富田城に近い大原郡（厚手郡）内で七百貫の知行を要求するが、経久はこれを退け、備後国恵蘇郡

（現在比婆郡の中央北部）で一千貫の地を与えた（雲陽軍実記巻一）。しかし、興久はあくまで富田城近辺の地を要求し、これが拒まれたのは経久側近の宿老亀井安綱の讒言によったとして、安綱の身柄引渡しを要求し、ついに反乱を起こした（陰徳太平記巻七）。

塩冶衆と富田衆が合戦をはじめたのは、興久が富田城攻めの前進基地として麾下の兵を籠《こ》め置いた宍道湖東端の佐陀城（松江市）を、富田衆が攻撃した天文元年（一五三二）八月初旬であった（陰徳太平記巻七）。しかし、両者の対立はそれ以前から外部に知られるほどに高まっていた。それは、興久が自己の主張を敵対勢力の毛利・大内氏にまでも申し送って声援を期待しており、経久のところからもこれに対抗して富田の立場を伝えていたからである。元就の腹心志道広良が、かねて親交のあった義隆の宿老陶興房にこの度の出雲辺のなりゆきを報告したのに対し、興房からも天文元年五月二十八日付で、この情勢の分析をさらに腹蔵なく承りたいという返書が出される。それによると、興房は自分がみるところでは、いったんは塩冶方も優勢でなんとなく武略も富田にまさっているようである。只今は双方にかかわりをもちつつ、転ぼうとする方へつっかえをいれ、両方ともに倒れ果てたら無上なのだが。いったい、これにどのように対処したらよいであろうか。世上なんとも面白い折節《おりふし》であるが、これを元就はなんと仰せられるか是非承りたいといっている（閥閲録一六）。

佐陀城を救援できず攻落された興久は、富田方が島根半島支配の拠点としていた末次城（現在の松江城所在地）を攻めるが、これも失敗し、部下をことごとく失って、妻の実家である備後国甲山城の山内直通を頼って落ちのびた。経久は興久の身柄を差出すよう部隊を派遣して圧力を加えるが、直通は興久をかくまい、ついに尼子氏の圧力に対抗するため大内・毛利方に通じた。そこで経久は天文三年、大内氏にひそかに使者を送り、興久を返すよう山内氏にはたらきかけてほしいと申し入れる。大内氏から相談をうけた元就は諸般の事情を考慮のうえ、興久を経久に返すよう大内氏が力を添えるよう返答する。これで身の置所を失った興久は自刃し、その首が尼子氏へ送り返された（毛利家文書二三九号）。これまで、憎き興久の首を見て老後の鬱憤を散じたいといっていた経久であったが、変り果てたわが子の首を一目見て、一時は気を失い、このときからにわかに老耄してしまったという（陰徳太平記巻九）。

元就にとって、頼みの大内義興に死没され、その跡を継いだ義隆の主力が北九州の戦場に釘付けされていることは痛手であった。この間、かれは大内勢力を背景としながらも、一方では姻戚の吉川氏などを通じて尼子氏に接近し、年頭挨拶の使者を送り、尼子氏からの使者もうけるなど複雑な動きをみせる（吉川家文書三六六・三七九号）。享禄四年（一五三一）七月、元就は尼子晴久に兄弟となるべき契約を結びたいと申し入れ、先方からも承諾を得ているのも尼子対策の一齣《ひとこま》である（毛利家文書二一〇号）。

吉川氏の当主は、元就の妻の兄元経がすでに死没し、その嫡男興経（千法師）が家を継ぎ、その叔父吉川経世と宿老森脇祐有が家政を執っていた。元就は享禄三年（一五三〇）十一月、興経に対し、毛利・吉川両勢力が接する山県郡北方《きたがた》（千代田町川東）で百五十貫の地を給与しており、同四年閏五月には、吉川氏が勢力を伸ばしていた山県郡東南部から佐東郡北部にかけての阿那（穴）・小河内・飯室・鈴張・山中・今田（広島市安佐北区安佐町、山県郡千代田町・加計町）の地を支配することを承認している（吉川家文書三八二・三八三号）。これは大内氏も承知のうえであり、義隆からも興経に天文四年（一五三五）六月、豊前国築城郡内（福岡県築城町付近）で所領を預けており（同上三八四号）、いずれも吉川氏を大内・毛利方に誘おうとしたものである。しかし、吉川氏は山陰地方と因縁が深く、経久の妻の実家でもあって尼子氏との結びつきが強く、むしろ同氏勢力の最前線にあって、大内方の情報を集める重要な役目をもたされていた。吉川氏についてだけは元就の懐柔策は成功していない。

大内勢力を背景にもつ元就にとって、尼子氏が興久の反乱で内部に亀裂を生じ、南下の勢いがそがれた天文元年から数年間は自由にふるまえる好機であった。この間、著しい成果は東隣の宍戸氏と西南隣の熊谷氏との結びつきを強くし、これを毛利氏の勢力圏に取込んだことである。毛利氏の郡山城からわずか四キロメートル東方の五竜城（高田郡甲田町上甲立）に本拠を置く宍戸氏では、当主の元《もと》源《よし》が、同氏中興の父元家の跡を継いで毛利氏と肩を並べるほどの勢いを示していた。毛利氏では、隣の宍戸氏とは仲よくしておくようにとの弘元の遺言があったにかかわらず、興元時代には交戦を繰返していた。これに終止符をうたねばならぬと思っていた元就は、享禄三年、占領した高橋氏旧領の領有を大内氏から承認をうけた際、このうち五百貫の地を宍戸氏に割譲した。これは大内氏から示唆があったためでもあるが、一面では、宍戸氏と融和するきっかけをつくろうとした元就の意図にもよったとみられる。

元就は天文二年から宍戸氏との親交を進めていたが、翌三年一月十八日には、年頭の挨拶を名目に率先して自ら五竜城を訪れて宿泊し、このとき、かれの嫡女（のちの五竜局）と元源の嫡孫隆家の結婚の約束をとりきめた。この融和策は成功し宍戸氏は毛利氏の藩屏となっただけでなく、隆家は元就の子息らとともに毛利氏発展の支柱となる。隆家の父は早く死没していたが、かれの母は備後国きっての有力国人領主山内直通の娘で、隆家も幼時に同家で養われていた関係もあって、元就は宍戸氏を通じて山内氏とも連携ができる。さらに当時、直通は娘婿興久をかくまったことで尼子氏から圧力を加えられていた際なので、山内氏は急速に毛利氏に接近し、元就の威勢が備北にまで及ぶようになった。

熊谷氏は鎌倉時代から、佐東川（太田川）に流入する根谷川の谷迫一帯を占めた三入荘の地頭の系譜をひく国人領主であったが、室町時代には、代々佐東川流域一帯の分郡守護武田氏の麾下に入っていた。両氏は永正十四年（一五一七）十月の有田城下合戦で、武田元繁が熊谷元直を救援しようとして両人同時に戦死したほどの間柄であった。武田氏は元繁の跡を継いだ光和が、尼子氏の梃子入れによって態勢立直しをはかっていたときなので、天文二年に元就が、元直の跡を継いでいた熊谷信直を味方につけたことは、同時に武田氏体制の一角を大きく切り崩したことでもあった。

毛利氏はこれより先、幸松丸時代の大永二年（一五二二）十月にも、大内氏の要請をうけて熊谷氏との談合によってこれを味方に誘っているが（毛利家文書二〇八号）、翌三年には毛利氏自身が尼子氏に屈服させられたため、これは立消えとなった。元就は天文二年、熊谷信直に、かれが味方となった報酬として、大内義隆の諒承を得て可部（広島市安佐北区可部町可部）を、ついでその西隣で吉川氏に割譲することになっていた飯室を与える（熊谷家文書一二一・一二二号）。武田・熊谷両氏が絶縁したのは、表面上では光和の妾となっていた信直の妹が離縁したことと、信直が光和麾下の可部の城主山中成祐を討ったため、光和が熊谷氏の本拠高松城に攻撃を加えたことによるが（陰徳太平記巻七）、裏面でも毛利・大内氏側からの熊谷氏に対する強いはたらきかけがあったためである。熊谷氏は武蔵国熊谷郷（埼玉県熊谷市）を本貫とし、直実を祖先とするが、信直はいかにもその子孫に似つかわしい猛将であった。かれはしだいに元就の部将としての性格を強めるが、天文十六年に、かれの嫡女が元就の次男吉川元春に嫁し、その扶助を依頼されてからはいっそう毛利氏のため水火を辞さない活動をする。

さらに武田氏関係では、かつては同氏の守護代をつとめた家柄であり、佐東川（太田川）下流川内の中調子（広島市安佐南区佐東町）に居館を構え、河口の五ヶ村（広島の前身）を勢力圏としていた福島親長が、大永五年（一五二五）三月大内氏の味方となって同氏から長門・豊前両国で所領を与えられている（福島家譜録）。また大永七年には、先にふれたように仁保島に拠る白井氏の有力庶家が大内氏方に転じ、同氏の警固衆となっている。熊谷氏と同様地頭の系譜をひく八木城（広島市安佐南区佐東町）の香川光景が、武田氏から毛利・大内氏方に転じたのも熊谷氏離反後まもないことである。こうして崩壊寸前にたち至った武田氏であったが、尼子氏が大内氏に対抗上その存続に力を入れたため、天文十年尼子氏の吉田郡山城遠征の失敗直後まで家を保つことになる。

元就にとって、天文元年（一五三二）から同四年に至るころは順風満帆の一時期であった。かれは天文三年七月には、備後国きっての旧族である宮惣領家の本拠亀寿山城（芦品郡新市町）を攻落して同氏を屈服させ、同四年三月には、三吉氏から一城を奪うとともに、山内氏の有力庶家の多賀山氏が拠る蔀山《しとみやま》城（比婆郡高野町）を攻落しており、大内氏勢力を背景にしてではあったが備後国一円に毛利氏の勢力を扶植している。元就は天文二年九月に大内義隆の推挙によって、朝廷から右馬頭に任じ従五位下に叙せられる栄誉も得ている（毛利家文書二六三〜二八一号）。一方、かれは尼子氏に対する融和策を怠りがちになる。そのため、当時尼子氏奉行衆は吉川氏宿老宛の書状の中で、この方から毛利氏に対しなんの遺恨だてもしないのに、毛利方から一方的に敵対の色を現してきたことは口惜しいことだといっている（吉川家文書三六五・三六六号）。

尼子氏が興久反乱の痛手をいやしている間に、元就が尼子氏方であった芸備の国人領主をつぎつぎに支配下に収め名声を高めた。これは尼子氏にとっては口惜しいことであり、ことにまだ二十二歳の血気の若大将であった晴久には堪えがたかったに違いない。天文五年（一五三六）、態勢を立直した尼子氏はこれまでの失地を取返そうと芸備両国に大挙して南下する。同年三月、晴久は山内氏の甲山城に進駐し、直通を当主から引下ろしこの家を断絶寸前まで追込んだのち、懇請を入れて聟法師（直通の外孫、のちの隆通）が家督相続することを許し、山内氏を支配下に置いた（山内首藤家文書二〇六～二〇八号）。

また、安芸国では西条盆地の東北部を占める平賀氏の内部が分裂し、天文五年に、峻険な頭崎城（東広島市高屋町貞重）に拠った嫡男興貞方を、その父で白市市場の白山城を本拠とする弘保方が攻撃し、これに元就が加勢し、同年十一月には大内氏も援軍を出した（平賀家文書七二号）。これで頭崎城は簡単に落城とみられていたのに、尼子氏が安芸国へ再南下する好機到来とばかりに強力な軍勢を送り込みこの城を救援した。この勢いをみて西条盆地の土豪の中にも、財満備中守父子のように大内方から離反し頭崎城に内応するものが現れた（天野毛利文書）。このときの尼子氏南下の勢いは激しく、毛利氏はこのために志和地（三次市西南部）・北（高田郡美土里町北）・壬生（千代田町壬生）の諸城を奪取され、また、石見国阿須那・安芸国山県郡東南部や備後国の一部も一時放棄しなければならなかった（毛利家文書二五二号）。

天文六年（一五三七）になると、尼子氏では祖父経久に代って野心に燃える晴久が当主の座につき、石見大森銀山を奪回し芸備への南下も激化させた。経久には、元就を再び味方につけ大内氏に対する押さえにしたいという心遣いがあったが、晴久時代となっては、元就としても融和策をかなぐりすて大内氏一辺倒の姿勢を示さなければ、尼子氏から郡山城の包囲攻撃をうけても大内氏から本腰を入れての救援が望めない。元就は、この年十五歳になっていた嫡男隆元を人質として山口に送り出す。安芸国の大内氏方の国人領主志和の天野氏、瀬野の阿曽沼氏らも、同時に子息を山口に差出している。

隆元には宿老志道広良と、再三山口に使いしている郡山城麓にある興禅寺の住職策雲玄竜、それに赤川元保・国司就信ら数人の譜代衆が随伴した。一行は天文六年十二月一日山口に着き、同月十九日には大内殿中で元服式が行なわれ、大内義隆から名字を与えられて隆元と名のった（毛利家文書三〇二号）。かれは、これから郡山城包囲戦で尼子勢が敗退する天文十年一月まで三年余山口にとどめられる。隆元滞留中の様子を、最初から翌七年六月まで日を追って記した記録があり、それによると、かれは大内氏から厚遇され、同氏の重臣たちと親交を重ね、義隆らが催した武術や芸能の会にしばしば招かれている。大内氏は、北九州は鎮定したとはいえ、将軍足利義晴の召しに応じて京都に攻上ろうと構えていた際なのに、内側から眺めたこの記録からは、爛熟した文化生活だけが目立ち、戦国期の大名としての力を感じとることができない（同上三九七号）。

大内・尼子両勢力の対抗が天文六年末から激化するが、これは中央情勢とも深く結びついている。中央には将軍足利義晴・管領細川晴元がいたが、幕府は弱体で、本願寺証如を法主と仰ぐ一向一揆や、これと対抗する法華一揆などに悩まされている。幕府は有力な大名を京都に召して支援させようとしたが、東国にはまだその能力ある大名はなく、義晴が上洛を命じたのは西国の大内義隆と大友義鑑、それに尼子経久であった。

義晴からの上洛の召しに対し、いち早く反応を示したのは義隆であった。かれは自身の上洛請文を提出するとともに、領国外郭部の安芸・石見両国における傘下の国人領主たちを、かれに従って上洛する組と国にとどまる組に分けた名簿を差出し、幕府からもかれらに対し請文提出を要求するよう上申した。そのため、幕府は天文六年十二月二十一日付で石見の周布武兼、安芸の平賀弘保らには参洛を命じたに対し、毛利元就には在国して忠功を励むよう命じている（閥閲録一二一の二、平賀家文書五九号、毛利家文書二二二号）。このとき義隆は、在京留守中における安芸・石見地方の安定を元就に任せようと考えていたのであろう。元就は翌天文七年八月に在国し忠勤を尽くすという請文を幕府に提出している（毛利家文書二二六号）。このような動きがあったにかかわらず、義隆は大友義鑑と衝突して背後に不安があったうえに、内部にも大挙東上できる態勢が整っていなかった。

義隆の東上準備が足踏状態にあるとき、尼子氏では祖父経久から当主の座を譲りうけた晴久が、着着と京都へ進出する実績をあげていた。尼子氏は天文七年（一五三八）六月ころには因幡一国を平定し、但馬国の山名氏からも和平を請われたので北方から京都への道が開かれた（吉川家文書四〇一号）。同時に南方の美作・備前・播磨三国に向かっても、三国の守護赤松氏が部下の統制に苦しんでいるのに乗じ、晴久は天文六年十二月にいちど乱入したが、翌七年八月からは大軍を率いて本格的な攻撃を進め、そのため、赤松氏の当主政村（のち晴政）は本拠の播磨国置塩城（書写山の北方）を捨て国外に逃走した。尼子氏の動静にたえず気を配っていた大坂の石山本願寺は天文七年七月に、備後国における一向宗の拠点光照寺（広島県沼隈町山南）に対し、尼子氏の京都出張が事実であるならば注進するように申しつけており、晴久の行動が畿内でも切迫感を与えていたことが知られる（光照寺文書）。晴久はまた備中国へも出陣し、天文八年九月ころにはこれを平定している（吉川家文書四〇八号）。

東方の経略が進展するにつけても、尼子氏にとって気になるのは背後の毛利元就の存在であった。尼子氏は、吉川興経と石見国川本の温湯《ぬくゆ》城主の小笠原長隆の間を緊密にさせて毛利氏に対抗させていたが、小笠原氏に命じて毛利・大内両氏を離間する策をとらせた。小笠原氏から元就につぎつぎとかれを動揺させるような計策状を送ってきた。その内容は尼子氏が東方で拡大していく戦果を知らせるとともに、大内義隆はすでに元就が尼子方に傾いていると疑い、毛利氏救援に本腰を入れることはないというようなものであったであろう。元就は天文八年九月に、山口に派遣している使僧の興禅寺策雲玄竜に小笠原氏からの計策状三通を添えて義隆に差出させ、自分はあくまで大内氏の救援を信じていることを披露させた。これに対し、義隆からは「寸心」も元就に対し疑心がないとの誓言をのせた返書があった。これをうけて元就は恐縮すると同時に、「後証の家宝としてこれに過ぎるものはない」と、救援の保証を得た安堵の気持を再び大内氏に伝えている（毛利家文書二一三・二一四号）。情勢は切迫しており、大内・毛利氏の間には嫡子隆元を人質に差出しているうえ、さらにこのような誓紙の交換が必要となっていたのである。

三　二大遠征の失敗と毛利勢力の伸張

尼子氏一門が毛利氏の本拠郡山城への総攻撃をきめたのは、備中国以東の経略が成功を収めた天文八年十一月であり、翌九年の秋を期して出征することに決した。この遠征には、備後・石見両国がまだ征服されておらず深く敵地に入るのは危険で、両国の国人領主たちを圧服して人質をとってから実行すべきだとの慎重論があり、その主張者は経久の弟下野守久幸であり、すでに老耄はしていたが経久も同意見であった。しかし、久幸の意見は「臆病野州」とさげすんで退けられ、積極策が採用されたが、尼子氏が遠征を急がなければならない事情も十分に存していた。備後国東部の要衝神辺城では天文七年七月に、尼子氏方であった当主山名忠勝（氏政）が、大内・毛利氏方となった宿老の杉原（のち山名）理興《ただおき》に乗っ取られてしまった。安芸国における尼子氏勢力の支柱であった佐東銀山城の武田氏も、光和の死没後めっきり勢力を失っている。当時、芸備石三国の国人領主たちはみな尼子・大内両勢力の力関係をうかがっているのであり、このまま放置すれば大内・毛利氏になびいてしまうが、逆に郡山城を攻落することができれば安芸国は一日にして尼子方一色となり、大内氏の本拠の防長両国に攻込むことができる。少壮気鋭の晴久らが積極策をとったのもうなずかれるところがある。

尼子勢が郡山城に対する本格的な攻撃をはじめるのは天文九年九月であるが、それに先立って尼子氏は強行偵察を行ない、また芸備の味方の補強につとめ、毛利氏側でもこれに対応する行動をとっている。尼子氏は天文九年六月下旬に、晴久の叔父国久やその子息らの新宮党を中心とする三千余人の部隊を備後口から侵入させた。かれらは出雲国赤穴（赤名）から当時尼子氏方であった三吉隆信領に入り、同氏の支城である三次南西方の志和地八幡山城に進出した。ここから、毛利氏と堅く結んだ宍戸元源の支城で可愛川を隔てた対岸にある祝屋城を攻撃したが、地勢が険阻なうえに強硬な抵抗にあって退却した。これは備後口からする郡山城攻撃の通路の偵察を行なったものである。

佐東銀山城の武田氏は先の光和が死没した跡に、同族で若狭国守護の武田元光の孫信実を後嗣として迎えたが、このとき、武田氏の強化に尼子氏宿老の牛尾・亀井氏らが本腰を入れた。尼子氏は安芸国における味方の吉川氏に対しても、兵を派して佐東銀山城の御番衆を勤めさせており、天文九年六月にも、骨折りではあるが今少しこれを続けてほしいと申しつけている（吉川家文書三九七号）。武田氏の麾下には佐東川（太田川）の河口付近に基地をもつ川の内警固衆がいて、大内氏が安芸国へ進出する海上ルートに妨害を加えることができた。当時、厳島神主友田興藤は大内氏に投降中であったが、尼子氏は武田氏を通じてこれを再び味方につくように誘っていた。また、伊予の村上海賊衆にも尼子氏は誘いの手を伸ばしていた。一方、毛利氏は安芸国西条盆地の尼子氏方拠点である平賀興貞の頭崎城を攻撃した。天文九年六月十六日夜中に毛利氏の譜代衆を中心とした精鋭部隊が、同城西方の造賀において平賀興貞の軍勢を打破り、頭崎城はその直後に陥落した（毛利家文書二八二号、閥閲録一七）。

毛利氏は尼子氏の大軍を迎え撃つ以前に、背後の敵の拠点をつぶしておく必要があったのである。

吉田郡山城攻撃の尼子勢は、出雲・伯耆・因幡・備前・美作・備中・備後・石見諸国と安芸半国から動員された兵三万であった。天文九年八月十日に富田月山城を出発した本隊は、熊野・三刀屋・掛合・頓原を経て赤穴（赤名）に至り、ここから備後路はさけて石見路をとり、都賀で江ノ川を渡り、口羽・川根と南下し、同年九月四日にはまず郡山城北方四キロメートルの多治比の風越山に本陣を置いた（毛利家文書二八六号）。郡山城は吉田盆地の北側にある比高二〇〇メートルの山城で、元就時代以前は東南の一尾根だけであったが（旧本城）、元就によって全山に郭が配置された。背後は谷や山が重なり、南方の正面には可愛川（江ノ川）とこれに合流する多治比川をめぐらせており、盆地のほぼ全域が見渡せる位置にある。原初的ではあるが城下町が形成され、裏小路もあった。この城に立てこもったのは、精兵二千四百人余に城下の農民・商人・職人を加えた八千人だという（吉田物語）。宍戸元源の孫隆家や志和の天野興定らも郡山に入城した。この城の東方の守りには宍戸元源が拠る五竜城、西南方には福原広俊が拠る鈴屋城を配し、また、南方には武田氏の動きを封ずるため三入の熊谷信直、八木の香川光景、志和堀の天野隆重をそれぞれ自城に拠らせた。

尼子晴久は同年九月二十三日に、本陣を郡山城の西南方二キロメートルの位置にある青山三塚山に移した（三塚山は青山とその西に並ぶ光井山の中間、やや平坦な地域の呼称だという）。青山と郡山城の間には多治比川の流れがあるが、幾筋かの田のあぜ道（縄手）が通じており、尼子氏は正面攻撃の態勢に入ったのである。ところが、尼子勢はこの三日後の同月二十六日、坂・豊島方面（向原町）に索敵行動に出た部将湯原宗綱が、郡山城救援に出向いたが入城に間にあわなかった竹原小早川興景と大内氏の先鋒杉元相の軍勢に遭遇し、これと郡山城から出撃した兵にはさみうちになり、宗綱以下数十人が討死し、攻勢の出端がくじかれた。同年十月十一日には、新宮党を中心とする尼子の精鋭が郡山城下に押寄せたが、このときは元就が先陣となり、全軍が青山山麓の尼子陣構えのきわまで押返した。毛利方は一人討死しただけなのに、尼子方は三沢為幸以下数十人の戦死者が出た（毛利家文書二八六・二八七号）。

天文九年十月十一日合戦の以後も各所で合戦が続いているが、尼子勢が総力を挙げての郡山城攻撃はもはやみられない。これは、救援の大内勢進出のテンポが速かったためであろう。青山には現在、山頂中心部の郭をはじめ全山各所に郭の遺構がみられ、その状況は西隣の光井山にまで続いている。尼子勢がこの山を郡山城攻撃拠点の向城とし滞陣したのは五ヵ月たらずであったのに、この間に想像を絶するような大土木工事を行なっていることは、いかに尼子勢が来援する大内勢との決戦に備えるため力を注いでいたかが察せられる。

大内義隆は天文九年九月には岩国にまで本陣を進めており、陶・内藤・杉三氏の兵を中心とする一万の軍勢を先遣する。この軍勢の大将は、前年病死した父興房の跡を継いだ二十歳の青年武者陶隆房（のち晴賢）である。この軍勢は同年十月四日、二、三百艘の警固船に分乗して厳島に着き、その夜は同島有浦の沖に船懸りをし、翌五日未明に広島湾東岸の海田と矢野浦に上陸した。かれらは温品から深川に抜け、ここから三田川沿いのいわゆる中郡道《なかごおりみち》を北上し、十二月三日には吉田盆地東端の山田中山に陣した。元就はこれより以前、厳島神社の大内氏方の御祈禱師棚守房顕を、隆房の斡旋で毛利氏の御師職にもしており、房顕によって大内氏の動静は刻々と吉田にもたらされていた（房顕覚書、房顕日々記）。

年が明け、天文十年一月十一日に陶隆房は陣を郡山城西隣の天神山に移し、いよいよ決戦のときが迫った。同月十三日の明け方、元就は、青山の尼子本隊には陶勢に牽制を依頼し、自らは郡山城の西側宮崎・尾長に三段に柵を構えた尼子勢に肉薄し、先陣の高尾、二陣の黒正の部隊を敗走させた。しかし、後陣の吉川興経の部隊だけは強硬に防戦し、勝敗が決しないうちに日没となった。一方、陶勢は正面の多治比川の渡河は避け、大きく南の山かげを迂回して背後から尼子の本陣を襲撃し、正面に気を取られていた尼子勢を慌てさせ混乱に陥らせた。このとき、出征直前には「臆病野州」とあざけられた晴久の大叔父久幸が先頭に立って奮戦し討死した。そのため、陶勢も有力被官の深野・宮川氏など多くの戦死者を出し、合戦は引分けとなった。

元就と隆房は再度の決戦を覚悟したが、尼子勢は一月十三日夜、雪の中を総退却し、途中追撃にあって多くの死者が出たが、晴久は都賀の渡しで本隊をまとめて帰国した。尼子氏が撤退した要因は、久幸はじめ戦死者の続出にかかわらず、郡山城攻略がはかどらないまま冬季を迎えて意気消沈し、大内義隆本隊との対決に勝算を失ったためである。ただし、撤退を急いだのは敵よりもむしろ味方の国人領主たちの離反をおそれたからであり、そうなれば兵糧の通路が断たれるだけでなく、本隊の帰還もおぼつかなくなるからである。

尼子勢の敗退によって哀れをとどめたのは、尼子氏南下の勢いに便乗して勢力の挽回をはかった佐東銀山城の武田氏と桜尾城（佐伯郡廿日市町）の厳島神主家である。武田信実は一時は尼子勢に呼応して軍勢を北上させたこともあったが、尼子勢撤退の情報を得ると、直ちに尼子氏から付けられた兵とともに出雲方面に逃走した。残された武田氏譜代衆が立てこもっていた銀山城も、同年五月十三日に大内氏の命をうけた元就が天野・宍戸・熊谷・香川氏らの協力で攻落した。大内氏の敵とも見えず味方とも見えないような態度をとっていた厳島神主友田興藤は、ついに同年一月十二日に大内氏と絶縁し、伊予の能島・来島村上氏の警固船三十艘ほどを呼寄せて厳島を占領した。これは尼子勢敗走の前日であり、たちまち同月十五日に厳島を大内方警固衆によって取返され、同年四月五日には桜尾城は大内義隆の軍勢によって攻落され、友田興藤は自刃した（房顕覚書）。ここに、鎌倉時代以来の由緒がある武田・厳島神主家両氏が歴史上から姿を消した。

郡山合戦における元就の比類なき戦功は大内義隆からも幕府に報告されたが、元就自身も使者を派遣して、天文十年二月十六日付で記した戦況報告書を宍戸元源の書状とともに、ときの幕府の実力者木沢長政のもとに持参させ、将軍足利義晴をはじめ管領細川晴元ら要路の人たちに披露させた。幕府の要路者は、領国を尼子氏によって追放され救いを求めていた赤松政村（晴政）に同情していた際なので、尼子氏を敗走させた元就の働きに大いに感動した（毛利家文書二八九～二九二号）。細川晴元から天文十年四月二十一日付で元就に返答した書状には、「天下にその隠れなく御高名の至りに候」との最大の賛辞が記されている（長府毛利家文書所収無銘手鑑）。

元就が郡山合戦の勝利で得たのは、中央での名声もさることながら、地元の芸備両国において敵味方を問わず一様に、かれこそこの地域のリーダーとなるべき人物だという認識をうえつけたことである。また、元就が広島湾頭に所領を得たのもこのときがはじめてで、瀬戸内海への発展のかれの夢がここから広げられる。かれは天文十年七月に、義隆から、先に大内氏から預置かれていた可部・温品を収公される代りに、それより南方の佐東郡緑井・温井・原郷・矢賀・中山の地を預けられた。また同じ時期に、嫡子隆元が四年余りにわたり周防国に滞在した辛労の報酬として大牛田・小牛田の地を預けられた（毛利家文書二五八・三〇二号）。これらは佐東川（太田川）下流から広島湾頭にかけての地域であり、武田氏麾下の警固衆の拠点でもあった。元就の毛利直属水軍川の内衆の育成はこのときにはじまる。

しかし、郡山合戦では元就は大内氏の麾下として戦ったのであり、部下の戦功を義隆に注進し、その証判をうけているほどである（毛利家文書二八八号）。郡山合戦直後に滅亡した武田・厳島神主両氏の遺領を没収したのは大内氏であって、佐東銀山・桜尾両城には同氏の代官が置かれてこの地域の監督に当っている。大内氏勢力が安芸国へいちだんと浸透したことによって、元就はその自主性を失って義隆の部将としての性格を強め、大内氏の実りなき出雲遠征に従軍させられることになる。

郡山合戦の直後、尼子氏側からの攻撃はたちまち反対に大内氏側からの攻勢へと流れが転じた。合戦終了後まだ一ヵ月ほどしか過ぎていない天文十年二月十六日付で、元就が合戦の状況を幕府に報告した注進状の末尾に、すでに備中・備後・安芸・石見のおおかたが大内氏の味方になっており、義隆は出雲へ乱入の準備中だと記されている（毛利家文書二八六号）。このようなとき、同年十一月十三日に尼子経久が八十四歳で死没した。かれはすでに老耄していたとはいえ、戦国時代に中国地方で最初におどり出たこの英雄の死は、尼子氏から大内氏への流れに拍車をかけた。

吉川興経は、尼子氏一味となって郡山合戦で毛利勢に頑強に抗戦したが、天文十年十二月にはすでに尼子方から大内方に転じており、義隆から、元就と相談して奔走するように、必ず恩賞に所領を与えるという書状をうけている（吉川家文書六二一号）。この時期に尼子方から大内方に転じたのは吉川氏だけでなく、備後国では三吉・山内・多賀山・宮氏、石見国では福屋・本城氏、さらに尼子氏の膝元出雲国でも三沢・三刀屋・河津・宍道・古志氏らに合わせて十数家が、国境を越え互いに情報を交換し、ともに大内氏方に参じ、その出雲遠征において先鋒をつとめることを申し入れ、新恩給与の約束までとりつけている。

義隆が率いる一万五千の大内氏の本隊は天文十一年一月十一日に山口をたち、安芸の国府（安芸郡府中町）で毛利氏をはじめ芸備の諸軍を合流させる。このとき、毛利氏では二十歳になった隆元が父元就と並んで参陣した。大内勢は北上し、吉川氏の本拠大朝新荘を経て同年三月初旬には出羽二ッ山城（島根県邑智郡瑞穂町）に着陣し、石見の諸軍を加えた。義隆は同年閏三月、吉川興経に対し、その本領の大朝・新荘・北方の知行を承認する安堵状をあらためて与え、さらに同年六月には寺原の地（山県郡千代田町）も還付して、その忠節を励ましている（吉川家文書三八六・三八七号）。

大内勢は江ノ川を都賀で船橋をかけて渡り出雲国に入るが、赤穴氏が尼子氏の援軍と立てこもった瀬戸山城（島根県飯石郡赤来町赤名）に阻まれ、これを攻落すのに同年の六、七両月を費した。ここから北上し三刀屋を経て宍道湖畔に進出するが、すでに十一月になっており、この年は同湖東南岸地域に諸隊が冬営し、富田月山城攻撃は来春にもちこされた。翌天文十二年、大内氏の主脳は富田月山城の西北方に聳える経（京）羅木山に本営を進め、一挙に攻撃する作戦をとった。元就は、尼子氏は譜代の精兵を温存しており、城は堅固でふところが深いから力攻めは不可であり、本営は相当な距離を置いたところに構え、尼子方内部に調略を施してから攻撃するよう再三申し入れたが、その意見はいれられず、かれは一部将にしかすぎぬ身の悲哀を深く味わされる。

大内勢の富田月山城の攻撃は天文十二年二月からはじまるが、元就はもっぱら部将として最前線で活躍する。元就が奮戦したのは同年三月十四日の富田城菅谷口（城の北側）合戦、ついで富田川が増水して対岸の城郭側に孤立した部下救出のための渡河戦、同年四月十二日の富田城塩谷口（城の南側）

などである。菅谷口・塩谷口両合戦で、隆元ははじめて父元就と連署の感状を出している（閥閲録一九・一一九・一三三、毛利家文書二八三号）。大内氏が攻撃をはじめてから一ヵ月半たっても成果が上がらなかった同年四月晦日に、元就がかねて心配していた事態が起こった。先に大内氏に降伏していた三沢・三刀屋・本城・山内氏などが互いに申し合わせて尼子方に転じ、つぎつぎと富田城内に逃げ込んだ。かれらの中には、元就が大内氏との間をとりもった吉川興経もおり、大内・毛利両氏の後援で備後神辺城主となっていた山名理興も加わっていた。今日から明日へと定めなく変るその貞節のなさは驚くばかりであるが、これも、一族家臣を抱えて変転する世を生き伸びなければならぬ国人領主の宿命かと同情もされる。しかし、かれらの不幸な末路を知るとき、このときの行動は軽率であったといわざるを得ない。

麾下の国人領主から多くの裏切者が出た大内勢は、兵糧の道だけでなく退路まで断たれることをおそれ、同年五月七日総退却をはじめた。大内氏の本隊は中海に臨む揖屋《いや》に退き、ここから海路をとろうとした義隆の養子晴持は、小舟から大船に乗移る際海中に落ち溺死するが、義隆は宍道に至り、石見路をたどって山口に帰着している。陶隆房は殿軍をつとめて敗残の兵の収容につとめ、その勇気ある行動は、この戦いに、義隆でなく隆房が大将であったならこうまで負けなかったものをという考えを大内勢に与え、これが、この後かれが武断派の頭目として推重される伏線をなしているとみられる。

大内氏外様の諸部隊の撤退はいっそう困難をきわめ、沼田小早川正平は同年五月九日、出雲西部の鵜巣川（出雲市林木）で伏勢にあって命を落している。毛利父子は陣所撤去の際、つけてきた尼子勢を追返し、翌八日には出雲西部の古志・後浜で伏勢と戦い、石見国に入っても大江坂七曲で尼子方勢に追撃され、渡辺通が元就の身代りに立って討死するなどの苦難をなめた。波根（太田市波根町）に至って、やっとここに山砦を構えた波根氏の庇護で村内の寺院に数日滞在し、さらに三原村（邑智郡川本町）を迂回し吉田に帰還することができたが、これも、温湯《ぬくゆ》城主小笠原氏が通過を黙認する好意を示してくれたからである。山内家には、元就が敗走のとき、備後国の同氏を頼り甲山城に身を寄せたので、三十六人の家臣に吉田まで護送させたとの伝えがある。このことは、毛利勢敗走の方角から信じられないが、このときの護送の功によって、山内氏から毛利氏の直臣に移ったと伝える河北・八谷氏らがあり、山内氏から家臣を派遣して毛利勢の帰還に援助を与えた事実は存したであろう（閥閲録一三・一〇五・一〇六）。毛利氏にとって、大内氏の遠征に相伴させられたことは大きな損失のごとくである。しかし歴史の流れは皮肉なもので、後から眺めればこの遠征の失敗があったからこそ、この後、毛利氏は大内氏から芸備両国の経営を委任される形になり、独自の戦国大名への道を進むことができたといえる。

四　戦国大名への道——隆元——

大内氏の遠征失敗で、同氏の本領以外の地域がたちまち尼子方一色に塗りかえられたのに、安芸一国と備後国の一部が大内方にとどまったのは、全く郡山合戦で勢望を高めていた元就が生きて帰還できたためである。元就は帰還早々の天文十二年六月初めに、天野興定と誓紙の交換をするなど国人領主らと盟約を固めなおした（天野毛利文書）。大内氏が同年七月、弘中隆兼をこの地方の代官として槌山城（東広島市八本松町）に再び配置できたのも毛利氏の援護があったからである。同じころ、武田氏の遺族が佐東銀山城西北方の伴《とも》（広島市安佐南区沼田町）で反乱を起こし、そのままでは、大内氏の山口への表玄関に当る厳島を含む神領郡（佐伯郡）や佐東郡が混乱したが、これも毛利氏だけの力で鎮定している（毛利家文書二五一・二六〇号）。

大内・毛利氏の援助で勢力を固めていた備後神辺城主の山名理興が、率先して尼子方に転じたため、同国南部における大内方勢力は一朝にして消滅し、逆に尼子氏と結んだ理興の兵が、天文十二年七月には大内氏麾下の沼田小早川氏領北部の安芸国椋梨（賀茂郡大和町）にまで侵入した（閥閲録一四）。翌十三年には尼子氏の南下は激化し、同年三月、備後国田総（甲奴郡総領町）で尼子勢が毛利勢と合戦しており、同年七月には尼子晴久自ら三次北方の布野（双三郡布野村）まで進軍してきたため、ここで毛利氏は、当時大内方にとどまっていた三吉氏の協力を得て、味方に多くの犠牲者を出したがやっと撃退している。また、同年十月には新宮党を中心とする尼子最強の軍勢が安芸国に深く南下し、沼田小早川氏の高山城を一時包囲攻撃している。

大内・毛利氏の反撃はまず備後国の奪回であり、神辺城を攻落すことであった。しかし、これには天文十二年から同十八年まで数ヵ年以上もかかった。大内氏は、西条守護とよばれた槌山城城督の弘中隆兼に安芸・備後両国を管理する権限を与えている（大願寺文書四四号）。しかし、同氏は備後国奪回に当っての軍事統轄権は、弘中氏には同国南半沿海部の外郡だけに限定し、同国北半内陸部の内郡は元就にまかせている。ところが、備後外郡においても沼隈郡山田（福山市熊野町）・草戸（同草戸町）に所領をもった渡辺兼《かねる》のように、たとえ身上が失われようとも弘中氏方には付かず、元就に従属したいと強く望むものがあった。それは兼が毛利興元時代に吉田に招かれ、まだ庶家多治比殿であった元就と兄弟のごとく親交したからだというが、現実にはこの時期に備南にまで元就の勢望が及んでいたことを語るものである（渡辺三郎左衛門直家譜録）。

元就の三男隆景（徳寿丸）が天文十三年十一月、三年前の同十年三月に佐東銀山城攻撃の陣中で病死した竹原小早川興景の後嗣となって、その本拠木村城（竹原市新荘町）に入った。竹原小早川氏は沼田小早川氏の庶流に当るが、ほとんど独立した国人領主で、竹原から音戸瀬戸に至る芸南一帯を領有し大内氏と強く結びついていた。大内義隆は興景死没の直後から、元就にその子息を竹原小早川家の跡取りに入れることを勧めていたらしく、同十年十二月に、なんの遠慮されることはない、その実現の報せを待つといい、翌十一年七月に、あれだけ勧めたのにまだ遠慮しているのは心得ぬことで、竹原家の家人たちも強く懇望していることだし、承知されるようにと申し送っている（毛利家文書二一七・二二八号）。こうして三年を経て実現をみたが、これも備後の沿海部から神辺城攻撃を推進する先鋒隊として竹原小早川氏を強化しておこうとする大内氏の意図があり、これを元就もうけいれたものといえる。この時期の元就のもどかしいほどの慎重さを、これから五年ほど後に次男元春を吉川氏に、隆景を沼田小早川氏に、養嗣子として送り込むときのかれのすさまじいまでの強引さと比べて、同一人物の行動とは思えないほどの相違がある。しかし、これも義隆の権威の凋落、陶氏クー・デター計画の進行という情勢の推移に対応する元就の変り身の速さを示すものであろう。

元就は天文十四年十一月、四十九歳のとき二歳年下の正室（妙玖）に先立たれる。かの女は吉川国経の娘であり、その結婚は元就がまだ庶家の多治比殿時代であった。かの女との間にはすでにこのとき二十三歳の隆元、十六歳の元春、前年竹原小早川家に養嗣子に入った隆景（徳寿丸）がおり、また、隆元のすぐ下の娘がすでに五竜城主宍戸隆家に嫁していた（五竜局）。さらに隆元の上に少なくとも一人の娘がいて、二歳で高橋氏へ養女に出されたが、高橋氏の滅亡とともにこの娘の消息は知られない（毛利家文書一九一号）。この正室の俗名はわからない。元就が後年子息らに与えた手紙の中で、亡妻を想起してしばしば妙玖《みょうきゅう》と呼んでいるのは、かの女が死没したときつけられた法名の成室《じょうしつ》妙玖によるのである。

翌天文十五年（一五四六）六月前後に元就は隆元に家督を譲る。これは五十歳になったかれが、妻の死を機に世間並に隠居したのであろうが、その真意は、隆元を毛利氏の当主として表に押出すことによって家中の活気をよみがえらそうとしたのである。元就は同年五月二十七日付で隆元の後見をつとめる宿老の志道広良に送った書状の中で、自分ははや家中の者たちに飽きられたし、幾度の戦闘結果のたびごとに与えた扶持もまちまちなため不平をもつ者も多かろう。だが隆元が当主になれば珍しさもあり、家中の期待感も高まり、有用の士を扶助することもやりやすくなるといっており、家中の人心一新にねらいがあったことが知られる（毛利家文書五八七・五八八号）。元就は大内氏の出雲遠征の際、隆元と肩を並べて出陣し、天文十二年四月に両人連署の感状を出していることは先にふれたが、その前年の同十一年十一月に、すでに家臣に与えた知行宛行状に両人が連署している（閥閲録一二八）。かれは数年前から隆元を押立てることを心がけていたのであり、家督を譲って後は、知行宛行状にもまず隆元が署名し、かれが副署するように変る。

しかし、このときの元就には家督は譲っても毛利氏統轄の実権を手放す気持はなかった。この時点では、備後国から尼子方勢力を排除するのに全力を注ごうとしている最中で、戦闘の激化が目に見えており、かれにとって隆元の武将としての独り立ちが待たれるときであった。かれは先の志道広良に与えた書状の中で、隆元は在山口以来大内風に染まっているが、いまは和歌も連歌もなにもいらず、ただ弓矢のほかは役に立たず、少しでも油断があれば身がもたぬ時勢である。隆元に鷹狩に山野に出て鍛えるように意見をしてほしいといっている。元就はこの後も、隆元が若殿（殿様）と呼ばれたのに対し、大殿（上様）といわれて毛利氏全体の意志を代表していた。郡山城内の居所も、隆元が城の西南麓の尾崎丸に住し尾崎殿と呼ばれたのに対し、かれは山頂の本丸に居を占めて、かさ（嶝）殿とも称せられている（毛利家文書五三九号等）。

元就は次男の元春を初めは毛利家内部にとどめておこうと考えていたらしく、その十四歳の天文十二年八月に元服させるが、かれの兄隆元に加冠しその一字を与えさせている。かれはこれによって元春と名のることになったが、これは兄に臣従する立場に置かれたのである。翌天文十八年十二月には、元就の庶弟で吉田の北方の北の地（高田郡美土里町）に所領をもつ北就勝に実子がなかったので、その跡を元春に継がせる約束もできている（吉川家文書四一六・四一七号）。ところが天文十五年になると、毛利氏と縁戚関係にありながら、一時は最大の敵対勢力となっていた西隣の吉川氏に、元春が養嗣子となって入る気運が生じた。

大内義隆は天文十二年八月、大内氏を裏切って尼子氏の富田月山城に逃げ込んでしまった吉川興経の伝来の所領を、すっかり元就に与えた（毛利家文書二五九号）。しかし、元就は大内氏にとりなして、興経が吉川氏当主として富田月山城から帰国することを許した。これはおそらく、吉川氏の留守をし行政の実権を握っていた興経の叔父吉川経世と、宿老森脇祐有から懇願されたためであろう。興経は軍事では優れた武将であったが、それだけに傲岸《ごうがん》な人物であったらしく、経世・祐有に感謝しないばかりでなく、行政の実権をかれらから奪い寵臣の大塩氏に任せてしまったので、この両人らの強い反発をかった。

経世・祐有らは大塩氏を討取り、吉川領南部の寺原の与谷《よたに》城（山県郡千代田町）に立てこもり興経に対抗したが、この両人は長く吉川氏の行政権を握っていたので家中の大半がこれに味方し、興経は手が出せなくなった。このようなとき、天文十五年七月ころから、経世・祐有らの側から興経を隠退させ毛利氏から元春をその養嗣子に迎える案が出された（吉川家文書四二三号）。これは当面には元就が受身のようにみえるが、裏面では相手方の家中を二分させその間隙につけ入るという、かれ得意の調略を吉川氏内部にも実行していたのであろう。翌年二月には興経も元春を養子に迎えることを承諾させられるが、毛利氏側が次第に厳しい条件を出したため、両家間に契諾が成立したのは同年閏七月であり、その翌月には興経は本拠の小倉山城（山県郡大朝町新荘）を退去し、毛利領内の布川《ふかわ》（広島市安佐北区高陽町深川）に幽閉の形で隠居させられてしまう（同上四一八〜四二八号）。元春は天文十七年六月にはまだ吉川氏領に入部していなかったが、すでに吉川氏当主としてその家臣らを率いて備後神辺城の攻撃に加わっている（同上五〇七号）。

吉川家を継ぐ手続が進行中の十八歳の元春は、天文十六年七月に熊谷信直の嫡女との結婚がきまっている。それについて、この結婚は元春自身から元就近臣の児玉就忠に申し出たものだという。就忠は驚いて、彼女はまたとない悪女と聞いているが、もし容色美麗とお聞き間違いではないかといった。そのとき元春はにっこと笑い、自分はそれを存じているからいうのであって、信直はその志に感悦してくれるだろう。自分は信直と轡《くつわ》を並べて毛利勢の先陣を進みたいのだと答えたという伝えがある（陰徳太平記巻一六）。ところがこの伝えには裏付けがある。元就は同年七月十日付で結婚申し入れを受諾してくれた信直に対し、犬のように幼稚な元春であるがどうか扶助してやってほしいと書き送った礼状の中で、またこの結婚のことは、元春が信直の屋敷に参上してから元春自身から申しかけたので、自分はなにも知らなかったが、あつかましくも申し入れたのだと記している（熊谷家文書一二六号）。熊谷氏は毛利氏の南隣に所領を接する鎌倉時代以来の国人領主で、信直は祖先の熊谷直実を思わせる剛勇の士であった。かれはすでに毛利氏の麾下に入っていたが、さらにこれと堅く結ぶことは毛利氏発展のため望まれた。実際に、この後信直は元春のため一身をなげうって奔走する。

備後神辺城の山名理興は、城が堅固なうえ守護の伝統を継いで同国南半を領国化する野心をもって勢力を扶植しており、出雲との国境には尼子勢が救援のため陣を張っていたので、大内・毛利方は持久戦をとらざるを得なかった。大内氏は、竹原小早川・因島村上氏らの海上勢力を動員して備後沿岸部から攻撃を進めていたので、隆景は竹原小早川家を継いでまもなく鞆に在陣を命ぜられている。元春も吉川家を継ぐと、その家臣を率いて神辺城攻撃に加わったことは先にふれた。大内・毛利氏の備後山名氏に対する本格的な攻撃は天文十六年からはじまるが、同年十二月末に大内氏軍奉行の一人小原隆言《たかこと》は毛利隆元に宛てた書状の中で、先日、元就と西条盆地北部の志和において参会し作戦を打合わせてから、まず備後外郡に出向いて敵勢力切り崩しの調略に寸暇も得ないと報じている（毛利家文書三〇五号）。神辺城総攻撃は、翌十七年六月に大内・毛利両勢力が合体して決行されるが、陥落させることができず攻撃は翌十八年まで続けられる。しかし同城が孤立化したので、攻撃は平賀隆宗が対塁を築いて一手に引受ける。隆宗は同年七月陣中に病死するが、平賀勢は同年九月にこの城を攻落す。山名理興は夜陰にまぎれ出雲に逃れるが、尼子氏の下でも優遇されず、のち毛利氏に降って弘治元年（一五五五）に神辺城に帰ることを許され、毛利氏の先鋒として備中進攻を計画中、同二年春に死没してしまう。

大内・毛利両氏協力の備後国制圧に一段落がついた天文十八年に入って、元就は元春・隆景を伴って山口を訪問した。かれらは同年二月十四日吉田をたって同月二十六日に山口の宿舎に入り、山口滞在は同年三月一日に義隆の屋形に出頭してから同年五月十八日に及び、その間、義隆はじめ大内氏重臣たちと饗応接待を重ねて親交している（元就公山口御下向の節饗応次第）。この訪問は表向きには、元就から隆元への相続、元春・隆景の吉川・竹原小早川氏養子相続などが承認された礼を述べ、また、これまでの恩遇に謝意を表すためであった。しかし、実際には義隆によって進められている山口のきらびやかな文芸復興の様相にじかにふれると同時に、文事だけにいらぬ費用をつぎ込み武事を怠ることに不満をもつ陶氏ら武断派の不穏な動きが、どこまで進行しているかに探りを入れようというねらいがあったのであろう。

在山口の経験者である隆元は、出発直前の隆景から山口での作法について教えを請われたのに対し、とにかく参考になる巻物二つを進呈するからよく下調べするように、なにごとも元就・元春と再々日夜談合されたい。しかし、山口通の興禅寺住職も同行するので相談したらよいし、在山口の公卿小槻伊治・持明院基規にも別に依頼している。とにかく、義隆屋形の座中での作法が肝要であると教えている（毛利家文書五八五号）。出発前の元就一行は、大内氏の公家流化した作法に気をつかっていたのである。義隆の元就一行に対する接待は懇切で、それだけかれが毛利氏を力と頼んでいたことが察せられる。このときは吉田に留守居していたがすでに二十七歳になっても妻帯していなかった隆元に、義隆が大内氏宿老内藤興盛の娘を養女としてめあわせることにきめたのも、その好意の表れである。この結婚は元就一行が帰国後まもなく執り行なわれたもので、同年十一月、興盛から隆元へかれが京都船岡山合戦以来着用の鎧を贈っているのも、神辺城陥落の勝利にことよせているが、花婿への贈物の意が込められているのであろう（同上三〇六号）。

陶隆房の義隆を廃し大内氏の実権を握ろうとする陰謀は、元就山口滞在の時期には相当進んでおり、毛利氏を味方に誘う接近ぶりも激しかった。反陶氏側では、毛利は隆房が陰謀相談のため呼び出したのであり、毎夜かれの使いの小者（悴者《かせもの》）が毛利旅宿に文箱をもって通っていると噂していた（毛利家文書一五五六号）。隆房は山口滞在中の吉川元春に天文十八年四月三十日付で書状を送り、今度はこちらでしばしば参会でき本懐である。今後も余すところなく甚重に申談じたいと記しており、その毛利方への接近が並々でなかったことが察せられる（吉川家文書六〇八号）。元就は、隆房の毛利への接近ぶりといい、また、隆房が大内氏の御家人武士の大小老若を問わず味方につけただけでなく、領国中の土民・商人まで手下に引入れ、そして義隆に日夜召使われる若手の衆までも引入れているという噂を耳にし、これまで大黒柱ともたのんできた大内家の転覆が近きにあることを実感し、戦慄《せんりつ》を覚えて帰国したに違いない。

山口訪問を終えた元就は、翌年の天文十九年には慎重そのもののかれとは人が変ったようにつぎつぎと厳しく決断し、冷酷とさえみられる行動を起こしている。元春は吉川氏を相続した後も吉川氏領内に入部していなかったが、同年二月、元就はそれまでに吉川氏家臣らの知行替を注意深く行なって後、毛利家譜代の家臣から福原元正・桂元貞ら三十六人を随従させて、元春を大朝新荘の小倉山城に入城させる。それでも前主の興経が生存しているうちは不穏の種がたえないと考え、興経が服従の起請文を差出しているにかかわらず、同年九月布川の居館を襲撃させ、興経とその子千法師を殺害しその血統を断っている。

この年、元就は隆景を竹原小早川氏の惣領家に当る沼田小早川氏の養嗣子に入れている。先年、竹原小早川氏に入れるときには、義隆からの強い勧めにかかわらず遠慮勝ちであった元就が、この度は主導的で相当強引にことを運んでいる。沼田小早川氏では、大内氏の遠征に従軍した正平が退却途中で討死した跡は嫡子又鶴丸（繁平）が継いだが、かれは不幸にも盲目となったうえ、尼子方内通の疑いもかけられ、大内氏の西条代官によって本拠の高山城から他所に移されるという不遇であった。このため沼田小早川氏の家中には、乃美隆興一派のように、備後出撃で武功のあった竹原小早川隆景を又鶴丸の妹にめあわせて養子に迎え、両小早川氏が合体し毛利氏の後楯を得ようとする動きがあった。これには沼田小早川氏の血脈を守ろうという田坂全慶らの反対があったが、同年十月ころには、元就は乃美氏らと提携し反対派を押切って隆景に沼田小早川氏を継がせたとみられる（小早川家文書一二〇号）。又鶴丸は自ら薙髪し、禅宗に帰依し教真寺という山寺に入ったため、吉川氏のような悲惨さはなかったが、田坂全慶一派は討伐をうけ滅亡している。隆景が高山城に入城するのは翌年十月であるが、このときかれには、竹原時代からの岡就栄らのほかに桂景信・粟屋盛忠・井上春忠・八幡原元直ら相当多数の毛利氏譜代の家臣が随従して沼田小早川氏に移っている。

元就は元春・隆景を吉川・小早川氏に入れて両翼を固めた同じ年の七月十三日に、毛利本家においても家中衆の中で同族が繁衍し、武功者も多い井上一族の中で、驕慢で主命に従わず横暴な同家惣領元兼を中心とする三十余人を誅戮し、家中の引締めを断行する。井上衆誅戮の理由は、元兼らが恒例の出仕を怠り、評定のための呼出しにも応ぜず、段銭などを納めず、陣立・供使や城誘《しろごしらえ》などの課役を果たさないこと、さらに他人の所領を横領し、喧嘩をしても主家の成敗に従わず、そのよこしまな権勢に家中の武士たちはじめ民百姓・商人たちまで迎合する状態となったことであるという（毛利家文書三九八号)。

井上氏は南北朝時代から吉田盆地南部に本拠を置く土豪で、元就の曽祖父凞元時代に毛利氏と婚姻関係をもち、弘元時代には、元兼の父光兼が毛利氏の紋を使用することを許され同紋衆に列している(閥閲録九三)。ところが、元兼が明応六年(一四九七)弘元から給所を与えられてからは近習並の奉公を誓い、毛利氏の譜代家臣としての性格を強めた(毛利家文書一六五号)。その後元就の宗家相続の際、かれを郡山城主に迎えたいと願出た井上衆五人を含む宿老十五人の中から、尼子氏と内通し元就抹殺の陰謀を企てるものが出たのに、惣領元兼はじめ井上衆はそろって元就を支持してかれに恩を売った。これが元兼に元就を今日あらしめたのは自分だとの自惚《うぬぼれ》をもたせた。

井上氏惣領家は四百貫(収納高四百石)を越える本領のほか公領の代官職をもち、郡山城下の三日市で商人から通行税(駒足銭)を取り立てる権限までもち、それに武功によって膨張した一族の所領を合わせれば、莫大な経済力である。元就が井上衆の罪状として挙げたほとんどは、譜代家臣として負うべき義務を果たさないことであるが、元兼らはすでに主家をないがしろにしこれを放棄している。かれらは傍輩の所領や社寺領を横領し、しかもかれらの権勢に家中の武士や百姓・商人まで迎合している。元就にとって、かれらはすでに黙止できない存在になっていた。元就は弘元の死後父から譲られた所領を井上一族に一時横領されていたこともあり、井上の者たちの横暴には、興元死去以来四十年近くも堪忍を重ねてきた。かれは同年十月隆景に送った書状の中で、その口惜しさ無念さがいかほどであったかを考えてみてほしいといい、しかし、これは自分の代でためなおし、これを隆元の代にもちこさないために決断したのだと記している（毛利家文書五七六号）。

元就は同年八月、大内氏の宿老内藤興盛に対し、その娘の隆元夫人を通して井上衆誅伐の詳細を報告した中で、この誅除はすでに天文五年（一五三六）に西条代官弘中隆兼を通じて義隆に伺いをたてていたが、そのころから、尼子勢の安芸国への南下や大内氏の出雲遠征などの軍事に追われ果たさないでいた。しかし、今やかれらは山名殿内の垣屋、赤松殿内の浦上にも似た存在となり放置できなくなったといっている（毛利家文書二九八号）。大内殿内の陶とはいっていないが元就が決断した直接の原因は、前年山口で見聞した陶氏の下剋上の姿であったに違いない。井上衆誅伐は隆元から直ちに大内氏に報告しており、同年七月二十五日付で正式の承認を得ている（同上四〇〇号）。これとは別に同月二十三日付で義隆から元就宛の書状があり、それには遠慮をめぐらせて井上の者どもを討果たした由、ことに一人も漏らさず存分にまかせたこと賢慮奇特で御一家長久の基だといっている。すでに陶氏の大内家乗っ取りを身に感じていたに違いない義隆が、これをどのような気持で記していたのであろうか（長府毛利家文書無銘手鑑）。

井上衆の誅伐から七日目の天文十九年七月二十日付で、福原貞俊はじめ毛利家中の二百三十八人が連署の起請文を元就・隆元に提出して、今度の処断は当然であり、われら一同は表裏別心を抱かず、今後は主家の命令に一切従うことを誓った。これこそ元就が期待したところである（毛利家文書四〇一号)。この起請文の中で目をひかれるのは、元就が上様と呼ばれ、毛利氏の評定の場を「公儀」と呼ばせていることである。大内氏麾下の毛利氏からすれば、公儀は大内氏にあったはずであるが、これは、今や大内氏とは独立して自ら公権力確立の自信を得たことを意味している。

毛利家中衆は元就の家来であると同時に、それぞれが被官・中間・下人を抱える小領主で農業経営者でもあった。それ故、自領の田畠に引水する井手溝の管理に関心が深く、このときから十九年前の天文元年七月にも、主だった家中衆三十二人が寄合って元就に起請文を出しているが、かれらは洪水で混乱した井手溝の改修普請に当り調停者となり、また互いの被官・中間・下人の逃亡の際、もとの主人に返付する保証人となるなど、元就を共同利益の代弁者と仰いでいる(毛利家文書三九六号)。ところが今度の起請文の中では、「井手溝道は上様のなり」と記され、元就への権力集中が認められていることが注目される。

井上衆誅伐で家中をためなおし、公儀としての権力を明確にした毛利氏では、最高権力はまだ毛利の手元にとどめたが、所領の打渡や裁許など庶政を行なう機関として、隆元の下に直結して五人奉行が置かれた。それは譜代衆名家の出身である赤川元保・国司元相・粟屋元親に元就の近習役である桂元忠・児玉就忠を加えた五人であり(閥閲録一六四)、このコンビは永禄年間の初めまで続く。毛利氏はこの時期から戦国大名への道を一歩前進したのである。

第八章　厳島合戦前後——毛利両川体制の形成——

一　義隆の滅亡と元就の去就

ここで眺めようとするのは、大内義隆滅亡の天文二十年（一五五一）から厳島合戦をはさんで、毛利氏防長両国征服の弘治三年（一五五七）までの七年間で、長くはないがこの間は毛利一族にとっては苦悩と緊張の連続であり、同時に大いなる発展の態勢を整えた時期である。

元就が陶隆房のクー・デター計画に本腰を入れて協力するようになるのは、天文十九年半ばからであるとみられるが、すでにその前年の山口滞在中に、かれは義隆をはじめ大内氏重臣らとの饗応による接触・応対を通して、これでは駄目であり、義隆の栄華も長くはないと見切りをつけていたに違いない。義隆も初政は軍事に関心を示したが、天文十二年の出雲遠征の失敗以後は、それを全く忘れ去ったかのように、京都から公卿や芸能人たちを招き寄せて、文学・芸能や公家的生活に耽溺するに至った。

大内氏は領国が大きく、明・朝鮮との貿易にも独占的な地歩を占めており富力があったが、戦国時代たけなわのこの時期に、義隆が軍事を捨てて文事に没頭したことは重臣たちの反感をかった。ことに、かれが文治派というべき外様出身の相良武任を寵用し、これに政治を任せたため、譜代重臣の筆頭で武断派の陶隆房は武任と対立し、ついには義隆とも反目するようになった。大内譜代の重臣中でいちだんと勢力があった陶・内藤・杉三家のうち、杉重矩は最初隆房に対抗上、隆房に謀反心があることを相良武任を通じて義隆に訴えていたが、天文十八年冬には反転して隆房と結んだ。それで翌十九年には陶・内藤・杉の重臣連合ができ、義隆を当主からおろし、当時六歳の義隆の子息の義尊を擁し、かれらが大内政治を牛耳ろうという陰謀がまとまり、毛利氏にもそれに加勢するよう働きかけてきた。

陶氏のクー・デター計画の内容が毛利氏方に伝えられていたことが知られるのは、天文十九年八月二十四日付の隆房から吉川元春に送られた書状で、義隆と自分の間はすでに決裂して赦免してくれないので、義隆をおろして若子（義尊）を当主に取立てるべき心中で、これは杉・内藤とも相談ずみである。そのときは協力してもらえれば本望であり、お望みの件はいささかも疎略にしないというのである（吉川家文書六〇九号）。ところが、隆房はこれと同日付で毛利隆元・元就宛の書状も出しており、それには、こちらでのこと杉・内藤と協議し「彼」を取立てることに決定した。内々にまえから相談している筋目を関係各人によく仰せ談じてほしい。天野六郎（隆綱）に対する書状も伝達願いたいというのである。この隆綱（興定の嫡子）宛の書状は、元春宛の書状と全く同じ内容であり、ここに

「彼」を取立てるといっているのは義尊のことで、すでに義隆を引きおろすことがこれより以前に毛利氏に知らされていたのである。また、これより二日前の同年八月二十二日付で隆元・元就から天野隆綱に送った書状には、今度申し談じていることについて所領などお望みのこと心得た。いささかも相違しない。このことは陶方へも堅固に申し達しているといっている（天野毛利文書）。これらによって、この時点ですでに元就・隆元父子が、陶氏のクー・デターに相当に深くかかわっていたことが察せられる。

　山口では、義隆・相良武任は天文十九年九月十五日の今八幡宮と周防三宮の例祭に、恒例の参詣を取りやめるが、それは、この祭礼のとき陶方の襲撃があるとの風聞がひろがったためである。隆房は同年十一月二十七日には暇を請うて本拠の富田《とんだ》（新南陽市）に去り、以後出仕せず不穏な状態となった。義隆は翌二十年一月二十七日に、西条守護の弘中隆兼を使者として元就のもとに遣わし、もし山口で乱が起こったときは速やかに来援されたいと依頼している。しかし、毛利氏では早くから陶氏との結託を進めていたのであり、隆兼とてもすでにこのとき陶方に内応していたとみられるので、義隆は全く頼むべからざるものに依頼していたのである。

　隆房が兵を挙げ富田から山口へ攻め入るのは天文二十年八月二十八日であるが、それより八日以前の同年八月二十日に陶・毛利両氏は申し合わせ、陶勢は厳島と神領郡（佐伯郡）を占領し桜尾城を明け渡させるが、これと同時に、毛利勢が吉田から出張して佐東郡を占領し、佐東銀山城から大内氏の城番を退去させている（房顕覚書）。毛利氏は翌二十一年二月に、佐東郡内のほとんどの在所を含む知行注文を陶氏の安芸国代官の江良房栄に差出し、同年五月、これを新大内氏当主の義長からも承認されている（毛利家文書二六一・二六二号）。しかし、佐東郡の実質的支配権は、毛利氏が陶氏のクー・デターに荷担した際に取りつけた条件であって、これ以後、佐東川（太田川）下流域で広島湾頭のこの地を、毛利氏は瀬戸内海全域への発展基地として経営を進めることになる。

陶氏の反逆はその進行につれて、天文二十年五月中旬ころから、義隆を隠退させその子息義尊を取立てるのではなく、父子ともに抹殺し、義隆の姉の子で豊後大友義鎮の異母弟の八郎晴英（のち義長）を迎立する方針に変更した（大内義隆記）。陶勢は同年九月一日には、義隆父子らを長門国大寧寺（長門市深川町）に追詰め主君を弑すという行為に及んだ。計画が義隆抹殺に変更されたことは、毛利氏側にどれほど諒解がとられていたか判然としない。しかし、毛利一族中でも義隆を岳父とする隆元などは、主君を弑した隆房はその報いをうけるのが当然だとの憤りをもっており、これが二年半後に毛利氏が陶氏と対決するときの名分となる（毛利家文書六六二号）。晴英は天文二十一年三月に山口に入り、新大内氏の当主となり、隆房はその一字を与えられ晴賢と改名し、晴英は同年四月ころから大内義長と名のるようになる。

毛利氏は新大内（陶）氏の麾下には入ったが、これまでの毛利氏の支柱となってきた義興・義隆時代の大内氏はすでに過去のものであり、今は一時も早く自立する力をもつことが必要となった。元就にとっては、西の新大内（陶）氏と北の尼子氏の間にあって、芸備両国を支配する独自の勢力圏を打立てることが急務であり、そして、かれは今後二年半で一応これを達成するのである。

毛利氏は義隆滅亡四日後の天文二十年九月四日に、義隆党の平賀隆保が拠る頭崎城（東広島市高屋町）を攻落す。平賀氏では天文十八年七月、当主隆宗が備後神辺城包囲の在陣中に病死した跡を、隆宗の祖父弘保らは、隆宗の弟新九郎広相に継がせたいと希望した。ところが、義隆がこの相続に干渉し、平賀氏家中の反対を押切って、小早川正平の従兄弟に当る亀寿丸を隆保と名のらせ平賀氏を継がせた。隆保の実父小早川常平が尼子氏に通じ天文十年に自殺し、その子兄弟三人が捕えられ山口に人質となっていたが、隆保は才気があって芸能に秀で、義隆に寵愛されていたのである（大内義隆記）。隆保は頭崎城から逃れ、これも義隆党の菅田宣真らが立てこもっていた西条守護所があった槌山城（東広島市八本松町）に入ったが、この城も毛利勢によって同年九月十一日に攻落され、隆保は自刃した。元就は隆保跡の平賀氏を弘保らの希望通り広相に継がせた。

元就はまず天文二十一年三月に、平賀広相と小早川隆景の間に兄弟の契約を結ばせる。平賀・小早川両氏は領分が接していたため、これまでとかく闘争を起こしがちであったが、翌二十二年二月十日には、さらに両氏の被官・中間らが喧嘩したり、互いに領分に逐電したときも、相互に連絡しあうことを誓いあう一揆契約を結ばせている（平賀家文書一〇五・一〇一号）。この契約は隆景・広相がともに毛利氏の本拠吉田に出向いた際に結ばれたもので、また同日付でこの両人に毛利隆元が加わって、この後はどのような大事が起こっても三家が互いに尽力し合おうという同盟が結ばれている（平賀家文書九五号）。志和の天野氏はすでに早く大永五年（一五二五）から毛利氏と堅く結んでいるが、これに平賀氏が加わって、毛利氏の安芸国中央部の押さえは万全となった。

西条盆地から海田湾に流入する瀬野川流域を領有し、鳥籠山城《とこのやま》（広島市安芸区中野）に拠る阿曽沼隆郷も義隆党であった。毛利氏は天文二十年九月初め、熊谷信直・桂元澄を海田に出張させてこれを攻め、同時に北方からも久芳（賀茂郡豊栄町）の領主久芳賢直らに攻撃させている（熊谷家文書一六七号、閥閲録一一七）。隆郷が義隆とどのような結びつきがあったかは判然としないが、隆元が山口滞在中の天文七年一月に隆郷とも年頭の礼を交わしており、隆郷も山口にあって義隆に親愛されていたのであろう（毛利家文書三九七号）。阿曽沼氏の場合は最初だけは抗戦するが、すぐ家中から態度変更の動きが出て、当主隆郷を隠退させ、その弟広秀を当主に立てて陶・毛利方に降伏を申し出る。そのため阿曽沼氏は存続を許され、西条盆地にもっていた所領だけは没収されるが本領は安堵された。ただし、隠居した隆郷は阿曽沼氏宿老の手で抹殺されたという悲惨な末路が里人の間に伝えられている（奥海田村国郡志御編集下しらべ差出帖）。阿曽沼氏の存続は全く元就の好意ある取計いによったのであり、新当主広秀の名前も平賀広相の場合と同様に、毛利氏の祖先大江広元の広の一字を与えられたものと推察される。このとき、阿曽沼氏の家中にも両井上氏・山本氏など毛利氏の譜代家臣が送り込まれており、同氏の毛利氏麾下としての立場が固められている。

新大内氏が陶氏のクー・デターの後始末に追われていたときに、尼子氏の勢力は再び活気を帯びてくる。尼子晴久は天文二十一年四月、京都で実力はないが権威だけは保っていた将軍足利義輝から、中国地方の安定勢力と認められて、出雲・隠岐のほかに因幡・伯耆・備前・美作・備後・備中を合わせて八ヵ国の守護に任ぜられている（閥閲録二九）。尼子氏が、守護に任ぜられた備後国に再び急速に進出してくる形勢となったので、毛利氏は同年七月大内（陶）氏に連絡をとったうえで、尼子方として備後国東部に勢力をもち志川滝山城（福山市加茂町四川）の峻険に拠った宮光音を攻めて、これを備中に逃走させた。このときの攻撃軍には、毛利勢のほか芸備両国の大内（陶）方の国人領主の軍勢も加わったが、かれらにはいずれも戦果を報告する軍忠状をいったん毛利氏（元就・隆元）宛に差出させ、毛利氏から一括して大内（陶）氏に報告する形式をとった。このとき、備後国世羅郡伊尾の領主湯浅元宗は、軍忠状を差出すのが遅いと毛利氏から責められている（閥閲録一〇四）。毛利氏はこうして芸備の国人領主らを直接傘下に収めていった。湯浅氏もこの後、人質を差出し全く毛利氏に臣従する（同上）。

尼子晴久は天文二十二年（一五五三）になると自ら主力の軍勢を率い備後国に南下する。これは備後だけでなく、安芸の毛利氏の本拠を突こうとしたものであり、すでに前年の九月にかれは本願寺証如に対し、自分は安芸国に手入れをしようとしているので、同国に多い本願寺門徒に、尼子入国のときは加勢するよう下知してほしいと申し送っていたほどである（天文日記、同年十一月証如はこの申し入れを拒否している）。備後国における尼子氏の有力な味方は甲山城《こうやま》（庄原市山内町本郷）に拠る山内隆通であったが、さらに三次の東南地域を勢力圏とする江田隆連が、山内氏に誘われて大内（陶）・毛利方から離反し尼子方に走った。江田氏の裏切が露見したのは天文二十二年四月三日であるが、そのときにはすでに尼子氏の先勢は出雲横田（島根県仁多郡横田町）に進出し、その先遣隊は甲山城に入っていた（平賀家文書五六・七一号）。この同じ時期に三次地方の領主三吉致高・隆亮父子は、毛利元就・隆元父子のもとに参会し、あくまで毛利方にとどまって忠誠を尽くすことを誓っている（毛利家文書二二二号）。

江田隆連は、三次で江ノ川に合流する馬洗川の支流美波羅川谷奥の旗返城（三次市三若町）に本拠を構えていた。元就は毛利・吉川・小早川勢に平賀・和智・湯浅氏らの芸備両国衆の軍勢を加え、吉舎（双三郡吉舎町）から進んで天文二十二年四月半ばには、江田氏勢力北端の江田（三次市江田町）を占領した。ところが同年五月になると、甲山城西北方の涌喜《ゆき》城（比婆郡口和町湯木）の城主が毛利方から尼子方に転じたため、その西方の萩川（三次で江ノ川に合流する西城川支流）を隔てた毛利方の泉城（同町向泉）が尼子勢の攻撃の表面にさらされることになった。元就は急いで本営を三次西南方の志和地域に移し、泉城に救援軍を出動させた。同年五月二十二日に毛利・尼子両軍が萩川の瀬で交戦する。このとき、元就は自ら出動し晴久と対決しようとするが、晴久が退いて甲山城に入ったため決戦は行なわれなかった。

旗返城には出雲衆が城番となって入城し堅固であったので、毛利勢はまずその支城の高杉城（三次市高杉町）を天文二十二年七月二十三日に攻落した。ついで旗返城も同年十月十九日夜半に、江田隆連が出雲の番衆とともに脱出して山内隆通のもとに逃走したので陥落した。このため、尼子晴久は備後出征の目的を失って出雲へ引揚げていった。この備後境目合戦には、大内氏側から陶晴賢の重臣江良房栄が最初から検使として派遣されていたが、戦闘は全く元就の主導で進められた。

備後境目合戦のとき、大内氏側から援軍として派遣された部将には、周防国玖珂郡の領主椙杜隆康が天文二十二年五月に出動し、志和地の元就の本営に参会しており（閥閲録三〇・一〇四）、それ以外には内藤興盛が来援しているらしい（二宮俊実覚書）。ただ、後の軍記には、旗返城攻撃に陶晴賢も一時自ら軍勢を率いて出陣したと記されている（吉田物語、温故私記など）。しかし、山口においては義隆を討った後に重臣連合が分裂し、晴賢は天文二十一年一月、自分を義隆に最初に讒言しその仲を裂いたのは杉重矩だときめつけ、かれを攻め殺しており、その後も不穏な空気が流れていた。北九州でも義隆残党の動きが続いており、さらに石見津和野の吉見正頼が陶氏討伐に立上がる気配があった。それで、この時期に晴賢が自ら備後に出動したことは信ずることができない。

元就は旗返城陥落後、使者を山口に送り、この城を自分の部下に守備させたいと要請した。この城は、北方の尼子勢力に対する備えとなると同時に、味方となった備後の諸族を統制するうえでも重要であり、ほとんど毛利氏の独力で攻落したのであるから、元就はこの要求は当然だと考えていたに違いない。ところが晴賢はこれを拒否し、かえって、かれの部下の江良房栄を城番となし毛利氏を監視させようとした。このことが、毛利氏を陶氏討伐に立上がらせた直接要因であるとみられている。すでに、元就と同時代人である厳島神社祠官の棚守房顕が、このことをその覚書の中に記しており、早い時期からこのような見方があったことが知られる（房顕覚書）。

尼子勢が出雲へ引揚げてまもない天文二十二年十二月初旬に、山内隆通とその有力庶家の多賀山通続が、相ついで尼子氏に背いて毛利氏に帰順した。これは、毛利氏側から山内氏と因縁のある宍戸隆家（山内氏はかれの母の実家）・口羽通良（志道広良の弟、個人の立場で山内隆通に接近）らを通してひそかに交渉を進めていたが、山内氏側も提示した条件の大部分がいれられたので、元就の傘下に入ることを決断したのである（山内首藤家文書二一六号）。毛利氏にとって、備北最大の雄族でこれまで尼子氏の芸備攻撃の前進基地となっていた山内氏が、これからは出雲勢を防ぐ防波堤の役目を果たしてくれるようになったことは、大いなる収穫であり、元就に陶氏と対決する最後の覚悟ができたのも、山内氏の帰順が契機となっているに違いない。

毛利氏が陶氏の態度に疑念をもつようになり、一方では芸備の諸族を傘下に収めて、陶氏と対決の覚悟ができるようになったとき、津和野三本松城主吉見正頼が大内義隆の復讐戦を唱え、陶氏討伐の兵を挙げた。正頼は、陶氏とは父祖の時代から対立抗争する間柄であったし、かれ自身もいったん僧籍に入った身であったが、義隆の好意によって吉見氏を相続できた経緯があったうえ、その姉婿ともなっていたので、かれは義隆を追想し、陶晴賢を憎むことが強烈であった。吉見・陶両勢力の交戦は天文二十二年十月からはじまり、同年十二月には激化していった。このとき毛利氏には、吉見氏からは義隆の讐を討つために立上ってほしいとの申し入れがあったし、同時に陶晴賢からは、天文二十三年早々に大内義長を擁して自ら出陣するから、かねての盟約通り元就自身が加勢のため参陣されたいと要請してきた。

毛利氏にとっては、このまま陶氏との盟約を続け大内（陶）氏の麾下にとどまるか、この際吉見氏の呼びかけに応じ、陶氏と対決して独立する道を選ぶか、大きく運命の分かれる時であった。その態度決定については、元就と隆元・元春・隆景の三子及び年寄衆の桂元澄・福原貞俊・口羽通良らの間で熟議が重ねられる。それは天文二十二年十二月にはじまっているが、翌年になって晴賢自身が出陣する同年三月初めころまで続けられている。毛利一家の熟議においての共通の認識は、陶氏追討に立上がったとき、最初に仕損《しそこ》なったら大内（陶）・尼子双方から挟撃され、伝統ある毛利氏をはじめ、二子が養子に入った吉川・小早川両家も滅亡させられることは必定だということであった。

毛利一家が態度決定の談合を続けていたとき、元就だけは一貫して、この度はかれ自身が陶氏の加勢に出陣し「義理だて、届だて」を果たしたいというのであり、その真意が那辺にあったかはかりがたいが、表面はこの姿勢を崩さなかった。この時期に、毛利氏を陶氏との対決に立上がらせるまでにもっていく大きな役割をつとめたのが、隆元であった。このときの元就の心の奥が知られないのとは反対に、隆元は当主となっている責任から、父がせっかく築き上げた毛利の権勢を自分の代になって崩壊させてしまうのではないかとの畏れ、この危機をどうしたら切抜けられるかとの悩み、さらにこの先にちらつく大領国形成への願望などが織り交ざった揺れる心を隠さずに、態度をきめる相談をもちかけた兄弟・年寄衆や信頼する僧侶の策雲玄竜・竺雲恵心ら宛の書状や、自分の心に問いかけた覚書を多く残している（毛利家文書六六二〜六六九・七六一号）。そのため、隆元の真意は十分に汲みとることができる。

隆元はすでに天文二十二年十二月に、桂元澄に与えた書状の中で、陶晴賢は主君義隆を討取った天罰をうけ、その身を滅ぼすような悪心を起こすに違いないから、毛利がそれに巻添えされたくないといっており、このときすでに陶氏と訣別する決意を表明している。隆元が畏れるのは、元就自身が加勢に下向すれば、晴賢は一時は喜ぶだろうが、吉見が滅亡すれば心がおごり、元就よりほかには恐いものはないのであるから、この際、元就を抑留し打果たそうとの悪心を起こすことである。これは十に十一も必定だとかれは晴賢の心事を疑うのである。それで、元就に代って隆元が下向すれば、自分とて毛利の当主であるから、毛利自身がまかり下ったという言分は立つであろう。元就さえ吉田に腰を据えておれば、尼子氏も備後に手が出せず、陶氏も隆元を抑留することはないであろうというのである。しかし、隆元の心底は、晴賢は一期《いちご》の間には必ず毛利を滅ぼそうとするに違いないから、毛利が無力にさせられないうちに、元就が芸・備・石三国の国人領主たちから畏怖されていて「腕」のあるうちに、晴賢から仕掛けられない先にこちらから立上がって運命を決したいというのである。毛利年寄衆もこれに動かされ同調するようになる。

陶氏からは元就の身の安全を保証するため、家中の者四名を人質として吉田へ送るといってきた。しかし、隆元は相手方を無力にするためには、家中の者を犠牲にするような世の中であるから信用できないといいきっている。毛利氏が動かないため、その麾下の天野・平賀・阿曽沼氏ら安芸国人領主の大半も出動を見合わせている。これにいらだった晴賢は天文二十三年二月末には、かれらに毛利氏と別行動をとるよう促す書状を再三送りつけたが、ついに同年三月初めには、かれらを毛利から離反させる調略をするため使僧を送り込んだ。平賀氏はこの僧を搦捕って毛利氏に突き出し、運命をともにする覚悟を示した（平賀家文書八四～八六号）。ここに、毛利一家が最後の決意を固める時期が到来したのであり、同年三月十日の会合で陶氏との対決のことがほぼきめられたとみられる（閥閲録八八）。

隆元は陶氏との対決がすっかり固まった天文二十三年三月十二日付で、最も信頼を寄せる竺雲恵心に、自分の胸念を残らず述べ尽くしたという書状を送っている。それには、国と家を保つため油断なく努めるとは申しながらも、自分の代で毛利の家運が尽き果てることをさとったという悲壮な覚悟を示している。毛利家は元就の代に隆盛となるが、それはひとえに灯が消えんとして光を増すごとくで、自分は家が尽きる時の主に生まれあわせたのであり、現世ではなんの果報もなく、来世の安楽を念願するばかりだとまでいっている。ただこの中で注目されるのは、自分は易《えき》で見れば無才無器量ばかりではないと知ったが、それでも偉大な父にくらべれば莫大に劣ったものと他人には見られるであろう。名将の子には必ず不運の者が生まれるといわれているが、これは自分に思い当るところだといっているることである。この悩みは、この後かれの生涯を通して続くことになる（毛利家文書七六一・七六二号）。

元就・隆元は天文二十三年五月十一日に、味方の平賀・天野氏らにかねて覚悟していた陶氏討伐の決行を告げ、翌十二日には吉田郡山城から出撃した毛利勢は、この日一日のうちに佐東銀山・己斐・草津・桜尾の四城を降し、且つ厳島まで手に入れてしまう。かねて盟約を結んでいた毛利氏のこの行動は、晴賢にとっては大きな裏切りであり、憤激にたえないところであった。毛利勢の攻撃から七日後の同年五月十九日付で、晴賢が、安芸国から陶氏の加勢に出向いていた久芳賢重に与えた書状では、今度の毛利氏らの悪逆の企ては、猛悪無道の致すところだと記されている（閥閲録一四五）。毛利氏側では晴賢戦死後の弘治年間になると、これを「防芸引分」と称し、陶（周防）・毛利（安芸）両氏の対等の争いと表現するようになるが、当初は毛利氏自らも「現形」（裏切り）といっている（同上一三一・一七〇）。毛利一家の熟議が続行中は、陶氏との対決を隆元だけにいわせておき、自分は盟約への義理だてのため陶氏の加勢に出動するといい続けてきた元就ではあったが、毛利氏の蹶起から厳島で晴賢を討果たすまでの毛利氏の行動を眺めるとき、水面下では、かれが用意周到な準備を進めていたに違いないことが推察されるのである。

二　厳島合戦と瀬戸内海

毛利氏が陶氏との対決に立上がった天文二十三年（一五五四）五月から、晴賢が率いた陶勢の主力を厳島で全滅させた翌弘治元年十月までは、わずか一年半であったが、同氏の立場を芸備両国の盟主から、中国地方の覇者へと躍進させた重要な時期であった。この時期の直前までは、陶氏討伐の主張はもっぱら子息の隆元に任せ、自分は陶氏の援軍として出動し義理だてを果たしたいといい続けてきた元就であったが、この時期には五十八歳のかれが再び表面におどり出て、陶氏と対決する軍事調略のいっさいの指揮に全力を傾注するようになる。

当時、元就の行動から注目されるのは、かれの発想がすでに安芸国山間部の領主としてではなく、流通経済に活気を帯びた瀬戸内海地域を睨んでのものであったことである。かれが武田氏の遺領である佐東川（太田川）下流域・広島湾頭の地を預けられた天文十年（一五四一）から、十三年しかたっていないのに、その発想の転換の速さは、かれの積極的な水軍の活用や、内海の船持商人との接触などからも察することができる。

毛利氏は先にふれたように、吉田郡山城包囲攻撃の尼子勢を撃退し、尼子氏の援助を得ていた武田氏の佐東銀山城を陥落させた直後の天文十年七月に、大内氏から佐東川の川の内に位置する緑井・温井・原郷の地（広島市安佐南区佐東町・安古市町）と、広島湾頭の中山・矢賀・牛田の地を預置かれた（毛利家文書二五八・三〇三号）。毛利氏はここではじめて海上への発展基地を獲得したのであり、佐東川の内に本拠をもった旧武田氏支配下の警固衆の有力者福井元信・山県就信らも、このときから毛利氏の麾下に入っている（閥閲録一一九・一三三）。

毛利氏は天文二十年八月の陶氏のクー・デターに協力するが、その条件の一つが、厳島と神領郡（佐伯郡）は陶氏が占領するが、己斐以東の佐東郡全域は毛利氏が入手することを認めさせることであった。佐東銀山城は、義隆が置いた麻生・福島両城番のうち、武田氏の守護代もつとめた旧家で川の内・広島湾頭に隠然たる伝統的勢力をもった福島元長（親長子息）が内応したため、城はたやすく毛利氏の手に入った。毛利氏の佐東郡のほぼ全域の領有は、翌天文二十一年五月に新大内（陶）氏から改めて承認されている（房顕覚書、毛利家文書二六一・二六二号）。佐東銀山城には新大内氏から城番が置かれはしたが、毛利氏は佐東郡を将来発展の策源地とする計画を着々と進めており、天文二十二年に、当時勢力を増してきた安芸国一向宗門徒の、同国南部の中心寺院仏護寺の再建を命じ、寺領を寄せたのもそのひとつの表れである（知新集巻二〇）。なかでも、最も効果をあげたのが直属水軍としての川の内警固衆の育成である。

川の内警固衆の構成員は、大半が先述の福井・山県・福島氏をはじめ熊野・世良・桑原・植木・豊島氏など、武田氏時代以来の地下《じげ》警固たちであったが、これに毛利氏譜代の飯田元著・宍戸元親、小早川水軍の有力者乃美（浦）宗勝の弟元信や、因島村上氏関係の飯田弥五郎らが加えられており、その全体の統率者として、毛利氏譜代近臣の児玉就方が任命されている。毛利氏は川の内衆に、警固としての装備の充実や水夫の調達のために牛田・矢賀などで新給地を与えており、さらに佐東川口のデルタで、当時海人の小屋が点在していた五ヶ村（現在、広島市街の中心部）も、川の内衆のそれぞれに堤防を築いて干拓することを奨励し、この地も警固衆に給地として与えてその補強に使っている（閥閲録一二五・一三二・一三三等）。川の内警固衆では、戦闘員である上乗衆《うわのりしゅう》の定数がきめられており、かれらはみだりに陸上の戦いに参加せず、常時警固船の出動に備えて待機するよう、触頭である福井・山県両氏を通じてきつく命ぜられていた（同上一一九・一三三）。元就は、当時まだルーズな付庸関係にあった内海の他の海賊衆とは一味違った直属水軍をもとうとしていたのである。

毛利氏は陶勢を厳島と神領郡から追放した後、草津城には川の内警固衆の統率者児玉就方を据え、佐東銀山城の出入口とし、また広島湾統御の基地とした。旧厳島神主家の本拠で陶氏も城番を入れていた廿日市の桜尾城には、その跡に宿老の桂元澄を置いて、陸・海両面からの陶勢に対する最前線の守備に当らせた。また、仁保島城には武田氏の旧麾下で八木（佐東町）の領主香川光景を中心に、牛田にあった一向宗寺院で警固船をもった東林坊（のち寺町に移り光円寺）などを城番に加えた。仁保島の領主白井氏はこのとき陶方の有力な警固衆となって出動中で、その留守に乗っ取られてしまったのである。毛利勢は、天文二十三年九月には能美島も襲撃してこれを押さえている。ところが、翌弘治元年（一五五五）三月末には広島湾東岸の矢野の野間氏が陶方となって、白井氏と協力して海田浦に攻め寄せる。このとき元就・隆元父子が自ら出陣し、矢野城を攻落し、いったんは野間氏の降伏を許した後、城兵を全滅させる無慚《むざん》な行動をとっている。これは陶氏の主力軍との対決直前であり、後方の不安を除き広島湾海域を確保するためやむをえない処置であったのであろう。毛利氏はまた厳島合戦の直前に、蒲刈島の多賀谷氏を降伏させ、倉橋島の多賀谷氏を攻滅ぼしている。

元就は広島湾海域の西口の押さえとして、弘治元年春から厳島の東北部に宮ノ城の築造をはじめ、同年五月に整備が進んだが、翌六月初めには、かれ自ら普請視察のため、海上で敵船と交戦しながらも現地に出向くほどの熱の入れようであった（毛利家文書四〇五号、閥閲録一二三二）。この城には、旧厳島神主家麾下の神領衆己斐・新里両氏を城将としたが、これに付けた城兵五百余人は、毛利勢の中から選抜されたものであった。宮ノ城・仁保島城などには城番衆の交替制がとられており、これら広島湾に臨む毛利方の海賊城は警固船によって連絡が保たれ、しばしば番衆を交替させて士気を鼓舞し、陶方の再三の海上からの攻撃をくいとめうる海の要塞網を構成していた（閥閲録一一九・一二三、福井家譜録）。陶氏はあえてこの中へ主力を突き進めたのである。

毛利・陶両氏が対決に当って厳島の争奪に焦点を置いたことは、この島が防長両国から芸備両国へ攻入るときに、扇の要《かなめ》のような戦略上の重要な位置を占めていたと同時に、当時、厳島神社の門前町が瀬戸内海航路中央部の港湾都市としても繁栄しており、経済上においてもたいへんな重みをもっていたからである。陶晴賢（隆房）が山口へ攻上った天文二十年八月二十八日より八日も以前の同月二十日に、厳島を占領していることからみても、それがいかに当島を重視していたかが察せられる。厳島合戦以前においても、大内義興は京都滞在中に尼子勢に占領された芸備両国の奪回戦を、大永四年から享禄元年まで四年間推進したが、この間かれは厳島に本陣を構えていた。晴賢が天文九年に、尼子勢に包囲された毛利氏の吉田郡山城の援軍として出動したときも、この島を中継地として吉田へ北上している。しかし、晴賢が厳島に目をつけているのは、戦略上よりも経済上の理由からであったとみられる。

陶氏の厳島支配はわずか二年九ヵ月であったが、それは大内義隆時代の施策とは大きな違いがみられる。義隆の目標は、厳島神社の祭礼・儀式を往古に復することに文化的情熱を注ぎ、そのためには出費もいとわなかったが、晴賢が望むところは、この島における商業をいっそう繁栄させ、中間でその利益を分け取ろうとするものを排除し、これを一手に自己の支配に収めようとするにあった。晴賢は天文二十一年二月二十八日付で江良房栄を奉行として、厳島の商業振興に関する七ヵ条の掟を出している。それは当島の町人に保護を加えるとともに、この島に集まる諸廻船・諸国商人に多くの便宜を与えて、港湾都市としていっそう繁栄をはかったものである。すなわち、厳島では船留の停止、警固米の取立て禁止、陶氏の家来に無道な取扱いはさせない、当島で諸国商人が付合ったとき、国質・所質と称してお互いに公事を申し結んでトラブルを起こすことを以後停止するなどとあり、さらに、以前は地下町人や諸商人が権勢家の力をかりて非分をすることがあったが、今後はこれを犯すものは、分国中のものはもとより、他国人も厳罰に処すという後書までついている（大願寺文書六五号）。

このうち警固料（駄別安堵料）については、晴賢は天文二十一年四月、三島《さんとう》（能島・来島・因島）村上氏の代表とみられる村上太郎・今岡伯耆守両名に対し、先代（大内義隆）は京・堺商人から警固料を厳島で受取ることを、近年、村上隆重（能島村上武吉の叔父で、この当時の三島村上氏の代表）に許可していたが、いわれのないことであるから当代（大内義長）としてはこれを停止する。これらのことを御一門中に伝えるよう申し送っている（大願寺文書六七号）。当時、京・堺の商人は、南九州に輸入された中国や南海の物資を瀬戸内海を通って畿内に運送し、途中厳島に立寄っていた。陶氏は警固料免除の御判物を京・堺商人に与えるとともに、反対給付として二万疋の礼銭を要求し、その納付の催促を当島の大願寺に依頼していた（同上六八〜七〇号）。これは陶氏が、三島村上氏が慣習的に受用していた警固料を犠牲にして自己の収益をふやそうとしているのである。このことが、厳島合戦に三島村上氏が陶氏から離反し、毛利氏に味方する要因となる。

晴賢は、かれが目をかけている新大内氏の御分国中諸商人司の役にある人物を厳島に派遣しているが、一方、当島に屋敷をもつ有力商人をつぎつぎと山口に招いて陶氏の被官としている（厳島野坂文書六五・六二号）。なかには大内氏重臣で、もと厳島の奉行をつとめた黒川隆尚が死没し、その子息が幼少なため、山口に赴いた黒川氏被官の厳島町人両名に晴賢が代って対面し、かれらを強引に自己の被官化した場合もある（同上五八号）。これら被官関係を結んだ商人には特権を与えるが、一方、代償として陶氏入費の分担を命じている（同上五九号）。陶氏は重商主義をとった点で新味があるが、それは自己の利益中心の狭隘な性格であった。

毛利氏にとっても、港湾都市として繁栄する厳島は垂涎《すいぜん》の的であった。元就は厳島が陶氏の支配下に入ってからも熱い目を注ぎ、社領の寄進を通して神社に接近し、なかでも社家第一の権勢家となっていた棚守房顕との連絡は密接であった。元就と房顕は、天文九年に師檀関係を結んで以来親密の度を加えており、毛利氏が陶氏と対決に立上がる以前の天文二十二年十一月に、房顕は、陶氏が裏面で毛利氏を無力にしようと企てているという情報を、元就・隆元父子に送っていたほどである（厳島野坂文書三五八号）。元就は、晴賢が厳島の振興に熱中したことや、毛利氏が占領後も陶氏が当島に執着しているとの情報を得て、毛利氏側からもすすんでこの島を決戦場に選び、むしろここに陶勢を誘引しようとした。当島での合戦は海上戦の勝敗が決め手になることを認識し、元就は水軍の動員・活用に全力を注ぐことになる。

戦国時代においては、外交的謀略は武略と呼ばれて是認されており、元就もこれを重んじ、むしろ自ら得意とするところであった。かれは隆元にも「ひとへに〳〵、武略、計略、調略かたの事までにて候〳〵」と教えているほどである（毛利家文書四一三号）。厳島合戦では、元就の武略が最も効果を現した時期でもあった。だが陶氏方も謀略を行なっている。当時は偽った内容の書状を敵方につかませ、その判断をあやまらせる情報操作がしばしば行なわれている。毛利氏が陶氏討伐に立上がってまもない天文二十三年五月二十五日付で、このとき陶氏に味方し吉見氏攻撃に協力するため周防に出動していた益田藤兼は、毛利氏離反の情報を得て、これを本拠七尾城（益田市）の留守衆に知らせる書状を送った。ところが、この書状が途中で吉見氏一族の下瀬山城主に奪われ、下瀬氏文書の中に伝存している（閥閲録一四八）。この書状には、芸州からの注進により、毛利氏の離反は必定で同氏は廿日市桜尾城を一時占領したが、熊谷信直が毛利に背き陶方に味方したため、毛利勢は切崩された。そのため三吉氏や小早川氏の家中も熊谷氏に同意したし、大内（陶）氏からも諸将が芸州に派遣されたから味方の勝利は間違いないというのである。これはおそらく陶（益田）方の謀略で、すでに毛利氏からの情報を得ているに違いない吉見氏の気勢を削ごうとねらったものであろう。

この時期に毛利氏の調略が功を奏した一つは、尼子晴久が天文二十三年一月一日に、尼子最強の兵力であった叔父国久一族（新宮党）を族滅したことである。これは毛利側の記録によると、国久の長男誠久は、その所領が岳父で出雲国飯石郡の土豪多賀氏が尼子氏に謀反を起こして没収された土地を合わせて膨大となった。それで国久は、いったんは新宮家の家督を誠久からその子息に譲らせた。ところが、国久は孫よりも自分の末子与四郎を偏愛してふびんと思い、これに家督を遣わそうとした。これを恨んだその孫が晴久に対し、国久が多賀氏と申し合わせて芸州の毛利氏と内通し、晴久に腹を切らそうとしていると讒言した。晴久はこの訴えと地下中での取沙汰とが合致するので、先制をかけ国久父子を討ったのだと記している（毛利家文書一五六八号）。しかし後の軍記には、晴久が権勢を誇る新宮党の横暴に堪忍できなくなっていたときに、毛利氏が謀略をめぐらせて、新宮党が毛利氏と連絡をとり謀反をはかっている偽作の証拠を晴久方につかませたためだと記している（吉田物語）。これまで陶氏の援助で尼子勢に対抗していた毛利氏が、一転して陶氏に戦いをいどもうとするとき、背後の尼子勢力を弱めようとはかったことはありうることである。

陶晴賢の重臣江良房栄が、陶・毛利両軍主力の激突がはじまろうとする弘治元年三月十六日に、岩国において、晴賢の依頼をうけた弘中隆兼によって突如討果たされてしまうが、これには明らかに毛利氏の謀略が絡んでいる。房栄は、陶氏のクー・デター後は芸備両国における陶方の検使役をつとめ、旗返城が陥落すると、その城代となって毛利氏行動の監視に当っていた。また、かれは厳島と神領郡（佐伯郡）の奉行で、神領衆の寄親的な存在でもあった（房顕覚書）。軍記のなかには、元就の実力を熟知した房栄が、主人に毛利氏との和平を説いたが裏切ってはいないのに、元就は、房栄から元就に宛てた内通の偽文書をつくり、これを陶方に握らせ、その裏切りを信じさせたと記している（陰徳太平記巻二四）。ところが、隆元書状によると、房栄は毛利氏が陶氏討伐に立上がったとき、命を助けられたうえ味方に誘われてこれに応じていたが、かれは毛利氏から内示された三百貫の給地では満足せず、さらに加増を要求していたことが知られる（毛利家文書七〇九号）。そのため元就・隆元は服属後のかれの態度に不安を感じ、陶方の間諜を逆用して房栄内応のことを晴賢に密告させ、相手方に殺害させたのが実情であろう。毛利氏の内情を知悉している房栄を、自らの手で抹殺した陶方の損失は大きかった。

また、毛利氏は厳島に宮ノ城を築き、ここを決戦場ときめてからは、あらゆる手段を使って当島に陶勢の主力を誘引することにつとめている。ある軍記には、元就は最前線の廿日市桜尾城の城代に置いた桂元澄に、偽って陶氏に内通する誓紙を送らせ、毛利氏が陶勢と厳島で交戦すれば、自分は留守中の吉田郡山城を攻撃する。それは毛利氏に遺恨が多くあるからだと申し送らせたという（吉田物語第五）。元澄は陶氏討伐の相談にあずかった毛利の宿老であるが、先にもふれたように元就の宗家相続問題と絡んで、かれの父広澄が、同族中から元就抹殺の陰謀者が出た責任をとって自殺している。このことを種に、元就は元澄にあえて敵方内通の偽装行為をとらせたのであり、これも、この時期のなりふりかまわぬ元就の調略の一端を示すものであろう。

毛利勢が陶勢と最初に陸上で戦いを交えたのは、天文二十三年（一五五四）六月五日に廿日市の西北方八キロメートルの明石口においてである。このときは初陣であったのと、各部隊が独自に戦いを交えたためであろう、この合戦の隆元・元就連署の感状が数多く伝存している。しかし、毛利・陶両軍の初度の本格的な合戦は、同年九月十五日の折敷畑《おしきばた》の合戦である。晴賢麾下の猛将宮川房長は兵三千人を率い、先鋒として桜尾城を見下ろせる折敷畑山に着陣した。すでに、同年八月下旬に津和野で陶・吉見両氏の講和が成立していたので、毛利氏側ではこれを陶本隊の来攻と誤認し、元就以下全力を挙げ両翼を張った隊形を整えて迎撃した。このとき房長は戦死し、全軍が潰滅し陶方は気勢をくじかれた。津和野から帰還した晴賢は、主君大内義長を山口にとどめて、いちおう防衛の備えをするとともに、自ら防・長・豊・筑四ヵ国から動員した兵二万余を率いて岩国に進軍し、安芸国へ進撃する機会をうかがった。

晴賢が安芸国へ陸路をとらず、まず厳島の占領をねらうに違いないと見越した元就は、むしろこちらからすすんでこの島に敵を誘《おび》き寄せる策をとり、弘治元年（一五五五）春から宮ノ城の築造を進めていたことは先に述べた。これは、元就が海上戦で勝負をきめようと決意したことを示すものであり、すでに矢野浦・能美島・倉橋島・蒲刈島など背後の海上勢力を討取るとともに、広島湾一帯を要塞網化して、厳島を決戦場に想定したのである。

晴賢は弘治元年七月七日、陶方水軍となっていた白井賢胤に宮ノ城攻撃を試みさせ、続いて同月十日には、部将三浦房清に広島湾海域の強硬偵察を命じ、房清は厳島に続いて仁保島を攻め、ここでは一時上陸戦も演じている。これらによって得た情報で自信をもったのであろう、陶氏の本隊は同年九月二十一日に、屋代島衆・宇賀島（浮島）衆を中心とする五百余艘の警固船に分乗して厳島に上陸した。厳島渡海には、かつて義隆時代に安芸国東西条の代官をつとめて元就の性格をよく知った弘中隆兼は、これは元就の思う壺《つぼ》にはまるものだと反対したが、晴賢はかえってかれを臆病者と呼んでその意見を退けた。陶方の大部隊は本陣が置かれた塔ノ岡を中心に展開し、早速宮ノ城を攻撃するとともに、警固船の船首は廿日市・草津方面に向けて、安芸の本土へ進攻する態勢をとった。

これに対して毛利方は、郡山城の留守を宍戸隆家をはじめとする八百の将兵に命じ、備後国衆の山内首藤氏と連携して尼子勢の南下に備えた。毛利方で厳島の決戦に臨めたのは、毛利・吉川・小早川三家の軍隊に、熊谷・平賀・天野・阿曽沼氏ら安芸国衆の諸隊を加えた四千余人であった。元就・隆元は、弘治元年九月二十四日には佐東銀山城から草津に進出しており、銀山城に置いた人質の監視を井原元造に命じている。翌二十五日には、早くも最前線の廿日市桜尾城に入った隆元に対し、草津の元就から、すでに打合わせてある条々を急いで進めることが肝要だ、また佐東まで出動している吉川元春・平賀広相の部隊を廿日市に呼越すようにと、いい送っている（閥閲録四〇、毛利家文書四四四号）。

元就の決戦に臨む戦略は、宮ノ城の拠守によって厳島に陶氏の軍勢を引寄せ、その時点で毛利方の水軍力を結集し、同時に陸上軍が奇襲をかけ、孤立した陶勢を潰滅させることであった。晴賢は味方の水軍について楽観していたようにみえる。かれが厳島に引連れてきた屋代島衆を中心とする防長両国の警固船だけでも、数のうえでは毛利方にまさっていたし、北九州からも麾下の警固衆を動員できた。さらに主君義長の実家である豊後大友氏麾下の警固衆の援助も期待できた。また、能島・来島村上衆を味方に誘っており、かれらが毛利方に味方することは念頭になかったようである。

一方、毛利方の水軍には、かれが建設に力を注いだ直属の川の内警固衆と小早川（沼田）警固衆があり、それに因島村上衆の来付も確実となっていた。小早川一族は南北朝時代以来芸予諸島に進出しており、三島村上衆に拮抗するほどの海上勢力をもっていた。元就は小早川・因島村上氏との因縁から、能島・来島両村上衆にも救援を懇請していた。厳島合戦の後からであるが、陶勢を厳島に運んでいた屋代島衆の大半にも毛利方から誘いの手が伸びていたことが知られる。

弘治元年九月二十六日、元就は草津から、このときすでに音戸瀬戸まで出向いていた小早川隆景に対し、小早川（沼田）警固衆が今朝出動したこと満足だ。今夜中か明日中にこちらに到着するであろうといい、能島・来島村上衆の来付依頼に乃美（浦）宗勝が来島へ出向いたことは心得た。このときこそ万事をおいて合力してもらわねばならぬ。宮ノ城がいましばらくもちこたえるならば、隆景自身も来島に出かけて引連れてきてほしい。なんとしても味方してほしいといい、とにかく小早川警固衆は一時も早く、来島警固衆も引続いて来着するようにしてほしいと申し送っている（毛利家文書五七七号）。ついで同日の夕刻、元就は廿日市の隆元に対し、小早川警固が今朝出動し今夜中にも廿日市おもてに下着することを報ずるとともに、川の内警固衆をこれに加えて地御前《じごぜん》の火立岩《ほたていわ》おもてに出動させるようにいい、来島警固も乃美宗勝が出向いているので、これまた一両日中に下着する。自分も明二十七日に廿日市へ出向くので面と会って申し合わせようといい送っている（閥閲録遺漏三の二）。宗勝は小早川一族で小早川警固の棟梁であり、能島村上氏の当主武吉の外戚であった（宗勝の姉が武吉の外祖母に当る）。武吉はすでに二十三歳であったが来島村上通康の女婿となっており、今度の毛利氏に対する去就の決定を万事通康の判断にまかせていたので、宗勝は通康を説得するため伊予の来島まで出向いたのである。

元就は翌日の九月二十七日になると、宮ノ城の危急がいっそう切迫していることを知る。この前日に、熊谷信直がこの城に入城を強行して士気を鼓舞しているが、すでに城の尾頸の堀はことごとく埋められてしまい陥落寸前となっていた。かれは隆景に急報し、宮ノ城が陥落してしまった以後では来島衆が来援してもなにもならない。今は、川の内警固五、六十艘と、小早川警固六、七十艘だけで敵船を打ち散らしてみたい。小早川警固は来島衆を待揃い同道しようと途中で逗留してはいけない。夜昼をいわず急いで来てほしい。隆景自身も舟なりと陸路なりとも至急草津まで下着するようにと申し送っている（小早川家文書五三二号）。

毛利勢には、隆景と小早川警固も到着し、厳島渡海の決行直前の九月二十八日になって、能島・来島警固二、三百艘が来援した。この合戦に能島・来島両村上氏は参加しなかったとする見解も出ているが、元就・隆元の意をうけて乃美宗勝が来島に赴いている事実があるし、両村上氏参加のことを記している『房顕覚書』『二宮俊実覚書』の筆者はともにこの合戦に参加した人々である。棚守房顕は厳島の社家で、毛利方に好意をもち、その手の衆も活動していたし、俊実は吉川元春の家臣として従軍している。両覚書とも晩年の筆であるが、この記事は信用してよいと思う。また合戦から三年後の永禄元年（一五五八）には、来島通康はすでに周防国屋代島の一部と、安芸国能美島の一部を領有しており、これは厳島合戦の恩賞として毛利氏から与えられたものと推察される（閥閲録一六七、山野井文書一七〜一九号)。

ただし、因島村上氏は別として、能島・来島両村上氏はこのときから毛利氏体制の中に入ったのではなかった。来島氏は、このときはまだ伊予河野氏麾下の警固衆であって、厳島合戦に引続いて毛利氏の防長進撃の最中に、一時去就の態度をあいまいにし、敵方になるのではないかと毛利氏に不安を与える。能島氏もこの後、毛利氏が北九州に遠征し、警固船を最も必要とした永禄十二年(一五六九)に味方の戦線から離脱し、敵の大友方に味方するに至っている。海域からの収入源に頼る警固衆(海賊衆)は独立性が強く、ときには大名に付庸することはあっても、封建的な主従関係には容易に入らないのである。厳島合戦の際、毛利氏は勝負は瞬時にきめるから、宮ノ城に一日も船留めさせる手間はとらせないからという、海賊衆の性格をよくわきまえた依頼申込みをしたという(桂岌円覚書)。能島・来島方も、陶氏には厳島での警固料徴収という既得権を取上げられた恨みがあり、一方、毛利方からは屋代島・能美島で莫大な恩賞を約束されたので、このときは毛利方の勝利に賭けたのが実情であろう。

毛利勢の厳島渡海は九月晦日《みそか》の日没を期し、折からの暴風雨の中で決行された。元就・隆元・元春が率いる本隊は、地御前から川の内警固船に分乗して厳島東北岸の鼓ヶ浦に渡った。上陸が完了した夜半には風雨も止んだが、乗船はすべて陸方にもどし全員決死の覚悟を固めた。全軍は元春を先登に陶方本陣の背後のばくち尾の丘上に押しのぼって陣をしいた。隆景が率いる別の一隊は小早川警固に能島・来島警固も加わり、隠密に大野の瀬戸を海岸づたいに玖波あたりまで迂回してから大鳥居の前に進み、暗夜を利用し筑前から味方が来航したと偽って、群がって碇泊した陶方の大船団の間を押し

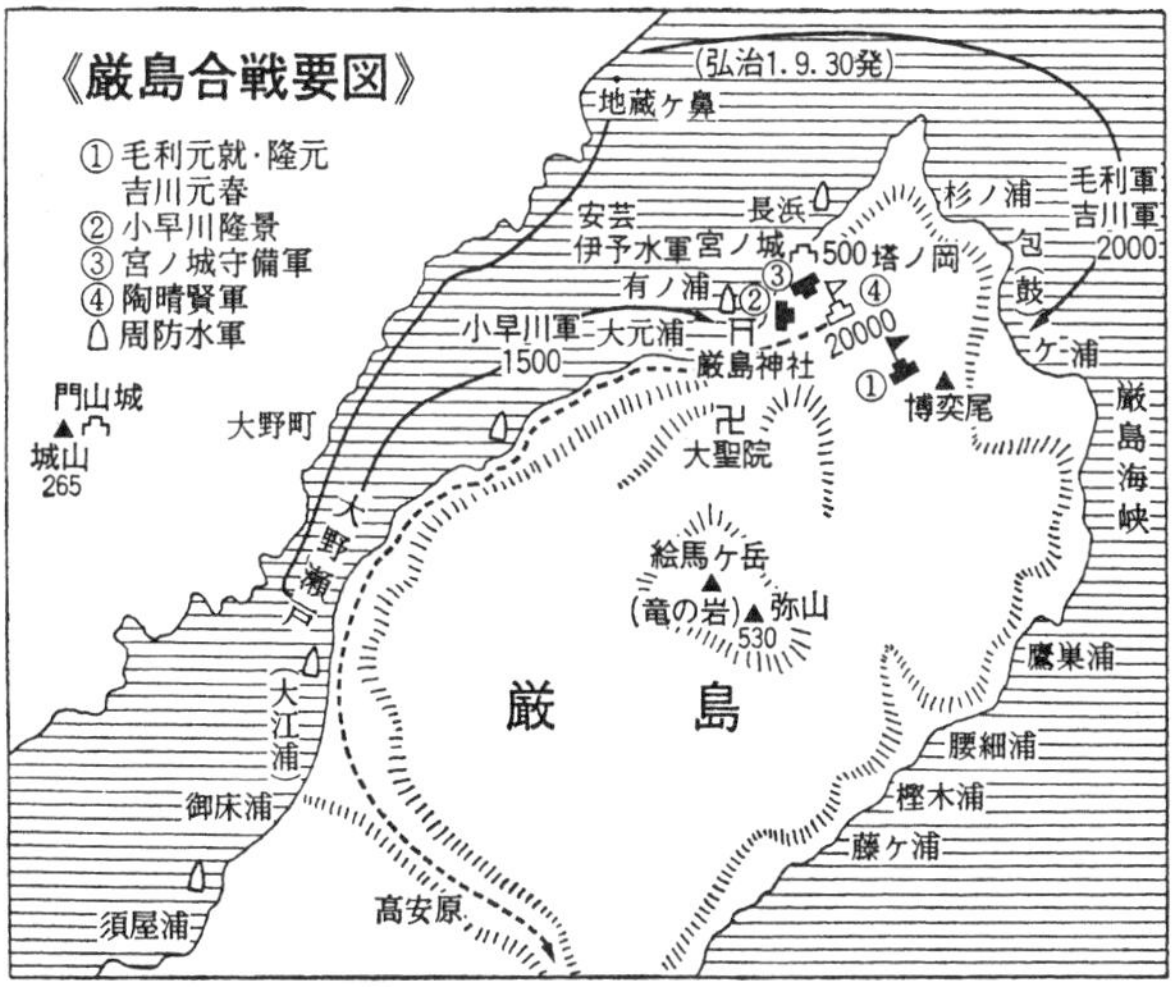

分けて、島の正面に上陸して待機した。翌十月一日夜明け、開戦を知らせる元就が音頭をとった喊声とともに、本隊・小早川隊それに宮ノ城の兵もいっせいに陶方の本陣めがけて突進した。

襲撃をうけて陶勢は大混乱に陥った。陶方の諸部隊は、厳島を中継地として安芸本土への進撃態勢をとっており、この島では本格的な陣地を構えていないうえに、狭い土地に密集していたので、いちど混乱すると収拾がつかなかった。かれらは神社の南側と大元浦あたりで多少反撃に出ただけで、総崩れとなって西方に敗走した。しかし、かれらを郷国に運ぶべき船団は、毛利方の優勢な水軍に撃破されて遁走し、すでに味方の船影はみられなかった。晴賢は、島の西岸の大江浦と南岸の青海苔浦の間の山中で自刃し果てた。

それにしても、最初は優勢であったはずの陶方水軍にしては余りにも脆い敗北であったが、これは晴賢の警固衆（渡辺豪族）に対する認識不足によるところが大きい。すでに、合戦最中に屋代島衆中の浅海四郎左衛門尉は来島氏と、同桑原入道は能島氏と行動をともにし、毛利方となっている（閥閲録一六七、陰徳太平記巻二六）。また、合戦から一ヵ月しかたっていない弘治元年閏十月五日付で、屋代島衆中の二十五名の小土豪が申し合わせて、毛利氏に対し、各自が本領のほかに、二十石から二百石までの応分の土地の給与を望む連署の注文を差出し、これが承認されている（三卿編年文書第一二号弘治元年所収）。これは、毛利氏がかれらにこれからの活躍を期待したためでもあるが、かれらは、おそらく合戦最中からその心は毛利方にあったものたちであろう。沿岸・島嶼に生活の根をおろしている海辺豪族は、別々の大名に付庸していても、血縁その他の密接な縁故によって、思いのほか内海の広範囲にわたって互いにつながりをもっていた。かれらの取扱いについても元就は晴賢にはるかにまさっていたのである。

厳島における陶勢の抗戦は、十月三日に弥山中腹の竜の岩に柵を構えていた部将弘中隆兼の敗死によっておわった。元就は同月五日に晴賢の首級が発見されたことで、同島の作戦が完了したとなし、厳島神社周辺を清掃し、霊域をけがしたにもかかわらず大勝が得られた加護を奉謝し、社参をおえて廿日市に凱旋した。毛利勢はこれから大内氏領の防長への進撃態勢に移る。

厳島合戦は内海中央における制海権の争覇戦であった。当時、厳島は京・堺など中央商人も参集する第一級の港湾都市であり、毛利氏はこの島を占領したことで、警固衆のほか内海諸港湾都市の船持商人と結びつくことができた。毛利氏はかれらを武器・兵糧の輸送に徴用して、兵を遠隔地の多方面に動かすことができるようになるが、それだけでなく、かれらとの接触が毛利氏体制の変化にも大きくかかわってくる。

三　防長制圧と毛利両川体制

毛利氏は厳島合戦で陶勢の主力を全滅させたが、弘治三年（一五五七）四月、大内義長を長府に追いつめ討滅するまでに一年半余を費している。大内氏内部では、義長が重臣の陶・杉・内藤三氏間の私闘を止められず、いっそう勢力を減退させていた。しかし、豊後大友氏が海上から義長を援助するおそれがあったのと、長く大内氏治下にあり、共同体として成長していた防長の諸郷村の地下百姓たちが、他国勢力の侵入に反感を強め、反毛利氏の一揆を起こしたため、毛利勢は進撃を慎重にしなければならなかった。義長勢が討滅された後も、同年十一月に防長の各所に大内残党が蜂起し、その掃蕩に元就・隆元が再び出陣を余儀なくされている。しかしこの時期から、毛利氏は大内氏本領の防長両国を芸備両国に加え、さらに石見にも兵を進めていたので、合わせて五ヵ国の太守と呼ばれる立場となった。

安芸山間部の国人領主であった毛利氏が、たちまち五ヵ国の大領国を統治するためには不安材料がいっぱいであった。毛利家中のものたちには、統治事務に練達した人材は一人も見当らず、かれらの多くは主人たちの不安をよそに気位だけは高くなり、給地の増加を望む欲心が強くなっている。軍事においても、毛利勢の主力である芸備国衆の軍勢はそれぞれが独立部隊であって、その内部に狼藉者が出ても、これを毛利氏は直接罰することさえできない有様であった。この際、領国の統制を引締め体制を整えなければならないが、これをどう進めればよいか思慮深い元就にも方途がつかめなかった。正直者で純情な隆元は苦悩を深め、その心情を元就に訴え続けた。こうした父子のぶつかりあいから、合作として生まれたのが、すでに他家を継いではいるが元春・隆景両人にも毛利家中の運営に参画させ、三兄弟団結の重みで大領国を統治していく方策であった。そこに元春は山陰、隆景は内海・山陽という統轄地域の分担もでき、吉川・小早川両氏が両翼となって、毛利氏を輔翼していく毛利両川体制ができてくる。弘治三年十一月に、元就が三子に一致協力を説諭した三子教訓状が出されるが、これは倫理的な意味だけでなく、この新しい体制の成立を宣言した政治的性格の強いものであったとみられる。これらのいきさつをつぎに眺めてみる。

元就・隆元は厳島合戦の直後から、周防岩国に本拠を進め防長両国の制圧に着手していたが、周防国東部の鎮圧がいちおうおわった弘治二年（一五五六）三月十八日に、吉川元春の部隊を石見国に出撃させた（熊谷家文書一三一号）。これは尼子勢の南下を牽制するとともに、津和野の吉見正頼が山口の大内義長を背後から攻撃できるよう後援させるためでもあった。

毛利氏の次の攻撃目標は陶氏の本拠であった富田《とんだ》の若山城（新南陽市福川、徳山市夜市）であった。すでに玖珂郡山代地方の地下百姓一揆の鎮定に手を焼いていた元就は、まず諸郷村を味方につける必要を痛感していた。岩国から富田若山城に至る間の諸郷村において地下百姓一揆が起こりそうな気配がみられたので、元就は弘治二年三月十八日付で、部下の赤川就秀に詳細な郷村鎮圧策を授けている。その中で、かれは郷村ごとに足軽を入れ、威嚇（動）と懐柔（操）を適宜おりまぜて一郷ずつ味方につけるようにと申しつけている（閥閲録三二）。

富田若山城、ついで山口へ進攻しようとする毛利勢の前に立ちはだかり、これを阻止したのが須々万沼城（徳山市須々万本郷）であった。この城には隆景が弘治二年四月上旬に、また、隆元は同月二十日と同年九月二十二日に攻撃を行なったが、いずれも失敗して退却した。毛利勢の攻撃が成功しなかったのは、この城は低い丘陵なのに三方が沼沢で、水をせきとめると水上に浮かぶ孤城となる沼城形式の要害であったうえに、城将山崎興盛の軍勢のほかに、山口の義長から送り込まれた援軍が加わっていたからである。そのうえに地下百姓一揆がこの城を応援していたので、毛利勢は攻撃が長びくと退路を断たれるおそれもあった。ついに元就が出動し、弘治三年二月二十九日から同三月二日にわたる総攻撃によって、この城を陥落させることができた。

須々万沼城が陥落した六日後の同年三月八日に、富田若山城が開城した。若山城は晴賢によって修築が加えられた大規模な山城であったが、晴賢の嫡子長房は、すでに杉氏との私闘によって死没しており、陶氏の遺臣が義長の命をうけて守っていたが、たちまち降伏した。毛利氏は同年三月十二日本営を防府に進め、山口突入の寸前となった。ところが、山口の高嶺城に義長を奉じて拠っていた内藤隆世はすでにここから逃れ、長門国に入り、長府西方四キロメートルの且山《かつやま》城（勝山城、下関市田倉）を最後の拠所とした。元就は福原貞俊らを将とする部隊でこの城を急襲させた。同年四月二日、且山城は陥落し内藤隆世は自刃した。翌四月三日には、長府の谷の長福寺（現在の功山寺）において義長が自刃し、大内氏は滅亡した。

毛利氏は万全の手だてを施しながら、それでも最後まで義長が豊後大友氏と連絡をとって九州へ落ち抜けるのではないかと心配していた。大友氏内部には義長援助の動きがあったにかかわらず、大友義鎮はついに義長の滅亡を座視してしまった。毛利氏が義長を大友氏から隔絶させた手段のひとつは、味方の水軍を総動員して防長の海岸を封鎖したことである。そのために、一時去就の態度をあいまいにした来島両村上氏をも、その主家筋の河野通宣に頼み込んで加勢に出動させている（河野家文書一一九号）。一方、元就は大友義鎮のもとにひそかに使者を送り交渉に当らせるが、その条件は、大友氏旧分国の豊前国に兵を入れるのを黙認するから、そのかわり毛利氏の防長両国の制圧に干渉しないでほしい、つまり大内氏の旧領を分割しあおうということであった。このとき使者となったのは備後国世羅郡の土豪で、元就のめがねにかなった小寺元武である。かれは弘治二年に再度豊後府内に派遣され、数ヵ月滞在し交渉に当っているが、義鎮からも気にいられ優遇されている（閥閲録四六）。このとき元就は義鎮側の打算を深く読みとって、防長制圧に大友氏の干渉を排除することに成功しており、すでにかれの外交手腕の冴《さえ》がみられる。

大内氏滅亡直後の弘治三年四月十二日、まだ防府在陣中であった元就は、側臣桂元忠を毛利家長老の志道広良の宿舎に遣わし、自分はこれから以後は大小事、共になにごとも関与することをやめ、すべて隆元が命令して扱うようにしたい。そのことを広良から隆元に申し上げるようにと伝えさせた（毛利家文書五九〇号）。元就はすでに天文十五年（一五四六）に家督を隆元に譲ってはいたが、実際は元就が後見して家政を統轄してきたのである。ところが、これからは元就はいっさいから手を引いて蟄居することを、広良を通して正式に隆元に申し入れたのである。

すでに六十一歳の元就が防長制圧という大事業を完遂《かんすい》した機会に、退いて心身を休めたいといい出すのは、いちおうはうなずける。しかし、にわかに大領主に成り上がった毛利氏にとっては、これからの運営に問題が山積しており、いまこそ一大変革が必要なことは元就がいちばんよく知っていたはずである。領国は膨張したが、毛利氏は西は大友氏、北は尼子氏の強敵と境を接し、南の伊予来島衆の去就も不定であった（毛利家文書四一八号）。毛利氏の軍事組織はいまこそ統制の強化が必要であったが、毛利勢の主力をなす芸備国衆の諸軍勢は、半ば独立状態であった。隆元は本営を防府に進めた弘治三年三月十二日付で、平賀・熊谷・中村・阿曽沼・小早川など七家の安芸の国衆と申し合わせ、諸軍勢に狼藉者が現れたとき、これから後は、いずれの国衆の被官・僕従でも誅伐を加えることをきめている（同上二二四号）。これは、このときまで毛利当主さえ国衆内部の狼藉者を直接成敗できなかったことを示している。また、毛利氏のこれまでの家政機関が、大領国の統治に当ることも無理があり、執政に適任の人材がいないことが痛感された。そのうえ現在の奉行中にも、元就側近出身の児玉就忠・桂元忠と、隆元直属の赤川元保・国司元相・粟屋元親の間の反《そ》りが合わず、ことに元保の独走ぶりが目立つようになり、かれらを大所高所から統括する執政組織の必要が痛感されていた（同上七二二・七二三号）。

謙譲で自省心が強く、父の偉業を失墜することをたえず恐れていた隆元にとって、元就蟄居の申し入れは大きな驚きであった。かれは毛利氏の将来に不安となる多くの事情を、元就に縷々《るる》と述べて引退を思いとどまるよう懇願するとともに、元春・隆景にも同じ気持を伝える。その中で、元就が引退を思いとどまらないならば、自分も五歳の幸鶴丸（輝元）に家督を譲って引退する。いっそ自分が死んでしまえば元就は蟄居もできなくなるとまでいっている（毛利家文書六五七・六五八号）。

しかし、隆元は申し出をうけた四ヵ月後に、父との度重なる書状や覚書のやりとりによって、父から導き出された形で再び自分が毛利氏の当主として責任を負う覚悟を示す。それには、元就が後見を続けることはもとより、元春・隆景の両弟が、現在のように養子先の国衆吉川・小早川両氏それぞれの繁栄だけを考えて行動するのをやめ、今後は吉田へ再三出向いて、毛利氏全体の運営に参加することを条件として申し出たのである（毛利家文書六五七・六六〇号）。

当時、隆元は自分の足らないところを、元春・隆景が輔佐し力になってほしいと強く望んだ。ところが、両人は吉田へ来ても長逗留せず養家へ帰り急ぎ、しかも両人だけが隆元をのけものにし、「ちこ〳〵」と話合い、隆元の方から「なつ〳〵」と話しかけることもできない。これは自分を見限っているとと見受けられ腹が立つと、元就に訴えている（毛利家文書五三八号）。元就は、無口な元春はともかく、隆景までもよそよそしくなったのに自分も腹が立つといちおう同意を示し、同時に両人には、たとえ小早川・吉川となっても内心は毛利の親類であるという心を強くもつように申しつけようといっている（同上五三九号）。ここに元就は隆元の訴えから導き出して、すでに他家を継いでいるとはいえ、元春・隆景を再び毛利氏の運営の中枢に参画させようと決意しているのである。

元就は、防長制圧から半年後に周防で起きた大内氏残党の一揆鎮定のため、同国富田に出陣中の弘治三年十一月二十五日に、隆元・元春・隆景の三子宛に教訓状を与えた。それは先にもふれたように、倫理的な意味だけのものでなく、この半年間に元就・隆元の間で煮つめられ、すでに元春・隆景の同意を得ているいわゆる毛利両川体制を宣言した政治的性格の強いものであった。

教訓状は十四ヵ条からなり、第一～第七条で三子の協力を要請し、第八条で三子と同母の娘が嫁した宍戸氏を三人と同様に扱われたしと述べ、第九条で元清らまだ幼少の庶弟の将来の処遇にふれ、第十～第十一条では、多年の戦乱を生き抜いてきたが、まだ隠居もできず隆元の後見を続ける気持を告げ、第十二〜第十三条では自分の念仏や厳島信仰について述べ、第十四条を結びとしている。このうち三子の協力を説いたところで、「毛利」の名字を永続させることが第一で、元春・隆景は他名の家を継いでいるが、「是は誠のとうざ（当座）の物ニて候へ、毛利之二字、あだやおろそかにも思食《おぼしめし》、御忘却候てハ、一円曲《くせ》なき事に候」と述べている。これは、厳島合戦前までは、養家の繁栄につとめそれぞれの家中で評判をおとさないようにといっているのとは大きな違いである。元就はまた、本家の毛利家さえ堅固であれば、その力によって元春・隆景はそれぞれの家中を統御できるが、毛利家が弱くなれば人の心持も変り、三人とも滅亡すると思え、と教えている（毛利家文書四〇五号）。

教訓状をうけた翌日、三子は連署して父の意向に従う請文を差出している。ただし、この時点で元春は石見方面の軍事に従っており、隆景も富田に出陣した様子がないので、請文は隆元が三子を代表して提出し、元春・隆景は後からこの請文に花押《かおう》を加えたものとみられる（毛利家文書四〇七号）。これは一つの儀礼であり、元春・隆景も事前に元就・隆元の意向をいちおう承知させられていたのであろう。教訓状には、この巻物に表向き記せなかった極秘の書状が添えられている。それは三ヵ条で、内容は教訓状と別なことでなく、三子協力についてさらに強く述べたものである。ただその第一条に、当家（毛利家）をよかれと思うものは、他国のことは申すまでもなく、当国（安芸・備後）にも一人もいないであろうと極言していることが注目される（同上四〇六号）。そして教訓状でもこの書状にも、天文十四年（一五四五）に死没している三子の生母妙玖《みょうきゅう》（元就夫人の法号）の記憶をよみがえらせて、妙玖さえ生きていてくれたら、このようなことは彼女がいってくれたに違いなく、みなみなの妙玖へのお弔もお届も三子協力にしくものはないといっている。

教訓状は直ちに具体化され毛利両川体制の形成が進められるが、現実化にともなって支障も多く隆元を困惑させる。しかし、かれは自制してこれを推し進める。両人が吉田に長逗留するとなると、まずその宿が必要となる。元春は宿のことをあまり熱心に申し出ないのに、隆景の方はいったんことがきまると、宿についても積極的な要求をもち出してきた。かれは「隆景宿」ともあるからには、屋敷周りもあり、家屋も立派に設備を整えて、長逗留のときには元就などを宿に迎えて慰め、酒の一つも供して遊覧してもらえるほどの屋敷を構えたいと希望する。隆元は、隆景から要求の出ている場所には他の家臣たちの屋敷があり、実現できないが、他の場所で隆景の希望にそえる屋敷を与えたいと、元就とも相談して努力している（毛利家文書六九八～七〇〇号）。

さらに切実な問題は、いちど毛利家の外に出て、それぞれ吉川・小早川家の主人となっている元春・隆景が再び毛利家の運営に参画し、毛利家の家中衆に命令を下すことになれば、隆元の権限を侵すことになる。それで両人はこのことを遠慮したのであるが、隆元はあえてこれを容認して実行に踏みきらせている。そして、かれは元春・隆景両人に限って、毛利家の家来と封建的契約を結ぶことを許可している。ただし、両人と契約した家来でも、隆元の意に背いたときは処断できる余地だけは残している（毛利家文書五四七・六五一号）。

隆元は、厳島合戦後の吉川・小早川両家に配分される所領の在所や大きさについては、奉行衆をそろえて両家とよくよく談合してきめようという柔軟な態度を示す。これについて隆景は、いちど西条盆地の黒瀬地域を与えられるが、この内陸部は毛利氏の直領として返上し、今度海辺で切出される所領に替えてほしいと申し出る。すでに三原から音戸瀬戸に至る沿海部を領している隆景は、浦辺の所領は一円に知行したいと望んだのであり、さらに能美島の一円知行の要求まで出していた（毛利家文書六五一・六九七号）。一方、すでに石見国に軍勢を進めている元春の所領は、山陰地方に固まるようになる。毛利両川体制が整ったとき、山陰地方は吉川氏、山陽・内海地域は小早川氏と、その支配する分担地域がきまってくるが、すでにこの体制が形成される初めからその態勢がはじまっている。

毛利家当主の隆元としては、領国内の国衆を直接麾下に引きつけておくことが最も重要事であった。ところが、備後国内部の木梨杉原（尾道市木梨）・高須杉原（尾道市高須）・古志（福山市本郷）・因島村上（因島市）などの国衆は、毛利氏勢力圏に入る以前から小早川氏との関係が密接で、そのため隆景とかれらの親交が深かった。これは、隆元がかれらとの接触を、隆景によって阻まれた形となり残念なことであった。隆元はこのことで腹を立ててはいかぬと自戒しながらも、隆景がいくらかれらと知音《ちいん》だてしてもよいが、あらかじめ自分に相談するようにしてほしいとかれの覚書に記している（毛利家文書六五一号）。このように幾つかの支障があったにもかかわらず、隆元の自重によって、かれが永禄六年（一五六三）に急死するまで元春・隆景との間に破綻をきたすことなく、両人も吉田に参集して談合を行なって運営に参加し、毛利両川体制の基礎が整えられた。

第九章　中国地方の覇者

一　芸雲和談と芸豊和談

毛利氏の運営は弘治三年（一五五七）末、元就が当主隆元の後見を続けることと、元春・隆景を参画させることが決まったが、この態勢は永禄六年（一五六三）八月の隆元の急死まで続く。毛利氏はいまや芸備防長四ヵ国のほか、石見・備中両国の大半を制圧する中国地方最大の領主となった。しかし、北方山陰地方には、膨張がとまったとはいえ依然毛利氏宿敵の尼子勢力が蟠踞している。また、西方では豊後の大友義鎮が北九州一帯に勢力を伸ばしている興隆期で、これに反抗する豊筑の諸豪族が毛利氏に頼ってきた。ここに毛利氏は北口・西表の両面で強力な敵と対抗することになる。

当時は室町幕府最末期で、将軍足利義輝は中央政権としての命脈をかろうじて保持していたにすぎなかったが、各地方で勢力を拡大した大名が、覇者としての権威を高めるため将軍に接近をはかるようになった。かれらは皇室の伝統的権威まで借りようとした。義輝はこの機会を利用し、地方大名を官途の奏請や相伴衆・守護職補任などを行なうことによってひきつけるとともに、大名間の紛争調停にも乗り出した。京都接近を進めていた毛利氏にも、将軍から尼子・大友氏との和平調停策が持込まれる。義輝は諸大名間の争いをやめさせ、幕府のため助力させようとしたのであるが、大友・尼子両大勢力と同時に戦っては勝ち抜けないことを知っていた毛利氏は、これを自己勢力拡張に都合のいいように利用する。この間の毛利氏の外交手段は隆元のものではなく、元就の独擅場《どくせんじょう》であった。この時期、元就は蟄居どころか第一線に立って外交の辣腕を振るうのである。

毛利氏は防長出征と並行して、弘治二年（一五五六）三月から石見国にも兵を進め、同年五月初旬には、当時大内氏の支配下にあった同国大森銀山（大田市）を入手した。同銀山は生産量が急増していた際なので、これは毛利氏の財源を大いに潤した。しかし、この銀山は大内・尼子両氏が争奪を繰返してきたところなので、尼子晴久はその奪回を志し、猛将の聞こえの高い出雲須佐高屋倉（島根県佐田町）の城主本城常光を石見国に侵入させ、当時、同国でただ一家、尼子方にとどまっていた江ノ川沿いの川本温湯《ぬくゆ》城の城主小笠原長雄と連絡をとらせ、毛利氏の銀山への救援通路を遮断させた。そのため、同銀山は永禄元年（一五五八）九月には尼子氏支配下に入った。ここに、同銀山の争奪を中心に再び毛利・尼子両氏の対決が激化した。

毛利氏は小笠原氏を討って、同氏を救援する出雲尼子勢と対決を覚悟し、その準備を進めていた永禄二年二月上旬、備中国における味方の成羽城主（岡山県成羽町）三村家親から救援を求められた。それは三村氏と、同国猿掛城主（同県矢掛町横谷）で四国の阿波三好氏の掩護をうけた穂田為資の間に争いが起こったためである。元就は、備中国で味方が大敗しては備後国の人心が動揺し、不慮の事件が起こるやもしれないから、まず備中を制圧することだといって、三子を率いて出兵し、同年五月には穂田氏を屈服させる（毛利家文書四二九号）。その直後、元就らが石見に出動し対戦をはじめようとしていたときに、毛利・尼子両氏が和睦をはかり将軍のために奔走するようにと命じた同年五月十三日付の義輝の御内書をもった使者が、京都から下向した（小早川家文書二二一号、吉川家文書四六一号）。

永禄年間初頭には諸国の大名がいっせいに京都へ顔を向けており、同二年二月に織田信長、同年四月に長尾景虎（上杉謙信）が自ら上洛し、皇室・将軍に接触している。豊後大友氏も京都手入れをはじめていたし、毛利氏としても傍観はできなかった。毛利氏が京都接触の使節に選んだのは、郡山城下の興禅寺の住職を勤めたことがあり、元就・隆元とも親しかった竺雲恵心《じくうんえしん》である。かれはこのころ、若い時修行をした東福寺の塔頭《たっちゅう》退耕庵の庵主となって京都に住んでおり、永禄二年には東福寺住持にもなり、皇室や幕府周辺の人々と親交があって、毛利氏の使節として打って付けの人物であった。

皇室では永禄二年春、毛利氏からの多額の献資をうけ、これまで延期されていた正親町《おおぎまち》天皇の即位式が挙行できる見通しがたち、慶《よろこ》びであった。毛利隆元は同年五月、皇室への奉仕の奇特によって、備中国中を切取ることができたとの報告書とともに、備中戦で獲得した敵の首級を書き並べた「頸注文」を皇室に差出して驚かせている（御湯殿上日記）。武家社会だけで通用する「頸注文」を皇室に送るなど都になじまぬ気風をとどめてはいるが、この時期から毛利氏の中央での印象は強いものとなった。正親町天皇の即位大礼は翌三年一月二十七日に行なわれ、同年二月十二日付で天皇から元就・隆元に対する感謝の綸旨が出され、元就を陸奥守、隆元を大膳大夫に任じている（毛利家文書二九四〜三〇〇号）。また、将軍義輝も毛利氏の奔走を賞し、永禄三年中に隆元を安芸国守護に任じ、元就に錦直垂《にしきのひたたれ》の着用を許可している（同上三一三・二三四〜二三六号）。

毛利氏は永禄二年五月、義輝から尼子氏との和平勧告の使僧を迎えた際は、小笠原氏を征服し、大森銀山を奪回して尼子勢力を石見全土から排除することを急いでおり、即刻勧告に従うわけにはいかなかった。しかし、同年十月になって、義輝の叔父で外交僧としても名声のある聖護院門跡道増が、芸雲和談を進行させる使命を帯びて下向してくると、元就らもその応対に本腰を入れなければならなくなる（小早川家文書二〇六号）。毛利氏はかねて準備を整えていたことでもあり、同年五月下旬から川本温湯城の小笠原氏に攻撃を加え、尼子勢の救援を断ち切って、同年八月下旬には小笠原氏を開城降伏させる。このとき、毛利家中には小笠原氏を討滅してしまおうという意向が強かったのに、元就があえてその降伏を許したのは、石見全土の制圧を急いだこととともに、和平を勧告している中央への配慮もあったとみられる。このとき毛利氏は、小笠原氏から温湯城をはじめ江ノ川以南の土地を奪取して吉川元春の支配下に置き、その代り福屋氏旧領の井田・波積（江津市）を小笠原氏に給与し、福屋氏には邇摩郡内で替地を与えた。このことは、小笠原氏に拮抗してきた福屋氏に不満を与え、これから二年後には、厳島合戦前から味方してきた同氏を尼子方に追いやり、毛利氏に反乱を起こさせることになる。

聖護院門跡道増が和平使節となって最初に中国地方へ下向したのは、永禄二年十月以降から翌三年五月ごろまでとみられる。道増は毛利氏からもいちおう和談に応ずるとの請文は得たものの、尼子氏との交渉は遷延するばかりであり、あげくの果ては、道増は尼子方から何か頼まれた約諾があるのではないかと疑う毛利側の声を耳にした。かれは同三年五月に、元就・隆元宛に自分の立場は全く公正であることを強調した起請文を与え、両人がほんとに和談に同心されるのならば奔走はするが、そうでないならば、自分にも覚悟があるといいきっている（毛利家文書二三二号）。かれがいったん帰京したのはこの直後とみられる。尼子氏では同年十二月、晴久が四十七歳の壮年で死没してしまい、十二歳の義久が当主となる。このころから、同氏では女中衆が中心となって、毛利氏との和平に熱を入れるようになる。毛利氏では永禄三年七月についで翌四年四月にも、大森銀山を奪取しようと攻撃をかけるが、尼子方の本城氏らのため撃退され失敗におわる。一方、西表では大友氏の豊筑における毛利方に対する攻撃が激化する。このような情勢下の同四年閏三月に、道増は再び芸雲和談を進めるために下向してくる（小早川家文書二二〇号、吉川家文書六七号）。

大友氏は、豊前国への進撃を永禄四年六月以来突き進め、毛利勢が固守する門司城にまで攻撃を加えた。毛利氏は同年九月下旬に、兵を分かって隆元並びに水軍を率いた小早川隆景を大将として西下させる。門司城の攻防戦は同年十月から激化するが、同年十一月初めには、毛利勢が刈田《かんだ》松山城（福岡県京都郡刈田町）を海上から攻撃したため、大友勢は背後を断たれるのをおそれ、大敗して退き、刈田松山城まで毛利氏の手に渡り、ここには天野隆重が守将として置かれた。一方、石見国では、毛利氏に不満を懐き尼子氏に通じて機会をうかがっていた福屋氏が、同年十一月、自領と大森銀山の間に介在し、吉川氏一族の吉川経安が守備する福光城（島根県温泉津町）に攻撃を加えて反乱を起こした。毛利氏は両国の敵に対処するため、和談に容易に応じそうにない大友氏より、道増を通じてむしろこれを進めようとしている尼子氏との和談をまとめようとする。

毛利氏は永禄四年十二月には、元就と元春の部隊だけで福屋氏の支城群を攻落し、元就は本陣を矢上（同県石見町）に置き、福屋氏の本拠本明《ほんみょう》城（江津市有福温泉町）と、その支城の一つではあるが江ノ川畔の堅固な川上《かわのぼり》松山城（同市松川町市村）の攻撃に移る。ただし、これには毛利全軍を結集して当るために隆元・隆景を関門地域から呼びもどす。一方、このころには道増の手で毛利・尼子両氏の和平策がいちだんと進行する。しかし、毛利氏としては、尼子義久が和平に賛成でも尼子方の本城氏らが依然福屋氏の援助を続けており、それを断ち切ることを要求していた。隆元をはじめ毛利家中には、晴久が死没して弱体となった尼子氏に、結婚のとりきめや人質を送るなど対等な条件は無用だとの意見があり、また、和平が実現すれば、味方の国衆や家中までも尼子方からの離間策に乗ぜられはしないかとの不安もあった（毛利家文書四三〇・七二七〜七三〇号）。そのため、和平の最後の詰めがいっこうに進まず、いや気を起こした道増は帰京を急ぐ有様であった。このとき元就としては、和平が不調におわれば、尼子氏が福屋氏援助に力を入れてくるのは必定だから、福屋氏討滅までは尼子方との和平を保持する必要を強く感じていた。

芸雲和談は、永禄四年十二月末から翌五年一月初旬にかけての間にいちおうの大詰を迎える。元就は帰京を急ぐ道増に、安芸国吉田において、毛利氏側の竺雲恵心・策雲玄竜・永興寺周端ら三人の外交僧に接待に当らせ、なんとか逗留してくれるよう懇請につとめさせた。元就はすでに尼子方から和談同意の起請文（神文）を受取っていたので、返事の起請文を尼子方に渡すため、そのころ吉田近くまで帰還の途中にあった隆元からも、至急起請文を自分の手元まで差出すように申しつけている。尼子氏方からは重ねて使節の兵部卿が、道増への歳暮の礼をすることを名目に、前年十二月二十六日に富田をたち、途中大雪に悩まされ、翌五年一月十三日吉田に到着している。両氏の起請文交換は、道増の仲介でこの時期に行なわれたとみられる。和談の内容には人質の交換、結婚のとりきめなどもあったが、尼子氏が福屋氏を救援しない誓約が第一条件であったに違いない（毛利家文書四五七・四八一・八五八号）。このとき、元就は道増の面目を保つために、義輝に対し一千貫の地を将軍料所にすることをきめ、これからの年貢や、先に献資の約束をしている二千七百貫のうちから、その半分、三分の一でも現物を至急恵心に持たせて上京させるよう隆元に命じている。一方、義輝からもすでに永禄四年十二月八日付で、元就・隆元ともに将軍の相伴衆に召加えられ、毛利氏の家格が高められている

（同上二三二・三二四号）。

全軍集結を完了し、芸雲和談で尼子氏からの救援を断ち切った毛利氏は、福屋氏に対する総攻撃を開始し、永禄五年二月六日に川上松山城を攻落した。その翌日、毛利勢は本拠本明城攻撃に向かったが、福屋氏一族は戦意を失って城を棄てて逃走する。福屋隆兼らは浜田湊から海路出雲に逃れ、尼子氏を頼るが受入れられず、ついには大和国に流寓し、松永久秀をたのみ、志貴山城に入ったという（吉田物語巻七）。

福屋氏討滅に成功した毛利氏は、続いて永禄五年五月末ごろまでに、尼子方として大森銀山を固守していた本城常光に出雲国で所領の給与を約束し、利をもってこれを降伏させた。またこのころには、出雲国でも赤穴氏をはじめ有力国衆が続々と毛利氏の味方となっている。毛利氏は同年六月二日に、尼子氏に送っていた人質を引取り、翌三日には和談を破棄し、尼子氏と対決する態度を明らかにした。元就・隆元は同月二十三日付で義輝に書状を送り、和談破棄の理由を述べているが、それは、毛利氏が将軍の意向に従って堪忍していたのに、大友勢が門司城に攻撃を加えてきた去年十一月に、尼子氏は福屋氏に荷担して再乱を企てたが、これは、当時安芸国に在国した道増もよく存知していられることで許せないというのである（斎藤文書）。福屋氏を討滅するまでは和談を守ることを尼子氏に強いながら、ここに至ってこのような言辞を弄するのは、元就の詭弁というほかはない。義輝は同年十一月、吉川元春に対し、毛利勢がすでに出雲国に乱入しているが、尼子氏は数年来京都のため奔走してきているのであり、なんとか無事に収束させたい。分別するよう元就に意見してほしいと申し送っている（吉川家文書六八・四六七号）。しかし、元就はすでに尼子氏に対しては、なんといわれようと力ずくで討滅する覚悟を固めていたのである。

毛利氏の出雲進撃は永禄五年七月からはじまる。その本隊は同月三日に吉田郡山城をたち、石見路を経て出雲国に入って北上し、同月二十八日には今市（出雲市）に陣を進めた。毛利氏の威勢は高まって、尼子氏と関係が深い出雲東部の諸豪族までその麾下に参じた。しかし、同年九月には尼子氏と連絡をつけた豊後大友氏が豊前国に進撃し、刈田松山城を攻撃して毛利氏を牽制した。そのため、毛利氏では再び隆元を西表へ出征させることになる。また毛利氏では同年十一月五日、元春に命じて本城常光一族を誅戮させたので、出雲東部の諸族が尼子方に帰参したため、一時進撃が遅れることになる。本城氏の誅戮は、その行動が強剛を誇って不遜であったためだといわれるが、同氏はこの年六月に降伏して以後も、依然、大森銀山に根を張っていたから、元就としては、これは降伏させたときからの予定の行動であったのかもしれない。毛利氏は大森銀山の保有をより確実にするため、この年末に義輝を通してこれを皇室に献じ、その代官に任命してもらう。

毛利氏は本城氏誅戮の直後、用心のため本隊を一時赤穴（島根県赤木町）まで引いたが、出雲の国衆のほとんどが味方にとどまったので、同年十二月再び北上し、宍道湖東北岸（松江市固屋町）に、富田城攻略のための拠点として半永久的な洗合《あらわい》城を築いた。同月、豊後大友義鎮（宗麟と号す）からは尼子氏の重臣森脇孫三郎に対し、すでに元就一類が出雲に在陣している由であるが、調略をもって「足を抜けざるよう」に才覚してほしいといっている（吉川家文書一四七九号）。

出雲から再び西表へ出動した隆元は、永禄五年十二月二十一日には厳島まで下向し、厳島大明神に願文を捧げ、六十六歳の父に病難があればわが身をもって代りたいといっている（毛利家文書七五九号）。かれは岩国を経て、翌六年一月七日には防府に到着して前線の指揮に当る。同年一月末には、大友勢が再び刈田松山城に猛攻を加えるが、これも撃退され、豊前方面の戦況は膠着《こうちゃく》する。このとき、義輝が芸豊和談の推進に乗り出し、毛利方には聖護院道増、大友方には久我晴通（愚庵）を下向させる（吉川家文書四六四号、立花文書）。元就は、挫折した芸雲和談には一片の興味も示さなくなっていたが、芸豊和談には乗り気であったのと、大友側にもこれを受入れる事情があったので、同年二月末ころには、毛利・大友両氏の和談は急速に進展をみた。備後神辺城主で当時出雲遠征に従っていた杉原盛重は、同年三月八日付で神辺城留守居の横山・谷本両氏宛に芸豊和談のことを報じている。それには、道増が安芸国廿日市に下向し、豊後へは松之坊を差下して工作し、大友も同心して和談が相調った由で、隆元もきっと出雲の元就本陣に打上げるであろうといっている（横山文書）。この時期に毛利・大友両軍が互いに兵を引退き、話合いが進展したのは確かである。しかし、交渉の条件が煮詰められておらず、そのために、隆元はこの後も同年七月まで岩国・厳島辺にとどまっていたのである。それは、この地には道増もいて、大友氏との交渉の使者の往来に便宜があったためであろう。また、毛利外交僧恵心も、山口に下向して大友氏との交渉に関与する。毛利・大友両氏が起請文を交換し、この和談に一段落がつくのは翌七年七月になってからである。

芸豊和談の条件は、毛利氏は門司城を保持する以外は豊筑からいっさい手を引くこと、かわりに大友氏は防長に干渉しないこと、それと毛利・大友両家の結婚とりきめがあった。しかし、筑前国には宗像・秋月氏など大友氏に反抗して毛利氏に頼っている諸豪族がおり、さらに大友一族の一万田氏出身で、大友氏からこの方面の押さえに置かれた宝満山・岩屋両城（太宰府市）の城主高橋鑑種までも、毛利氏に内通している情勢であった（毛利家文書六三八号）。大友氏は、かれらを毛利氏が裏面で援助するのをやめるよう強く要求した。一方、大友氏は永禄二年、義輝から豊前・筑前・筑後三国守護と九州探題に任ぜられただけでなく、大内氏家督継承を承認され、防長両国に対する権限保有を主張していた。そのため義輝は永禄五年、隆元を備中・備後両国の守護に任じているが、防長両国の守護についての大友氏をはばかって躊躇している（同上三一八号）。毛利氏としては、大友氏の防長両国に対する主張を完全に撤回させる必要があった。この交渉は長引き、翌七年まで持越される見通しが濃くなった。

隆元は永禄六年七月六日、厳島で道増に別辞を述べて出発し、同七月十日には吉田郡山城西方多治比まで帰着する。しかし、城中に入って休養をとることをせず、ここに十一歳になった嫡子幸鶴丸（輝元）を呼んで対面する。これが父子の別離となる。かれは同月十二日佐々部（高宮町）まで北上し軍勢を整えるため滞陣し、翌月八日に出雲へ出征の予定であった。隆元はこの陣所で夫人尾崎局からの書状を受取るが、それには、いつもの土用の祖先供養の法事を行なうことを述べるとともに、幸鶴丸は父であるそなたより申すことこそおそれるので、母の申すことや傅役《もりやく》国司元武の意見をよく聞くようにいってやってほしいと記されていた（毛利家文書一三二〇号）。隆元は八月三日、部将和智誠春の宿所に招かれ饗応をうけた直後、急病となり四日暁に死没してしまう。四十一歳であった。隆元の死の原因は、食傷とも毒殺ともいわれる。このとき隆元に近侍した赤川元保が永禄十年三月に、また饗応主の和智誠春が同十二年一月に、いずれも元就の意向によって誅戮されている。元就は、隆元の死因に釈然としないものがあったのであろう。

元就は隆元の来着を待って、尼子方最大の出城の白鹿城《しらが》（松江市法吉町）の攻撃を行なう予定であった。隆元急死の報を得たかれは、表面では悲痛の情を抑え、その弔合戦として同年八月十三日に白鹿城総攻撃を開始する。しかし、隆元に先立たれた元就の心底の悲しみは、計り知れない深いものであった。小早川隆景が同年閏十二月に、吉田興禅寺住職の策雲玄竜に送った書状の中で、当時の元就はどうにもならぬやる方なき心境で、このうえは自分も相果て隆元と同じ死の途に同道するのが本望だと申して、「うちふてたる」様態で、元春も自分も昼夜心遣いであった。また、出雲での弓矢がおわってなんとか帰陣できたら、出家法師の身になって何方にでも住みたいといい、元春・隆景のことなどかまってくれない有様だと記している（長府毛利文書）。元就の尼子・大友両氏を手玉にとっての外交の辣腕は凄まじいものであったが、これも一方に誠実な隆元の支えがあったからであり、隆元に死なれて、かれが一時朦気となったのも当然である。しかし、隆元死後には元春・隆景も存したとはいえ、元就の余生には、まだ十一歳で毛利氏当主となる輝元の後見をつとめる使命が残されていた。

二　元就の晩年――輝元の後見者――

出雲遠征中、突然隆元の死に遭った元就はすでに六十七歳であったが、毛利宗家を継ぐべき孫の輝元（幸鶴丸）はまだ十一歳であった。かれは輝元の成長を待ちわび、その十三歳の春に元服式を挙げさせ当主に立てる。その後、尼子氏を滅亡させるとはいえ毛利氏の戦線は四国・九州、再び山陰地方、さらに東方へと際限なく拡大していく。それで、元就は輝元がせめて思慮深くなる二十歳までは後見するものがいなければならぬと苦慮する。かれは、かねてから念願している毛利両川体制の強化をはかり、輝元から元春・隆景両叔に対し、親とも兄弟とも頼みにしていると申し入れさせ、両叔もこれにこたえて、隆元存生中よりいっそう熱を入れて協力するようになる。一方でかれは、毛利家宿老たちの、いったん他家に出た元春・隆景が毛利家の最高機密に関与することについての不満を和らげるため、家中の福原貞俊・口羽通良らを持上げることに心を配る。親子・兄弟がせめぎあうことの多かった戦国大名中、まれにみられる毛利一族の協力ぶりは、元就が晩年にいっそう強めたこまやかな心くばりによるところが大きい。元就には、隆景の下に四郎元清をはじめ、六人の腹ちがいの男子があった。かれらは年齢的にはむしろ輝元に近く、その戦力となって働くようになる。元就はその晩年に、輝元の後見者として拡大する戦線の指導に当ったことのほかに、一族の団結という計り知れない遺産を残す総仕上げをしたといえる。

元就の尼子氏富田月山城に対する攻撃は、隆元死没二ヵ月余後に白鹿城を攻落し、その翌月には弓ヶ浜（米子市、境市）の合戦に大勝して、海路による伯耆方面からの兵糧搬入を阻止してから本格化した。しかし、かれはあくまで持久戦法をとって、洗合（松江市）に腰を据えて包囲網を徐々に縮めていった。永禄八年（一五六五）に入ってまもなく、元就の側室の一人で、正室妙玖の死没後、郡山城内の裏方をとりしきっていた中の丸から、輝元の元服式の準備が進み、将軍義輝の使者の下向も近づいたと知らせてきた。元就はその返事に、輝元が成人するのを月星《つきほし》とこれのみ待ち望んでいたことなので、なによりめでたい。あなたは輝元母子のいる尾崎丸に折々出向く由だから、輝元が、どうか気力があり、筋目正しい人物になるよう意見してほしいと書き送っている（毛利家文書六〇二号）。輝元の元服式は同年二月十六日、郡山城内に上使を迎え、その指導のもとに宿老桂元澄らが奉仕して厳かに行なわれた（小早川家文書一五四号）。輝元と称したのは、義輝の一字をもらったのである。

毛利勢の富田月山城に対する最初の総攻撃は永禄八年四月に行なわれるが、このとき、元服直後の輝元が、吉川元春の嫡子で当時十八歳の元長とともに洗合の本営に呼出され、初陣として攻撃に参加を許されている。このとき、毛利勢は富田城麓まで肉薄したが、富田籠城軍の闘志が衰えておらず、強襲すれば味方の犠牲が大きいことを察した元就は、衆議を排して総退却を命じ、洗合の本営に帰着して再び持久戦を続ける。

翌九年春には、平生頑健を自慢していた元就が陣中で大病に侵される。同年二月半ばに、かれが一時危篤状態になっていたことは、このとき元春・隆景両人が、平賀・益田・佐波・三刀屋氏など有力国衆と誓紙を交換し、国衆から、元就が所労であっても変ることなく忠誠を誓ったのに対し、両人からも、諸事を談合し堅固に覚悟して富田城を攻落そうといっていることからも察せられる（平賀家文書九六号等）。しかしこの病気も、京都から呼び下した第一級の医師曲直瀬《まなせ》道三《どうさん》（正盛）の加療よろしきを得て、翌月末ころには快方に向かっている。しかし、以後元就は往年の元気はなく絶えず所労を気にするようになる。

富田城は兵糧が尽き、城から脱出する部将も簇出し、ついに永禄九年十一月に最後のときがきた。元就は元春・隆景らの反対を押し切って、城主尼子義久・倫久・秀久三兄弟を安芸国に下向することを条件に、その生命を保証した。かれは、かような大敵を取詰めたとき、一命を乞われたら助け置くのが大将たるものの法だと大きく見えをきったという（桂笈円覚書）。実は四年前の永禄五年十二月に、いちど芸雲和談が成立し義久から先に誓紙が出されていたのを、元就がこれを破棄したいきさつがある。そのため元就の心底には、義久らの生命を助けることで、その埋合わせをしておきたい気持があったのであろう。

元就らは尼子氏滅亡後も洗合で越年し、永禄十年二月吉田に凱旋した。永禄五年七月に遠征をはじめてから四年八ヵ月がたっている。元就の病気治療に下向した曲直瀬道三は文才もあって、元就一族と親交があり、富田城落城後も毛利陣中で越年してから帰京した。かれは元就から、出雲在国中に見聞した褒貶《ほうへん》を心底に残すところなく注進してほしいといわれて、永禄十年二月九日付で九ヵ条からなる意見書を差出している。その第二条には、歳暮と年頭の祝詞を申述べようと毛利勢の諸陣を訪れたところ、障屏《しょうへい》を飾った立派な席を設け珍肴で祝酒に酩酊《めいてい》していた。人馬が苦しむ遠征の陣中でこのようなことはいけないといっている。しかし、毛利勢としては宿敵の本拠を攻落した直後に迎える新年であり、これはやむをえなかったのではなかろうか。ところが、第四条には毛利氏の武威天下無双であることは隠れもないことであるが、下民御憐愍《れんみん》の文徳はいまだ承り及ばずと記されている。これまでは勝抜くことだけに精一杯であった元就に、これは手痛い批判であり、反省させられるところが多かったであろう（毛利家文書八六四号）。

出雲国から凱旋してから伊予国に出兵するまでの一年余は、毛利氏にとって、兵を休めると同時に隆元死後の態勢を立直す時期であった。当主輝元がまだ分別が十分でない年齢であるため、七十二歳になっていた元就ではあったが、後見を続ける覚悟をきめる。それについて、かれは輝元に対し、病身でもあり世上のことからいっさい手を引きたいといったところ、隆元には四十歳までも万事面倒をみておきながら、やっと十五歳になったばかりの自分を見放すとは余りにも情なく口惜しいと怒るので、これでは輝元と義絶にもなりかねず、この齢になっても気づかいをしなければならないといっている(毛利家文書六四〇号)。

元就は、元春・隆景を隆元存生のとき以上に毛利氏の枢機に参画させたかったが、毛利家中には、いったん他家に出たものがこれに加わることはもってのほかと、これをきらうものがあった。そこでかれは、毛利氏宿老中の上位にあり、表裏なき正路の人物であった福原貞俊を抜擢し、かれを中心に元春・隆景と談合させる態勢を整えた(福原家文書六の四・五)。一方、元春・隆景に対しては、輝元から機会あるごとに父隆元に代って親・兄弟となって援助してくれるよう依頼させている。両人もこれにこたえ、四国・九州出征などには両翼となって先鋒をつとめており、元就の晩年が、毛利両川体制が最も強化された時期である。

毛利氏は永禄十年冬、すでに九州の大友氏との対決が迫っていた際であったが、にわかに伊予出征をきめる。それは、伊予道後湯月城主(松山市)の河野氏から救援を請われたためである。それは、河野氏と抗争を続けている大洲城主(大洲市)の宇都宮豊綱が、土佐国守護家の一条氏や、その家臣で勢力を増大していた長宗我部元親と結んでその軍勢を引入れ、河野氏の存立を危くしたためである。河野通宣には元就の孫に当る宍戸隆家の娘が嫁しており、通宣は病弱で、家を養子で幼少の通直に譲っていたが、同氏はこれまでも、毛利氏の後楯でやっと宇都宮氏に対抗していたのである。この度の伊予出征について、毛利家中の大半のものは、沿海部を担当する小早川隆景の勢力拡張のための戦いと理解していたが、元就は出征の目的を、以前厳島合戦に、河野氏の警固衆来島氏が来援してくれたその報恩のためだといっている（毛利家文書五七九号）。また、元春も早々と、他の国衆はどうであれ自分は隆景と並んで渡海すると覚悟を表明している（吉川家文書別集三七四号）。毛利勢は、元就・輝元は出動しなかったが元春・隆景が両将となり、その本隊は永禄十一年三、四月の交に、芸備の津々浦々から渡海し、河野勢とともに土佐勢を排除し、同年五月上旬に大洲城を攻落した。このとき、宇和地方の領主西園寺氏も毛利氏に和好を求めてきた。この度の出征には、大友氏を東方から牽制するねらいもあったとみられる。ともあれ、毛利氏の勢力圏は内海を越えて四国に及ぶようになった。

毛利氏と大友氏の間は、和談成立後も豊前・筑前両国の国人領主で毛利氏に心を寄せるものが多く、大友氏一族の中にさえ、先の宝満山の高橋鑑種についで、博多の東北に当り多々良浜の東にそびえる立花城（福岡市東区）に置かれた立花鑑載《あきとし》までも、大友氏の本家に背いて毛利氏に通ずるに至ったため、再び両氏の対決となった。大友義鎮（宗麟）は頽勢挽回のため、永禄十一年に大兵を筑前に入れて立花城を攻めるとともに、豊前の毛利方拠城を攻撃した。そのため、毛利氏に属していた豊前の三《みつ》岳《がだけ》城主（北九州市小倉南区）の長野氏らが大友氏に内通したので、毛利氏は北九州の味方との連絡が脅かされ、救援が急がれた。毛利氏は同年六月初旬、伊予から凱旋したばかりの元春・隆景を先鋒として九州に出動させる。毛利氏はこの度の出動には全勢力を注ぐことになり、備後はもとより石見・

出雲の国衆もことごとく動員している。元就も輝元とともに、九州の諸軍を統帥するため、翌十二年四月には本営を長府（下関市）に進める。

毛利・大友両氏抗争の重点は、筑前立花城の争奪戦であった。この城は永禄十一年七月下旬に陥落し、城督立花鑑載は自刃し、いったん大友氏の手に落ちた。しかし、毛利勢が同十二年三月にこの城を包囲し、さらに大友氏の救援軍を食い止めるための防御の土塁・堀・塀などの工事を進めた。毛利氏は同年閏五月三日にこの城を落すことができたが、救援のため来襲した大友軍は依然として退却せず、毛利氏の遠征軍は北九州に釘づけされてしまった。このとき、大友氏は毛利氏の反対勢力を次々と蹶起させて包囲戦線を結成し、そのため、さすがの元就も一時窮地に追い込まれることになる。

永禄十二年六月下旬、尼子牢人の山中鹿介幸盛・立原久綱らが新宮党尼子誠久の遺児勝久を盟主に押し立て、出雲国に侵入した。その勢いは、またたくうちに尼子氏旧領一帯に波及した。かれらは一方では織田信長の援助をうけ、他方では大友義鎮と通謀していた。義鎮は、備前の浦上宗景と能島村上武吉も味方につけている。武吉は病いと称して北九州に出陣せず、毛利氏が警固船を最も必要とするとき戦線から離脱した。同年八月三日には、毛利氏の備後国における重要拠点である神辺城（広島県神辺町）を、同城の旧城主山名氏の家臣であった藤井皓玄《こうげん》らが一揆を起こして一時占領した。当城主杉原盛重の城代所原肥後守は城を棄てて逃れたが、同国の留守を預っていた国衆たちの協力で、七日後に城を奪回している。この備後一揆が大友氏と連絡があったことは、このころ豊後から廻文を持った二人の使者が、備後南部の田島（同県内海町）に潜入して搦捕られ、使者に宿を貸したものも搦置かれていることからも察せられる（閥閲録四七）。

永禄十二年十月十一日には、大友家に寄食していた大内輝弘が、義鎮の援助で周防の秋穂浦（山口県秋穂町）に上陸し、翌日には山口に進入した。輝弘は大内義興の庶兄高弘の子息とみられ、周防でかれに内応するものもあって、毛利氏は長府の本営の背後まで脅かされた。ここに至って元就は、九州遠征軍の即時退却を決意する。有力な大友軍と対峙中の撤退には困難があったが、元春・隆景らは、立花城に乃美宗勝らを将とする一部の籠城兵を残しただけで、同月十五日の夜陰に乗じ、風雪を冒して全軍芦屋浦（福岡県芦屋町）に撤退し、この浦から海路下関に着き、同十八日長府の本営に帰着した。立花城にとどまった乃美宗勝らは、毛利・大内両氏の諒解を得て、同年十二月二十八日に城を開け渡して帰国するが、豊筑の毛利方であった諸領主たちも大友氏に降参して、北九州からは毛利氏の勢力が失われる。周防を攪乱した大内輝弘軍は同年十月二十五日に鎮定されるが、出雲の尼子牢人の反乱を鎮定するには時間がかかった。

出雲を奪還しようと島根半島に上陸した尼子勝久の軍勢は、新山《しんやま》城（松江市法吉町）に本拠を置き、その南の末次城（同市殿町）に土塁を構築した。しかし、攻撃目標の富田月山城は毛利氏部将の天野隆重が堅く守っていたため、この城を取巻いて布部（島根県広瀬町）をはじめ数ヵ所に堡塁を構えて包囲網を固めた。反乱鎮定のため、九州陣から出雲へ帰国を許された毛利方国衆の中にも、高瀬城主

（同県斐川町）の米原綱寛《つなひろ》などのように尼子方に投ずるものが出て、同国の風雲急なるものがあった。長府から吉田に帰着した元就は元亀元年（一五七〇）、総大将の輝元を元春・隆景に輔佐させて、大軍を出雲へ出動させる。富田月山城の救援を急いで雪の中を進撃する毛利勢の前に、尼子方は全兵力を布部要害に結集して防戦する。毛利勢は同年二月十四日、激戦の末、この要害を突破して翌日富田城に入ることができた。元就は早速輝元に書状を送り、「かようの事は古今稀の事に候」と、高い調子でこの戦勝をほめているが、かれは、これで尼子牢人の乱の鎮定も峠を越えたと判断したからであろう（毛利家文書三七〇号）。

出雲滞陣中の輝元は元亀元年九月五日、元就が再び大患にかかったとの報を受け、この方面の軍事を元春に委託して、隆景らとともに帰還する。元就の病状はこの年の秋には快方に向かい、翌年春三月には、訪れた人々と桜花を眺める楽しさを和歌に詠んでいるほどである（元就卿詠草、元亀二年三月十六日）。しかし、同年五月には病状が悪化し、同六月十四日郡山城において死没した。七十五歳であった。隆景は同十四日付で出雲の元春に差出した書状で、元就の煩は今度こそ覚悟しなければならぬ。その方面も重要なときなので、吉田に帰られるかどうかは、元春自身の判断にまかすと輝元もいっている。東方上口も切迫した情勢なので、只今、宍戸隆家・熊谷信直・福原貞俊・口羽通良が参上して談合していると申し送っている（吉川家文書一二〇九号）。毛利氏の四周には、西方の大友氏はもとより、東方では浦上・宇喜多氏が敵対しており、さらにその東方には、やがて毛利氏最大の敵対勢力となる織田信長が台頭していた。このような情勢のうち、元就は人生の幕を下ろすことになる。

元就は正室妙玖が死没した後であるが、二人の側室、乃美大方と三吉女との間にそれぞれ三男一女をもうけている。かれは弘治三年（一五五七）十一月に隆元・元春・隆景三子に与えた教訓状の中で、只今幼少な子どもたちがいるが、そのうちまともに成人するものは遠境の城にでも置いてやってほしい。ひょうろくで無力ならば、どのように処置されてもなんとも思わないといっている（毛利家文書四〇五号）。この時期に存生した男子は、元清（生母乃美氏、天文二十年生）・元秋（生母三吉氏、天文二十一年生）・元倶（生母三吉氏、弘治元年生）の三人であったが、続いて元政（生母乃美氏、永禄二年生）・元康（生母三吉氏、永禄三年生）、そして元就が七十一歳のとき秀包《ひでかね》（生母乃美氏、永禄十年生）が生まれる。

元清は備中の旧族穂田《ほいだ》氏の養子となっており、永禄十二年には桂元澄の跡をうけて、安芸国南西部の要衝桜尾城（広島県廿日市町）の城主となる。元就は輝元が元清を懇遇してくれることについて、感謝の手紙を書いている（毛利家文書五七五号）。かれは天正三年（一五七五）には備中の猿懸城（岡山県矢掛町横谷）の城主をかね、同十九年ころの知行は一万三千七百五十九石余である。かれの子息秀元は、秀就が出生する以前に一時輝元の養嗣子となる。秀元の後が末家長府毛利家である。元秋は周防東部の旧族椙杜氏の養子となるが、後に出雲の富田城の城督となり、富田氏を称す。かれが天正十三年に死没するので、その跡を出雲の末次城主であった弟の元康が継ぐ。かれは天正十九年に吉川広家が富田城に配置されるについて、備後の要衝神辺城に配置替となる。この時期のかれの知行は二万三千八百二十九石余である。かれの後が一門厚狭毛利家となる。元倶は石見の旧族出羽元祐と養子約束ができていたが、元亀二年に早死している。元政は安芸の有力国衆天野元定の養子となり、天正十九年の検地では一万五千五百三十四石余の知行である。かれの後が一門右田毛利家となる。秀包は天正七年に、子息がない小早川隆景の養子となるが、文禄二年に豊臣秀吉外甥の秀秋が小早川氏の養子に迎えられるに当って、別家する。このとき、秀包はすでに筑後久留米に拠る十三万石の大名であった。かれの後が一門吉敷毛利家となる。

第十章　織豊政権と毛利氏

一　天下を争う

元就の死後も情勢は毛利氏有利に展開し、元亀二年（一五七一）八月には出雲の尼子勢力は潰滅し、尼子勝久らは国外へ敗走し、西方でも大友氏との停戦状態が続いた。翌三年十月初旬には、浦上氏の家臣から興り、主家に代って備前大半と美作の一部を領有していた宇喜多直家が、講和を求めて毛利氏の麾下に入った。そのため、毛利氏の勢力圏は那波（兵庫県相生市）・坂越《さごし》（同赤穂市）など播磨の海岸部にまで及ぶ。山陰地方でも、伯耆・因幡両国が毛利氏の支配下に入るのも眼前にあった。しかし、輝元は元就死没のときはまだ十九歳で、当主としては経験不足な若者であり、毛利氏の膨張した領国内の組織化は進んでおらず、ことに軍事費の不足は深刻であった。元就死後十三日しかたっていない元亀二年六月二十六日付で、元春・隆景に元就晩年に内談衆として抜擢されていた福原貞俊・口羽通良を加えた四人が連署して輝元に言上し、石見銀山を直轄領となし生産された銀は、元就が仰せ置かれたように全部を軍費に当て、少しも他の用に使わないこと。また、防長両国の段銭徴収が隆元死没後、緩みきっているが、これを段銭奉行に命じて厳しく調達させること。これらは東方上口における調略が大変なことになっているからだといっている（毛利家文書八四〇・八四一号）。

元就は子孫に対し、天下に旗を翻し武名を一世に挙げたものは、必ず数代後には類族枝葉まで地をはらって滅亡している前例があるから、毛利氏ではそのあとを追わず、ただ数ヵ国を保って子孫永代の計をなすべきであると、遺訓したと伝えられている（陰徳太平記巻七六）。この遺訓そのものは残っていないが、間接的ではあるが慶長六年（一六〇一）の吉川広家覚書の中に、元就から、只今五ヵ国十ヵ国を手に入れたことは、時の幸運によるものであるから、今後は子孫においても天下を競望するようなことを思い立ってはならぬと、仰せ置かれた由を父元春から聞かされたと記されている（吉川家文書九一七号）。これが元就の真の気持であったであろう。しかし現実には、輝元は天下統一の野望に燃えた織田信長と正面から交渉をもつようになる。打倒信長に熱中する前将軍足利義昭を領国内に迎え入れ、全国の一向一揆を指揮して信長に反抗している大坂石山本願寺を授けて、毛利氏はついに織田氏と決戦を交えるに至り、いやおうなしに天下を争うことになる。

輝元は元亀三年七月から同年十月初旬にかけて、元春・隆景とともに備中に出陣し、備前の宇喜多直家に威圧を加え、その結果、宇喜多氏は講和を申し入れて毛利氏の麾下に入った。備中から凱旋した直後の同年十二月に、輝元は毛利氏としては最初のいちおうまとまった掟《おきて》を定める。この掟はおもに毛利家中の政務に当る者の心得を示したものであるが、輝元の一方的な布告ではなく、それぞれ政務の責任に当るものがよく納得してから、下段の役人に伝達させた念の入ったものであった。まず十一ヵ条の掟を、輝元から、元春・隆景・貞俊・通良の四人の執政に心得て承知したうえで年寄・奉行衆に申し渡すように命じ、四人はこれを年寄・奉行衆の代表五人に申し渡し、この五人を含む年寄・奉行衆十二人にこれを確認させる。さらに、年寄・奉行衆は評定して十一ヵ条から抜き出した八ヵ条の掟を、かれらの下で交代で日常の政務をとる番衆二十四人に申し聞かせている（毛利家文書四〇四号）。

この掟の内容は、親子・縁類たりとも公正でなければならぬ。迅速で責任をもって行ない、他人から憎しみをうけても一命を惜しまず公儀のために尽力することなど、おもに政務担当者の心得を示したものである。領国全体に通ずるものとしては、法度に違い緩怠したものは許容してはならぬ。喧嘩を仕出すものは身分の上下にかかわらず双方を処分する。与力も寄親の計らいだけでなく、公儀の処分に従わねばならぬといった箇条くらいである。戦国法としては決して整ったものとはいえないが、輝元初政に当って組織の引締めを行なった様子は察せられる。

毛利・織田両氏の交渉は、信長が永禄十一年（一五六八）九月に義昭を奉じて入京した直後からもたれたが、両者の関係が深刻化したのは、信長に反抗するようになった義昭が毛利氏に救援を求めるようになってからである。虚名の将軍では満足できなくなった義昭は、天正元年（一五七三）二月に続いて同年七月に、信長に反抗して挙兵するが、圧服させられ、義昭の味方であった河内の三好義継の居城若江（東大阪市）に送りつけられる。信長としても、いちど自分が将軍に担いだ義昭を抹殺することもできなかったのである。義昭はなおも信長に反抗する意識を高めるが、かれが最も頼みとした武田信玄が同年四月に死没した後は、一途に毛利氏を頼みとするようになる。

信長は天正元年八月、越前朝倉、近江浅井両氏を攻め滅ぼした。その戦勝を祝賀するためであろう、小早川隆景は太刀と馬を贈って音信した。これに対する信長からの同年九月七日付の返書には、「天下之儀」についてお示しに預りありがたいと記されており、信長が天下統一の抱負をいつも念頭に置いていたことが察せられる（小早川家文書二七二号）。中国地方第一の大勢力となっていた毛利氏ではあったが、天下を争う覚悟と準備はまだできていない。織田氏にしても、近畿には本願寺をはじめ反信長勢力があるし、東国には武田勝頼・上杉謙信の強敵をひかえ、毛利氏と正面から決戦をいどむ時機とは考えていない。ところが、義昭は両者の争いに即刻火をつけようとしている危険な存在となっている。両者の衝突を回避するためにも義昭の処遇を話合う必要があり、毛利・織田両氏の会談が泉州堺でもたれることになった。

天正元年十一月初めの堺での会談には義昭も出向き、織田方からは羽柴秀吉と外交僧として名の知られた日乗上人が、毛利方からは安国寺恵瓊が出席した。恵瓊は広島湾頭牛田新山にある安芸安国寺（現在の不動院、広島市東区牛田新町）の住持で、少年のときから竺雲恵心の弟子となって京都東福寺に入って修行し、外交僧としても、師のあとをうけて元就晩年のころから活動をはじめていた。当時、かれはすでに毛利氏を代表できる外交僧に成長しており、ことに織田方当面の交渉相手である隆景と親密であったので、毛利方代表となったのである。この会談で、毛利方は義昭を信長と和解させ京都に帰還させようとしたが、義昭の強硬態度によって不調におわった。しかし、義昭は毛利側の意向を容れて安芸には下向せず、海路、紀伊の由良興国寺（和歌山県由良町）に向かったので、毛利氏の心配は一時解消した。恵瓊は帰途宇喜多直家と面談のため岡山に立寄るが、その地から元春・隆景宛に上方の情勢を報じた。その書信の最後のところに、信長の代はあと五年ほどはもつであろう。明年あたりは公家になられるであろう。そうして後「高ころひにあをのけにころはれ候すると見え申候、藤吉郎（秀吉）さりとてはの者にて候」と記されている。これは恵瓊がこのとき秀吉の人物を見抜いて、やがて信長に代って秀吉時代がくることを予言しているような言辞であり、注目される（吉川家文書六一〇号）。

堺会談以後天正四年に至るまでの毛利・織田両氏の関係は、裏面で策動の限りを尽くしながらも、表面は親善関係を装った微妙なものであった。天正二年三月には、すでに吉川元春が平定していた因幡に尼子勝久・山中鹿介らが侵入してくるし、同年閏十一月には、備中松山城主（岡山県高梁市）の三村元親が毛利氏に反旗を翻すが、これらの背後に、毛利氏の領国内を撹乱しようとする織田方の手が動いていたことは確かである。一方、毛利側も、織田氏がすでに自己の領国だと主張している但馬・丹波にまで手を伸ばし、両国内の在地豪族を味方に誘っていた。この情勢を紀州の一角から眺めていた義昭は、時期到来とみて天正四年二月八日、毛利氏領国の表玄関である備後鞆津に来着し、毛利氏に自分を奉じて織田氏と開戦するように求めた。

毛利氏はことの重大さに内談を重ねたが、ついに同年五月十三日、義昭の命を奉ずることに決し、これを領内の国衆らに通達するとともに、東国の上杉謙信・武田勝頼らや、西国の諸大名にも報じて援助を求めた。同年七月十三日から翌朝にかけて、毛利氏麾下七、八百艘の警固船は大坂湾頭木津川口で織田方の水軍を打破り、織田勢に包囲された本願寺に兵糧を入れることに成功した。ここに毛利・織田両軍は戦火を交えることになった。先に大友氏に誘われて反抗していた能島村上氏も、再び毛利氏の麾下に入っており、当時の毛利水軍は内海全域に睨《にら》みをきかす精鋭であった。

織田氏は天正五年十月に、羽柴秀吉を中国地方先鋒軍の主将として播磨に遣わし、同国西端の上月《こうづき》城（兵庫県上月町）には、毛利氏の仇敵である尼子勝久・山中鹿介らを入れて守らせた。これは山陰地方の尼子旧好の諸氏を味方に誘う策戦であった。織田方との全面戦闘に入った最初は毛利氏に有利に展開した。翌六年三月には、播磨国東部に勢力を張った三木城主（兵庫県三木市）の別所長治が織田氏に背いて毛利氏に通じた。同年四月、毛利両川の軍勢が上月城を包囲したが、毛利氏が最も動員力をもっていた時期であり、総勢三万であった（吉川家文書別集八二号）。このときは、まだ一万に足らなかった秀吉勢は退けられて上月城は陥落した。ここに尼子勝久らは自刃し、いったん降伏を許された山中鹿介も殺されて、尼子勢の根が断たれた。さらに同年十月には、西摂地方に勢力をもち信長の部将となっていた在岡城主（兵庫県伊丹市）荒木村重が毛利氏に内応した。これと石山本願寺を結びつければ、毛利氏の勢力圏は日本の中枢部に達することになった。

ところが、天正七年に入ると毛利氏に不利な局面が重なってくる。同年十月下旬には、かねて去就が疑われていた備前の宇喜多氏が、織田方に転じて毛利氏と戦火を交える。同じころ、伯耆の羽衣石城主（鳥取県東郷町）の南条氏も毛利氏に背く。そのため、毛利氏の救援活動が阻害され、翌八年一月には三木城が陥落し、別所氏は滅亡する。荒木氏の在岡城は天正七年十月に陥落しており、翌八年には、荒木氏の勢力は西摂から姿を消した。石山本願寺は三木・在岡城などの陥落で孤立し、毛利氏の海路による救援も困難となったため、本願寺顕如上人光佐は同八年三月織田氏と講和し、その翌月大坂を去る。子息教如（光寿）は、なお毛利氏と連携し抗戦しようとしたが思うにまかせず、これも同年八月退城した。この石山合戦には、安芸に教線を張っていた一向宗門徒が毛利勢に協力し、身を挺して大坂城に籠城し、また、兵糧米などの輸送に当るものが多く出た。本願寺側も安芸門徒を奮起させるため、教如が本願寺を抜け出して安芸国に渡海したこともあったらしい（顕如上人文集）。また、本願寺を安芸国に移したいという信徒の意向があったが、宇喜多氏の離反で連絡がとれなくなったため、毛利氏がこれに賛同せず、その実現はみられなかった（本願寺文書）。

山陰地方における毛利方最前線の要衝鳥取城が、天正九年七月から同十月末に至る秀吉軍の包囲攻撃をうけて陥落する。この城の城将は、吉川氏の庶家（石見吉川）で石見国福光城主（島根県温泉津町）吉川経安の嫡男経家であり、かれは籠城兵の衆命に代って自刃した。秀吉は次の攻略目標を毛利氏真正面の備中国に定めたが、それ以前に、毛利水軍前進基地の淡路島を占領した。続いて毛利水軍の主力三島村上氏の切崩しに成功し、来島村上氏を味方につけた。一時は能島村上氏まで毛利方に背いたという噂が立ち、天正九年末から、能島村上氏は毛利方にとどまったことが明らかになる翌十年四月ころまで、毛利氏の心臓部ともいうべき広島湾頭の五ヶ村（広島市の中心部）や、厳島にまで不安と動揺を与えた。

備中に侵入した秀吉軍は、備前との国境沿いに配置された諸城を攻略し、天正十年五月から六月初めにかけて、最大の要衝高松城を中にして毛利勢と対峙した。同城は秀吉の水攻めにあって、落城寸前にまで追い込まれていた。さらに、すでに同年三月に東国の武田氏を攻め滅ぼした信長が、大軍を率いて秀吉救援のため西下しようとしていた。毛利方が、元春・隆景両軍を合わせながら眼前の高松城を救えなかったのは、四周の敵方に備えるため動員が十分できなかったうえ、内部からも裏切者が続出するおそれがあったためである。現実に、高松城南部の城を守っていた上原元将は、備後国世羅郡の領主で、元就の二女（生母三吉氏）を娶り毛利一族の待遇をうけていたのに、背いて織田方に走っている。

高松城下における毛利氏と秀吉の間の講和が、天正十年六月四日に成立した。この講和は、毛利氏側の後世の記録はいずれも秀吉方からもち出されたように記しているが、当時から一、二年後に書かれた秀吉や安国寺恵瓊の書状によると、この和平は、毛利側からもち出されたのが真実とみられる（小早川家文書二七六号、毛利家文書八五九号）。おそらく毛利氏内部の上方の情勢に詳しい隆景が、毛利氏の窮状を心配して、京都から備中に下向した恵瓊と相談し、毛利氏の潰滅を避けその生き残る道を求め、毛利方から恵瓊を使者として秀吉との交渉をはじめたのであろう。

交渉の当初、秀吉側から出された条件は、両者が争奪中の備中・美作・伯耆三国に備後・出雲両国を加えた五ヵ国割譲と、高松城主の切腹であった。万策尽きた当時の毛利氏側にとって、五ヵ国割譲はやむをえないとしても、忠誠を誓っている高松城主清水宗治の死は面目の上からも承知しがたく、ために交渉はゆき悩んでいた。このとき六月二日早朝、信長が京都本能寺で部下明智光秀に攻め殺された報せが、翌三日に秀吉の陣営に達した。秀吉は早速恵瓊を呼んで、領国割譲の緩和を申し入れるとともに、高松城主の切腹を済ませ早く講和を結びたいと告げた。恵瓊は一存で高松城中に入って交渉のいっさいを話したので、宗治は恵瓊の勧説を容れ、翌四日に自刃し果てた。この結果、その日のうちに毛利・羽柴両氏の間に誓紙が交換され、講和が成立した。

講和成立の直後に、毛利氏の陣中にも信長の死の報せが、味方であった紀州の雑賀《さいが》衆によって伝えられた。毛利氏の将兵には、この好機に乗じ秀吉軍を追撃しようという強硬論者も多かったが、毛利氏の主脳はこれを制止して動かなかった。これは、毛利氏内部に裏切者の続出で動揺が起きていたし、ことに麾下水軍の分裂によって、長駆の追撃が不可能であったためとみられる。しかし、結果的には講和の誓約を守って、秀吉が信長の弔合戦を行ない、天下を取ることを容易にさせた。後に毛利氏内部には、このとき追撃しておれば天下は即時に毛利氏の存分になったのに違いなく、これは、制止したのは隆景・元春の分別違いだと申すものがあった。しかし、隆景はこのとき誓約を守ったからこそ毛利家が豊臣政権下で安泰でいられるのであり、これは自分の見通しがよかったからだと、折々、自慢の一つとして聞かされたと、吉川広家が慶長六年の覚書の中で述べている（吉川家文書九一七号）。

毛利氏では織田方と対戦中も、執政の元春・隆景に家中衆の福原貞俊・口羽通良を加えた四人が軍事指揮権を代行し、おもに山陰地方は元春と通良、山陽地方では隆景と貞俊の組み合わせができていた。しかし現実には、山陰は元春、山陽は隆景の支配下にあって、伯耆・因幡などの国衆は吉川氏城下の大朝新庄（広島県大朝町）に、備中などの国衆は小早川氏城下の三原に使者を送り、人質を預けていた。事態が深刻になるにつれ、両者の利害が対立することもあったが、輝元の指揮下にその調整につとめ、戦局に応じて両軍が毛利本軍に合体して、戦闘に臨んだことも幾度かみられた。両者には利害の相違だけでなく、対照的な性格の相違がみられた。山陽内海方面を担当した隆景は、上方の情報に精通したこともあって、自重して和平の方向に事を運ぼうとしたため、吉川方から余りに思慮にすぎる消極策だとなじられた。一方、隆景にいわせれば、元春はともすれば叶わずば討死するまでよとか、この所は退《の》くまい、あの所へ押し入らんなどと、まるで若武者か小部隊の侍大将のようなことばかりいうが、大敵の秀吉と鉾先《ほこさき》を争うのに、どうしてそのような勇《いさみ》一途の短慮で勝つことができようかと、批判していたという。寒中に咲く梅花にたとえられる元春と、春風に靡《なび》く楊柳に比せられる隆景の対照は、人物本来の性格の相違であるとともに、山陰と山陽にそれぞれ置かれた環境に左右された点も多かったと思われる（陰徳太平記巻七六・七九）。元春は秀吉支配下で働くことをいさぎよしとせず、天正十年十二月に、嫡子元長に家督を譲って隠退してしまうが、一方の隆景は秀吉と親交を深め、豊臣政権下の重鎮となっていく。

二　関ヶ原合戦まで

織田信長と覇を争った近江の浅井、越前の朝倉、甲斐の武田諸氏は、その鋭鋒に敵し難く、みな滅ぼされてしまったが、毛利氏だけは次の豊臣政権下で西国最大の大名として生き残った。それは、高松城下講和の直前に信長急死という出来事があったためと、毛利側も元春・隆景が健在で実力を温存していたためである。秀吉は明智光秀を滅ぼし、信長後継者としての地位を着々と築くが、その道程で、先輩部将柴田勝家との対立が激化した際、毛利氏は秀吉側との折衝には隆景が正面に立ち、勝家側との交渉には元春が当って、秀吉・勝家両者の強弱勝敗の様子をうかがいみるという態度をとった（毛利家文書三四九号）。しかし、天正十一年（一五八三）四月に秀吉が勝家を近江賤ヶ岳の戦いに破り、ついで北ノ荘（福井市）に滅ぼし、同年六月に大坂城に入って天下覇者への道を驀進するようになると、隆景がもっぱら代表となって秀吉との接触を深める。

毛利氏と秀吉間の講和内容のうち、領国境目の決定問題は難航するが人質の派遣は天正十一年九月には実行に移される。人質にきめられたのは、当時十七歳の小早川秀包《ひでかね》（初名元総）と、二十三歳の吉川広家（初名経言）であり、両人は同年十月大坂城で秀吉に引見されている。秀包は元就晩年の子息であるが、先に述べたように隆景の養子となっていた。かれは秀吉の手元にとどめられ、その一字をもらって、秀包と改名した。かれは九州の役後には、筑後国三郡を給与され久留米に配置され、秀吉の外甥秀秋が小早川氏の養嗣子にきまると別家をたてる。一方、広家は大坂に上ったその月のうちに帰国が許されるが、それは、元春が三男のかれを隠居後も膝元に置いて老後の頼りとしており、かれを人質に出すことは容易に承知しなかったという経緯があったからであろう。広家は、九州の役中に元春に続いて死没する長兄元長の跡を継いで吉川氏の当主となり、慶長二年の隆景死没後は、毛利一族中の最長老の立場に立たされる。

領国境目の決定には、もと毛利氏の外交僧ですでに秀吉の信任も得ていた安国寺恵瓊の奔走にもかかわらず、現実の利害が絡んでいたため解決が長引いていた。しかし、天正十二年に入って秀吉が徳川家康と対決しなければならなくなると、毛利氏に対する態度も急に緩められ、天正十三年初めまでにはこの問題も解決した。これで、毛利氏は備中は高梁川以西、伯耆は西三郡の領有が許されたうえに、備中の松山（岡山県高梁市）、美作の高田（岡山県勝山町）、伯耆の八橋（鳥取県東伯町八橋）の諸城を留保することができた。この時期の毛利領は、この備中・伯耆各半国のほかに安芸・備後・周防・長門・石見・出雲・隠岐七国に及んだが、さらに同年八月に、秀吉が長宗我部氏を討った四国出兵に協力した賞として伊予国が加えられた。

伊予国は、実際には隆景の領国であったが、形式上はいったん毛利氏分国となり、輝元から改めて隆景に遣わされた。それは、隆景が豊臣氏から同国を拝領すると、輝元と肩を並べて競争する傍輩となり、それでは輝元を見放すべからずという亡父元就に対する誓紙に背くことになるから、このような扱いにしてもらったのだという（川角太閤記巻三）。伊予国が毛利氏の分国であったことは、この後、隆景が四国から九州へ転封される際の事情からも察知できる。また、毛利氏の家臣玉木吉保の手記『身自鏡』には、四国の役の後に「伊予国を御当家（毛利家）へ被レ進ける」と記されていることや、後に毛利氏領国内諸郡の検地をして回る吉保が、天正十四、十五両年に伊予国の検地を行なっていることを記していることもその証拠になる。

天正十四年から同十五年にかけて秀吉が島津氏を討った九州の役に、毛利氏はその先鋒を命ぜられる。このとき、吉川元春はすでに隠居していたが、秀吉の強い希望に応じて九州に出陣した。秀吉の意向は、隆景には四国に出陣した功で伊予国を与えているから、今度は元春に九州陣に先鋒の功をたてもらい、その功により筑前国を与えようということであった（陰徳太平記巻七二）。毛利勢は同十四年九月下旬に関門海峡を渡海し、翌月四日に小倉城を攻落すが、元春は同年十一月十五日、小倉城中において五十七歳で陣没する。続いて嫡子元長も翌十五年六月五日に、日向国都於郡《とのごおり》（宮崎県西都市）の陣中で病没してしまう。そのため、吉川氏に筑前国が与えられる件は立ち消えとなってしまった。

天正十五年に入ると、秀吉の本隊も九州に出動する。秀吉は毛利勢を日向口に向かわせ、自らは肥後から薩摩に入り、早くも同年五月三日には、同国川内（鹿児島県川内市）に陣した。島津氏も力尽き、同年五月八日、当主義久が秀吉の陣営に出頭して降伏した。九州役後の処置がきめられ、この地方の知行割が正式に発表されるのは同年六月二十五日付であり、このとき、隆景は伊予一ヵ国を収公されたが筑前・筑後両国と肥前一郡半を与えられ、在国するよう命ぜられた（毛利家文書九八一号、小早川家文書一八三号）。ところが、それよりずっと早い島津氏が降伏した翌日の同年五月九日付で、九州出征軍の検使の役目を与えられ、当時秀吉の陣営にいた安国寺恵瓊から、隆景の近臣鵜飼元辰宛に毛利氏を九州へ国替させる情報が送られていた。それは、輝元さえ承知すれば、毛利氏から中国地方の備中・伯耆・備後を収めさせて、九州の豊前・筑前・筑後・肥後を与えようという議があり、また、とくに隆景を九州に置くべき由の内意があるから、内々支度が肝要であるというのである（不動院文書）。秀吉は、西国の毛利氏と東国の徳川氏を対照的に重視しており、この後、徳川氏を東海から関東へ国替させたことと思い合わせると、この時点では、秀吉が毛利氏を中国地方から九州へ移すことを真剣に考えていたものとみられる。

毛利氏の九州への国替は実現せず、代って隆景が、豊臣氏から直接に筑前・筑後両国の領主に封ぜられた。これは、伊予国がいったん毛利氏の分国となり、輝元から改めて遣わされたのとは違い、隆景は豊臣氏に直結する大名となったのである。これについて隆景は、齢《よわい》がまだ若い輝元を見捨てて九州の住人になってしまうことはできないと再三断ったが、秀吉は許さなかった。筑前・筑後両国は豊臣氏の九州経営の拠点であり、秀吉がかねてから念頭にもっている大陸出兵の基地としても重要な土地であり、隆景は豊臣氏直轄地の代官として置かれた性格が強かった。かれもこのことをよく心得ていたに違いなく、後に秀吉の外甥秀秋を養子に迎え、この両国をあっさり譲って、本貫の三原に隠居するようになる要因の一半はここにあるとみられる。とにかく隆景は、筑前・筑後の領主として輝元と肩を並べる独立大名となったが、一方では依然として、毛利氏領内でも三原地方を中心に六万石余の知行地をもち、同氏内部で大きな発言力を保持する二重の性格があった。

秀吉は天正十六年（一五八八）四月十四日、かれが京都の西北内野に造営した居館の聚楽亭《じゅらくてい》に、麾下に入った大名たちを率いて御陽成天皇を奉迎した。毛利一族は九州の役後、肥後国に起こった国人一揆の反乱鎮定のため出動していたが、その事態もおさまったので、同年七月、輝元・隆景・広家はうちつれて上洛した。隆景は、先に四国の役が終了した直後に吉川元長と上洛しているが、毛利当主の輝元が、秀吉の膝下に参向するのはこれが最初である。三人は同年七月十四日、聚楽亭で秀吉に謁し、同八月十五日には、三人を主客とする同亭での観月の宴に招かれる。この宴には三河の徳川家康、備前の宇喜多秀家、越後の上杉景勝など、そうそうたる武将が同席して和歌を詠《よ》んでおり、このときまだ秀吉に反抗していた小田原北条氏を除いて、有力大名のほとんどが豊臣政権下に入っていたのである（吉川家文書八一七号）。毛利氏もこのときから完全に豊臣政権下に組み込まれたが、それによって、同氏内部の体制まで大きく規制されるようになる。

毛利氏は天正十六年半ばころから同十九年にかけて、全領国にわたって検地を実施する。それは、土地の広さを一反三〇〇歩としてではなく、まだ古い三六〇歩とし、畝の単位も現れていないことをはじめ、いわゆる太閤検地の原則と相違するところがある。しかし、これを実施したのは、豊臣政権から次々に命ぜられる公役・軍役を、家臣らに平均して賦課できる態勢を整えるためであったに違いない。この惣国検地によって、在地性をとどめている家臣らの知行替も容易になる。また、旧来の本拠山間部の吉田から離れて、広島湾頭に新城下町を建設する工事も同十七年初めから進められ、同十九年一月には輝元が広島に入城する。毛利氏は一族家臣に新城下に集住するよう命ずるが、これがまたかれらの在地性を弱めることになる。豊臣氏は検地の成果を勘案して、天正十九年三月十三日付で、毛利氏に百十二万石の知行目録を与える（毛利家文書九五六・九五七号）。

毛利氏は、豊臣氏から与えられた知行目録を梃子として、一族家臣に対し大規模な知行替を断行する。そのきっかけとなったのが、この知行目録の中に、毛利氏領内であるのに吉川広家について、その居城は出雲富田城とし、その知行分は讃岐国をあわせて十二万石で、そのうち十万石は伯耆国三郡と出雲国の富田城下の伯耆寄りの地と指定されていたことである。そのため、広家は安芸大朝の火ノ山城から出雲富田城に移住する。これに伴い、富田城に在城していた毛利元康が備後に転封となり、神辺城へ移ったことは先にふれた。これを機会に、出雲の尼子系外様と周防の大内系外様を総入替に近い転封を行なっている。出雲の三沢・宍道・三刀屋氏は長門へ、同佐世氏は周防へ移され、尼子系で出雲にとどまったのは赤穴氏だけとなった。また周防の冷泉氏は出雲へ、同椙杜氏は備中へ移されている。さすがに毛利氏と因縁が深い芸備石三国の国衆の本領にはほとんど手をつけなかったが、その庶家たちは惣領家から切り離して遠隔地に分散配置し、毛利氏の直臣化を進めている。しかし、毛利氏の家臣に対する統制を強化したこの国替も、自らの力ではなく、豊臣政権の上からの圧力によりはじめて実行されたのである。

文禄元年（一五九二）春から同三年にかけて秀吉の無謀な大陸出兵が決行される。領国が大陸の方向に当っていた毛利氏は、出征軍の主力とされて苦難をなめさせられる。豊臣氏からの出兵数割当は、毛利輝元は三万（吉川広家の軍勢を含む）、隆景は一万、同秀包は千五百人であったが、徴兵は思うにまかせず、出兵実数はその八割ほどであった（梨羽紹幽物語）。出征軍は最初の勢いはすさまじく、同年五月二日には朝鮮の首都漢城を占領したが、まもなく味方水軍の不振による補給不足と、国土を踏みにじられたため、朝鮮の民衆が起こした義軍と称する一揆の抵抗に苦しめられるようになる。さらに出征軍の諸将の間に意見の対立があり、足並がそろわないでいるとき、漢城奪回のため明の大軍が南下した。このとき六十一歳の隆景は諸将の意見をまとめ、自ら先鋒軍の指揮をとり、同二年一月二十六日早朝、漢城北方の碧蹄館（向陽）の戦いで明軍を敗走させた。この先鋒軍の中心をなしたのが広家・元康・秀包ら毛利一族が率いた軍勢であった。出征中に輝元・隆景そして広家までも病いに侵されている。輝元は同年四月に朝鮮から帰国するが、それに先立って、かれの養嗣子となっていた当時十五歳の秀元が代って毛利勢の指揮をとるため出征している。

秀元は、元就四男穂田元清の子息で、かれが輝元の養子に内定したのは天正十九年であった。この年、秀吉の謀臣黒田孝高から隆景に、四十歳になろうというのにまだ子息のない輝元に秀吉の外甥秀秋（初名秀俊）を養子に迎えてはとの話がもちこまれた。秀秋は秀吉の正室北政所の兄木下家定の三男であるが、生後直ちに秀吉夫妻が育てており、この養子話が秀吉の口から直接出たものでないにしても、かれの希望を伝えたものに違いない。秀秋は当時十歳になっていたが、気位が高く気性の変化が激しい少年だとの風評が高かった。隆景はこの少年を迎えることで、毛利家の血統が断たれるだけでなく、同家がこれによって破滅に至ることをおそれ、輝元と相談して、毛利方ではすでに秀元を養子にきめているからと話し、秀秋養子の件は断った（陰徳太平記巻七九、黒田家譜）。輝元は文禄元年二月二日、大陸出征に当って秀元を嗣子として系図を譲っているが（長府毛利文書）、秀元が豊臣氏から正式に毛利養嗣子として承認されたのは、同年四月十一日、出征軍指揮のため九州へ下向途中の秀吉が広島に立寄ったときである。事前に根回しがあったためもあり、秀吉は即座に秀元が毛利氏嗣子であることを認めた。このことは、早速安国寺恵瓊らによって、すでに大陸に向かっていた輝元・隆景に報告された（毛利家文書一〇四一号）。

隆景が秀秋を小早川氏の養嗣子に迎える覚悟をきめたのは、秀元が毛利氏の養嗣子として承認を与えられた時点だとみられる。これは実行に移され、文禄三年十一月、秀秋を京都から三原に迎え、輝元の養女（宍戸元秀の娘、元就の曽孫で輝元夫人の姪）との間に盛大な結婚式が挙げられた。この時期は明との講和交渉が進行中で、帰国していた輝元・隆景・広家はじめ、毛利・小早川・吉川三家配下の諸将も多く参集した。これは明らかに豊臣氏と毛利・小早川氏間の政略結婚であり、このときの秀吉の悦《よろこ》びようは大変なものであったことは、かれが輝元と隆景に送った書状から読みとれる（毛利家文書九四一号、小早川家文書三一四号）。隆景はこの後まもなく、筑前における本拠名島（福岡市東区）に秀秋の付家老山口正弘を呼び寄せ、領国を引継ぐ準備を進めており、翌四年十一月に名島を去って三原に隠退した（宗湛日記）。このとき、小早川氏の家臣のうち外様衆は除いて、同氏の譜代家臣と、毛利氏から隆景に随従してきた家臣からなるいわゆる三原衆は、ほとんど隆景とともに三原に移っている。隠退はしても、隆景にはまだ毛利領内に六万六千石の知行地があるほか、このとき、豊臣氏から隠居料として、秀秋領内の筑前国鞍手・宗像両郡において、五万百五十石の地を、軍役などのかからぬ無役として領知することを認められている（小早川家文書一八一・一八二号）。隆景は隠退後も、豊臣政権内における政治的立場はいっそう重みを加えていた。

文禄四年七月に豊臣政権内部に政変があり、秀吉は関白職を譲って政務を任せていた甥秀次を放逐し、ついで自刃させる。秀吉は、文禄二年に生まれていた実子秀頼に円満に政権を譲らせようとしたが、秀次がその気持を酌まず、気ままに行動したのを、秀吉の側臣石田三成らに乗ぜられ抹殺されたのである。秀吉は秀次を放逐した四日後の同年七月十二日に、徳川家康・毛利輝元・小早川隆景の三人に五ヵ条を示し、この条々を厳守するという起請文を提出させた。その内容は、秀頼に忠誠を誓い、秀吉の法度・置目を守り、これに背く者は縁者でも成敗するというのである。このうち、とくに第四条に、坂東（東国）における法度・置目の執行は家康に、坂西（西国）のそれは輝元と隆景に申しつけるといっている（毛利家文書九五八・九五九号）。秀吉は、徳川氏と毛利氏を東西の最強大名として絶えず対照的に眺めていたが、老巧な家康には、輝元だけでなく重厚な隆景を添えれば、十分に対抗しうると考えていたことがこれによく示されている。

隆景は三原に隠退してから一年半余しかたっていない慶長二年（一五九七）六月十二日、六十五歳で急死する。すでに、大陸再度の出征である慶長の役がはじまっており、かれは死の直前まで、出征軍勢の便宜をはかるために奔走し、一方、毛利氏家臣の家の相続にまでこまかく心を配ったりしている。隆景の死は突然であったので、かれは三原小早川氏の将来をどのように考えていたか不明であるが、かれの死が契機となって、伝統ある小早川氏が消滅してしまう運命にあろうことまでは考え及んでいなかったであろう。

秀吉は隆景の遺臣をまとめて秀秋に扶助させるといったが、三原衆にはいまさら秀秋に仕える気持がなかったうえ、慶長四年八月には、秀秋が秀吉の怒りにふれ越前北ノ荘へ左遷されることになったので、なおさら三原衆を受入れるどころではなくなった。これは秀秋が領国統治に不手際があったうえ、出征中に予備隊大将なのに、蔚山城救援のため本拠の釜山を離れたのを軽挙であると、反対派の石田三成らから秀吉に讒訴されたためである。秀秋は忿懣やるかたなかったが、家康になだめられ一時越前北ノ荘に移り、家中の知行割も行なっている（松野文書、閥閲録五五）。時あたかも秀吉が病死し、やがて慶長四年二月、再び筑前・筑後の領国にもどされた。これは、表面は秀吉の遺志ということであったが、実際は家康らの好意によることが明らかであった。慶長五年の関ヶ原合戦において、秀秋が西軍に身を置きながら、裏切って東軍に内応した伏線はここにあった。かれは関ヶ原合戦の戦功で備前・美作両国五十万石の大名となるが、内部統制も十分にできないうちに、慶長七年十月に弱冠二十一歳で死去する。嗣子がなかったので備作両国は収公され、小早川氏の本宗は断絶する。

輝元は慶長三年八月、一族の大規模な知行替を行なおうとした。それは、三原を中心とする隆景遺領が、筑前にあったかれの隠居料所を秀秋に渡すかわりに、毛利氏にもどされたためである。また、輝元には文禄四年十月に実子秀就が誕生していたので、養嗣子としていた秀元を別家させ、一城を与える必要もあったためである。それは、広家を隆景跡の三原城に移し、その跡の出雲富田城に秀元を置こうとするものであった。しかし、この案は同四年八月、秀秋が越前に移された跡の筑前・筑後が、一時毛利氏に預けられるという話も起こったため中止された。結局、三原を中心とする隆景遺領は輝元の直轄領となり、三原衆は毛利氏の家臣として組み込まれることになった。

三原衆は、毛利氏家臣とは毛利両川とて親しく肩を並べてきた仲ではあったが、ひとたび毛利氏内部に組み込まれると、外様視されるのはやむをえなかった。これに不満をもった三原衆の中には、牢人となって他大名に仕官を求めるものも現れる。毛利家から隆景に随従して小早川家に入り、宿老となって活躍していた井上春忠・景貞兄弟や、粟屋景雄らは、いったんは毛利家に召し置かれたことを感謝する起請文を出しておりながら、慶長六年に同家から出奔している。やはり気まずさが去らなかったのであろう（毛利家文書一二〇二〜一二〇四号）。

実子をもたない隆景の輝元に対する献身ぶりは非常なものであったが、輝元もまた元就の教訓に従って隆景と親子同様に申し合わせ、折檻されることがあっても堪忍してきた（吉川家文書一一九二号）。毛利氏における隆景・輝元の間柄は見事だと秀吉からもほめられている。しかし、輝元としては、かれが壮年期に入っても、隆景が毛利内部にまでこまかく干与してくるし、一方、豊臣政権内では、隆景を抜きにしてはひとりだちして認められなかったことなどに不満があったに違いない。かれが慶長四年十月に、隆景の近臣中の近臣であり、その宿老となって権勢を振るっていた鵜飼元辰を処刑していることは注目される。

輝元は秀元に対し、元辰処刑の事情を詳細に書き送っている。それによると、元辰はもと近江から下ってきた猿楽師であったが、筆も立ち知恵もあったので、元就がかれをそばに置き、幼い輝元の伽《とぎ》もさせた。ところが、元辰は自らすすんで隆景に奉公し、その側臣となり宿老格にまでのし上がった。かれは、隆景の晩年には目をかけられていることをよいことに威勢栄花をもっぱらとし、輝元と隆景の間をいろいろと申し隔て、輝元のために悪いように仕かけたりした。隆景遠行後、毛利家へもどってからも悪心が去らず、他国へ出奔しようとしている。毛利家の裏の裏まで知りつくしているかれが、中国地方に望みをかけた他大名家に入り込んでは一大事なので、処刑したというのである（長府毛利文書）。織豊時代に入っても、毛利両川体制がいちおうは有効に機能はしていたが、隆景の晩年には、すでに毛利・小早川両家間にすきま風が吹き込んでいた様子が察せられる。

輝元は慶長二年六月、隆景死没の直後、大陸へ再出征しようとしている広家に対し、隆景の死没で毛利一族が世間から軽く見られるようになり残念だ。いずれにしても、今はあなたが一族中の「御一老」なのだから、なんの気兼ねもなく、内外ともに気を配り頑張ってほしいと申し送っている（吉川家文書一二〇〇号）。当時、広家は輝元より八歳下で三十七歳になっており、父元春から再三元就教訓について聞かされていた。それで、三年後の関ヶ原合戦において、かれがとった行動には突飛なところもあるが、それは合戦後かれが覚書中で弁明しているように、一途に本宗毛利家の存続を願ってとったものであることは間違いないであろう。

ただし、広家は武将肌の人物であり、文禄の役のときから、豊臣政権内部の石田三成ら奉行衆に反感をもった黒田長政らの武将党に接近していた。慶長の役にも、かれは軍法を犯し抜駆をしたと、豊臣奉行衆と一体の関係にあった安国寺恵瓊から詰《なじ》られ、かれらに対する遺恨がつのっている。豊臣政権内部で重鎮であった隆景と違って、かれはときには三成に雪舟の絵を贈って機嫌をとろうとしたこともあったが、いつも三成らに秀吉との間を隔てられ、かれの勲功も秀吉の耳に入らないことを残念に思わねばならぬ立場にあった。広家は関ヶ原合戦から十五年を経た慶長十九年になって、石田三成に対し、遺恨とする所存を列挙した覚書を記しているが、その中で最初に挙げているのが、秀吉の意向によって自分に下し置かれた出雲・伯耆の領地を、秀吉他界後、秀元に渡すよう申し出たのが三成であったという一条であることは注目される（吉川家文書九一八号）。これは、先にもふれた慶長三年八月、輝元が広家を隆景跡の三原城に移し、その跡の出雲富田城に秀元を置こうとした件である。広家の覚書によって、毛利氏内部の一族の知行替にも、三成の干渉があったことが知られるとともに、広家が、三成の後援を得ている秀元に対抗意識をもっていたことも察せられる。

慶長五年六月、徳川家康が、豊臣五大老の一人である上杉景勝が領国会津にとどまり、無断で戦備をおさめているのは謀反の疑いがありとして、これを討つため、豊臣家武将党の諸大名も率いて東下した。これを機会に、石田三成ら奉行衆が豊臣秀頼を擁して徳川氏討伐の兵を挙げ、ここに天下分け目の関ヶ原合戦が起こった。輝元は恵瓊を通じての奉行衆の懇請に応じ、同年七月十七日大坂城に入り、西軍（奉行衆方）の盟主に担ぎ上げられる。家康につぐ豊臣家の宿老であり、数年来秀吉の遺命に背いた家康の専恣を隠忍してきた輝元としては、同じ宿老の景勝を救い、家康を懲らしめるため決然と立上がるのが当然と考えたであろう。ただ、事態が急であったため、このことが、毛利存廃の運命を左右することをどこまで考えていたか判然としない。

一方、広家は恵瓊の説得に応ぜず、東軍（家康方）の勝利は必至だから、天下を争うことなく、家康に味方し、毛利氏の存続をはかるべきだと主張し、毛利宿老中にもこれに賛同するものがあった。しかし、広家は輝元が大坂城に入ってしまったので西軍方として伊勢に進撃するが、裏では、東軍中にいる知友黒田長政を頼って家康に内通していた。毛利勢は東軍主力を迎え撃つため美濃に移動し、南宮山（岐阜県垂井町）に布陣するが、広家は毛利家筆頭宿老の福原広俊（貞俊の孫）だけと相談のうえ、二人の責任で関ヶ原合戦前日の同年九月十四日、徳川・毛利両氏間の和議を成立させた。広家・広俊側から人質を差出すとともに、徳川氏方から、同氏宿老の本多忠勝・井伊直政両人の請書と、黒田長政・福島正則両人の副書を得た。それは、このたびのことは安国寺恵瓊一人の才覚によるもので、輝元の存知しないことだということにし、毛利氏が家康に忠節を尽くせば、毛利氏の領国は安堵するという内容であった。翌十五日、広家・広俊は和議を実行するため、自ら先鋒となって南宮山の山麓に陣取り、秀元・恵瓊からの再三の催促にもかかわらず、毛利の大軍を押さえて戦わしめず、前進する東軍を無事通過させて、関ヶ原合戦敗北の大きな原因をつくった。大垣から関ヶ原（岐阜県関ヶ原町）に退いて東軍を要撃した石田・小西・大谷らの西軍主力は、同日午前中奮戦を続けたが、小早川秀秋の裏切りによって総崩れとなってしまった。

関ヶ原合戦に西軍方が敗北したとはいえ、大坂城にあった輝元は、まだ金城湯池の城にこもって秀吉の遺孤を擁し、さらに東軍諸将の人質を押さえている強みがあった。平和裏に大坂城を明け渡してほしい徳川氏は、同年九月十七日、広俊に正則・長政両人の書面を持たせて大坂城の輝元のもとに送り込み、広家・広俊の和議についての奔走によって、毛利領国が安堵されることになったことを告げさせた。毛利家中には、徳川氏と一戦を交えたうえで和を結ぼうという秀元らの意見もあったが、輝元は九月十九日に、領国が保証されることを信じて、広家・広俊がすすめた和議の件に同意した。このとき、同日付で輝元は広俊に書状を与えているが、その中で、広家・広俊の才覚で毛利家が存続されることは祝着だとしながらも、「近比さかさま事候、是ならてハなき時節候」すなわち、近ごろは万事がさかさまで、主人が家臣に助けられなければならぬ時節だ、といっているのである。このときの自嘲にも似た輝元の心底がうかがわれるように思われる（福原家文家六の一〇）。

輝元は多少の不安はあったが、領国の保全を信じて同年九月二十五日、大坂城を退去し、かわって家康・秀忠父子が二十七日に同城に入った。徳川氏は、大坂入城までは毛利氏の本領安堵を許すかのような態度をとりながら、ひとたび同城を収めると、輝元と奉行衆との結託が明瞭になったこと、四国の東軍方を攻めたことなどの罪状を理由に、同年十月二日輝元の全領国を没収し、広家に中国地方で一、二国を与える旨を通告してきた（吉川家譜）。その後、広家の哀訴・嘆願によって、同年十月十日付で、家康から輝元・秀就父子に対し、周防・長門両国を与え、父子の身命を保証する起請文が与えられた（吉川家文書九一四号）。これまで毛利一族を中心に据えて、鎌倉時代以来の歴史の展開を眺めてきたが、同氏が因縁の深い安芸国から離れることになったこの時点で、筆を収めることにする。

毛利氏関係系図

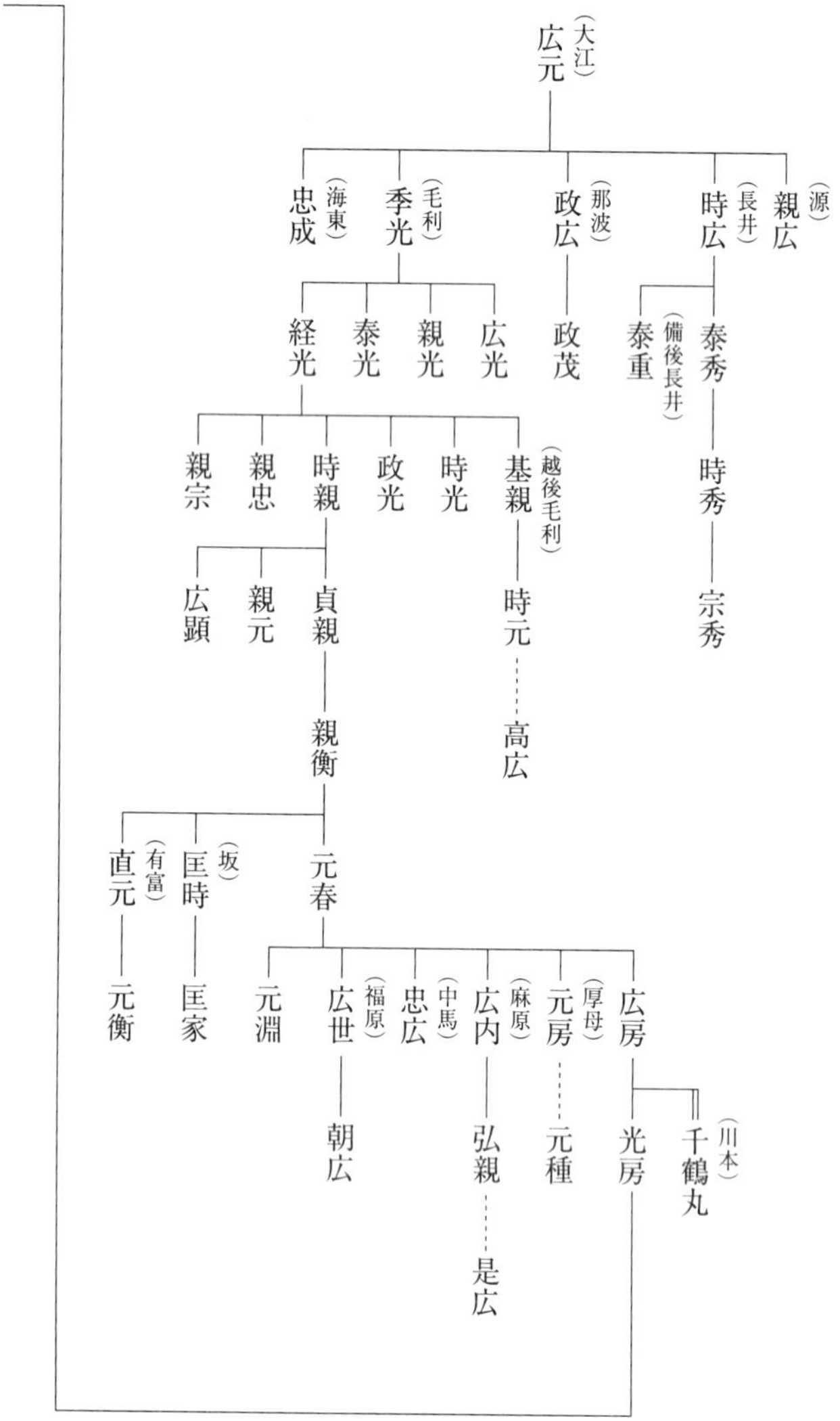
（大江）広元
（源）親広
（長井）時広
泰秀
時秀
宗秀
（備後長井）泰重
（那波）政広
政茂
（毛利）季光
広光
親光
泰光
経光
（越後毛利）基親
時元
高広
時光
政光
時親
親忠
親宗
貞親
親元
広顕
親衡
元春
（坂）匡時
匡家
（有富）直元
元衡
広房
（川本）千鶴丸
光房
（厚母）元房
元種
（麻原）広内
弘親
是広
（中馬）忠広
（福原）広世
朝広
元淵
（海東）忠成

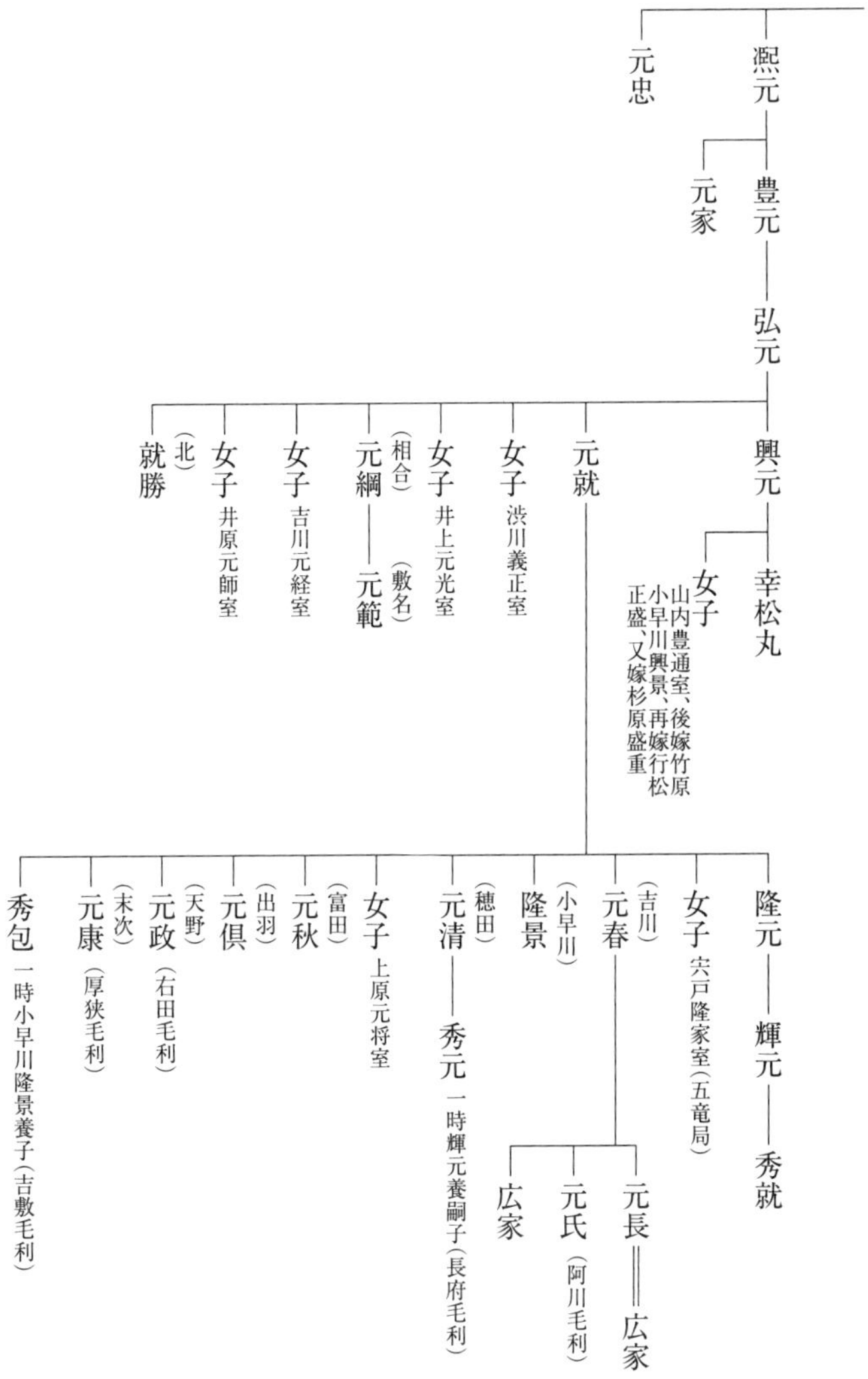
凞元
元忠
豊元
元家
弘元
興元
元就
女子 渋川義正室
女子 井上元光室
（相合）元綱
（敷名）元範
女子 吉川元経室
女子 井原元師室
（北）就勝
幸松丸
女子 山内豊通室、後嫁竹原小早川興景、再嫁行松正盛、又嫁杉原盛重
隆元
輝元
秀就
女子 宍戸隆家室（五竜局）
（吉川）元春
元長
広家
元氏（阿川毛利）
広家
（小早川）隆景
（穂田）元清
秀元 一時輝元養嗣子（長府毛利）
女子 上原元将室
（富田）元秋
（出羽）元倶
（天野）元政（右田毛利）
（末次）元康（厚狭毛利）
秀包 一時小早川隆景養子（吉敷毛利）

『安芸毛利一族』を読む

岸田裕之

本書が刊行されて以来、解説者は史料調査に伺う際には本書を所蔵者に差し上げ、所蔵文書がもつ価値や位置づけなどについて説明するうえに利用してきた。そうした事情からここでは、きわめて基礎的ではあるが、「史料」の価値と限界について考えた小文を寄せることにした。

本書は、普及書であるが、学術書の性格をもつ。「はしがき」に「毛利一族の生きざまを、鎌倉時代から関ヶ原合戦に至るまでの、中世武家社会展開の中に位置づけながら、各人物の心の襞《ひだ》に分け入って考察を進めようとした」「一族の組織・構造論に人間心理の動向を加味して把握しなおし、確実な史料によりながらも、歴史をビビッドに描き出したものはまだみられない。本書では、この新分野の開拓を試みた」と記されているように、著者の目的は明確である。全体のうち、戦国最末期における織田信長との戦争以降の数十ページを除くと、南北朝期に安芸国に集住するまでが約三五ページ、永正年間の弘元（元就の父）の死までが約六五ページ、あと約一三〇ページは元就を中心にすえた戦国時代史である。この配分は、遺存史料の割合によるところも大きい。

本書は、三〇年前の一九八四年、著者満七〇歳の時に刊行された。この前提には、長年にわたる毛利氏、地域史、文化史研究の成果をまとめた『中世武家社会の研究』や、『安国寺恵瓊』『瀬戸内海の歴史』など、学術書や普及書の刊行、また県内外の関連遺跡等の調査による土地勘もあり、その準備は整っていた。著作には著者の個性があらわれる。本書は、卓越した発想力をもち、常に前向きな著者の円熟の境に達した著作といえる。当時こうした著作は稀であり、そしていまに生きている。

毛利氏は江戸時代萩藩主として続き、近代に入っても三卿伝（註）編纂所を創めて家史の編纂を行い（註元就・元春・隆景）、そうしたこともあってとりわけ戦国大名関係としては全国的にみて質量とも抜きん出て豊富な史料が遺存した。三卿伝編纂所が戦前に編纂した『毛利元就卿伝』『毛利輝元卿伝』は、周南市のマツノ書店がそれぞれ一九八四、八二年に出版したが、本書はそれとほぼ同時期の刊行である。

また、山口県文書館による『萩藩閥閲録』四巻、『萩藩閥閲録遺漏』一巻の翻刻刊行は一九六七〜七一年、『広島県史　古代中世資料編』Ⅰ〜Ⅴは一九七四〜八〇年（Ⅴには萩藩譜録の関係分が収められている）、それでも未調査の原文書は多く存在した。それが組織的な調査によってほぼ全体が明らかになり、普く活用できるようになったのは、近年の『山口県史　史料編中世』1〜4（一九九六〜二〇〇八年）によってである。

現在と比べると、刊行史料の利用面でやや制約された状況のなかでの著作であることに留意しておきたい。

史料論は他にも共通する問題である。「史料」と一概に言い切れず、良質のものもそうでないものも様々である。

本書には、戦前刊行された大日本古文書の『毛利家文書』や、『閥閲録』が主に活用されている。これらは毛利史研究の基本史料でその政治的・軍事的動きや、人間心理を描くには欠かせない文書群である。

『閥閲録』は、享保年間の一七二〇年代に藩主吉元の命により御什書御用掛の永田瀬兵衛政純が編者となってまとめた萩藩家臣伝来の古文書・系譜集二〇四冊のことである（『閥閲録遺漏』一五冊の編纂は幕末期）。この直後に編纂された毛利元就の軍記『新裁軍記』の基本史料となった。『閥閲録』編纂の手順は、まず藩主吉元が家臣から伝来文書の写本を提出させた（「差出原本」と称す）。この差出原本を永田政純が必要に応じて原文書と校合し、点検済のものを上覧に備えるために清書するが、これが上覧本の『閥閲録』（「浄書本」と称す）である。山口県文書館が翻刻刊行した『萩藩閥閲録』は、これを底本としている。

この『閥閲録』の性格は、原文書に拠って実証を重視したいわば近代的歴史観に基づき永田政純が厳密な史料批判を行った古文書集といえる。

しかし、こうした価値とともに、いくつかの限界をもつ。

まず、原文書が活字本として刊行されるまでに原文書→差出原本→浄書本→刊本と、少くとも三回転写されており、そのため誤写・誤読も生じ、また花押や封、筆跡等々、原文書の形態も正確には伝えておらず、元就書状でも自筆か右筆によるものか見分けがたく、まさに写本であることからくる限界が指摘できる。ただ、浄書本は差出原本そのままの転写ではなく、差出原本にある花押の模写（差出の時に姓名不詳であったため）を省略している場合もあり、その情報量にはやや差がみられる。ともあれ、こうした限界は、その原文書を発見できれば細心の解析によって克服できる。

さらに重要な限界は、差出原本の際に多数の家伝来の古文書が未提出であったという点である。のちの譜録の編纂にあたって各家とも追加提出した文書もあるが、それはごく一部にすぎない。

こうした事態が生じた理由は、『閥閲録』の編纂基準にある。その重点が江戸時代中期の観念によって各家臣と毛利氏の縦の主従関係、その権益保障におかれたため、家伝来の文書は「判物」中心に選別されたのである。

そのため遡って戦国時代の領主家（国衆や家臣）の全体像にとって欠かせない領主家同士の関係、港町や貿易・交通・流通等々、横の広がりを究明するに資する史料は差出原本では除外された。しかし、戦国大名毛利氏の権力構造の中核は安芸国衆連合であり、また流通領主を活用することなくしては領国の維持も拡大も不可能であった。こうした選別は、毛利氏領国の不均質な政治構造、ならびに重要な資源や港町・流通等の経済基盤に関わる実態を究明するにあたって大きな障碍となった。これまた、こうした原文書の発見が待たれた。

著者はこうした事情をよく理解していた。その執筆には間に合わなかったが、解説者がほぼその頃から始めた原文書調査の長年にわたる経験からすると、『閥閲録』に所収された文書とほぼ同数の未提出の新出の原文書が発見されることは珍しくなかった。それらは、写本の限界を克服するとともに、各家や各地域が形成していた、「判物」中心とは異なる、より広い歴史的世界を多様かつ豊かに構築できるものであった。

萩藩編纂事業はいまに価値ある優れた遺産を築いたが、そのなかにその限界を見出し、こうした原文書によって研究を深化させ、新しい財産を築く視座と方法は準備されていた。

次にいわゆる軍記物について述べる。

『新裁軍記』（マツノ書店、一九九三年）の序文に次のように記されている。

世ニ毛利ノ軍記ト称スル者其数多シ、今其書共ヲ検スルニ、或ハ年月相違、或ハ人代不合、凡姓名称号合戦ノ事実、十ニ五モ証拠ナシ、其内耳伝ノ正説モ有へケレト、多分ハ作者ノ心ニテ人ノ耳目ヲ悦シメ、世ニ行ハシメン為ニ不足ヲ補ヒ付会シ、闕漏ナキ様ニ杜撰セルナリ、（中略）今此書ハ御家現在御重書証文等印記押字手跡等ヲ正シ、支証トシテ謬誤ヲ去テ実説ヲ記スル所ナリ、（中略）の部分には十四、五の軍記類を挙げる。なかには寛文年間頃に大坂で毛利家の軍記として板行された『関西記』について「無証ノ虚説多キ故、其時大坂御屋敷ノ留守居役井上六郎右衛門就相沙汰トシテ滅板料銀百枚遣之、於御屋敷焼棄其板タリ」とあり、また「陰徳太平記ハ岩国ノ香川某記シタリ、諸家他家混雑シ其誤殊ニ多ク、採録スルニ足サレトモ、書ノ体実録ノ様ニ信仰スル人多キナレハ異説ヲ挙テ論駁シ、誤リヲ正スナリ」と記されている。

『新裁軍記』は、本文（文書の裏付があるもの）、論断（正誤を判断して事実を論証）、参考（異説の諸軍記）の三構成になっており、厳密な凡例に基づいて編修されている。

約三〇〇年も以前に永田政純が無用とし、あるいは異説として論駁を加えて退けた諸軍記が、一級史料である文書の裏付をもった事実と混用されると、読者にはそれが史実かどうかほとんど見分けがたく、そのため虚像を増幅させることにもなる。

たとえば、厳島の戦いについて、毛利元就が謀略によって陶晴賢を誘き寄せ、少ない兵力で大軍を打ち破ったとされていることは、その好例である。

また、『毛利三代実録』と題する元就・隆元・輝元の事績、明応六年（一四九七）の元就誕生から寛永二年（一六二五）の輝元死没までを編年体にまとめたものもある。天保六年（一八三五）に着手し、明治三年（一八七〇）に五二巻（三一冊）を成稿した。

その凡例にも次のように記す。

此篇ハ、宝庫秘府蔵スル所ノ什書ヲ以テ根拠トシ、之ヲ証スルニ諸家ノ旧記・感状・古文書等ヲ以テス、其意他書ノ謬誤ヲ正シ、真伝ヲ後世ニ遺スニ在リ、故ニ其証拠無キハ一モ之ヲ収録セス、なお、この実録の綱文について論拠たる史料を引用して考証論断を加えた『毛利三代実録考証』は明治二十五年に完成している（秀就を加えた『毛利四代実録』、同考証論断も編集された）。

このように萩藩・毛利家は、軍記物によって元就らについての謬説が創作され、それが重って虚像が広まることを強く警戒していた。近代的歴史観を一層鍛えるべき現代に学ぶ我々が、それらを又候引き出してくることは慎むべきことである。本書では、軍記物はきわめて抑制されているが、この問題は、毛利氏に限らず、他大名他国衆らにも共通する。滅亡したため遺存史料の少ない場合は多いが、著作者・読者全てが留意すべき点である。とりわけ良質の一次史料に拠って正しい永続性ある認識を伝えていく役割を負う著作者の責任は重い。

政治史・軍事史を叙述する際の史料上の大きな課題がこうしたところにあるとすれば、人間心理についての叙述の主たる問題は、『毛利家文書』中の元就・隆元父子の間で内々に交わされた自筆書状の取扱いにある。領国の形成・拡大過程における為政者の自筆書状が数多く遺存する大名は他にはみられない。

著者はその重要性に早く注目し、本書には父子の心理として適宜書入れている。ただ、これらの書状の使用のむずかしいところは、多くが年や月日の無い点にある。自筆書状は、父子がおかれたある局面のある断面の心理を表わしているから、政治的・軍事的動きと絡めながらほぼ同時期の関係史料と照らし合わせて総合的に解析し、整合的に推定年代を狭めたり、定めたりしていくことが求められる。

毛利氏関係史料の質量とも豊富なことは比類がない。その個々をこの単語、この行がおもしろいからと、部分的にいわば撮み喰いをしながら安易に立論に用いるようなことがあってはならない。先人が保存・管理に心を砕き、いまに遺存した個々に正面から向き合ってその全文を慎重に解析して価値づけ、歴史的世界の再構築に役立てるよう思慮すべきである。本書はそうした意識と姿勢が研究には大切であることを語りかけている。

宝庫秘府の什書は基本的には毛利家に蔵され（毛利博物館）、萩藩・毛利家編纂事業による写本類（一部に原文書）は山口県に寄贈されて山口県文書館に「毛利家文庫」として収められた。また山口県文書館には、萩藩編纂事業によってそれ以前に出奔していた戦国時代の家臣家の文書（写本）や、昭和十年代の旧県史の調査史資料、館設置以来寄贈を受けてきた各領主家・寺社等の原文書なども多い。

戦国大名毛利氏の研究においては、毛利博物館と山口県文書館は、とりわけ貴重な機関である。研究と著作は、たえず創造的でなくてはならない。『山口県史』が刊行され、一次史料に拠った研究条件はかつてなく整った。それでも刊本・写本・原文書の史料上の価値の差異は大きい。

本書は刊行から三〇年を経た。著者は、その間に進んだ毛利氏研究に基づいて著わされる学術的価値の高い普及書の刊行を待望していると思う。先学の著作は、その視座と方法をも含め、継承すべき事柄、断ち切るべきものを見究め、そのうえに新しい成果を創造していくことが肝要である。「史料」論を踏まえ、本書を手引きとして毛利氏一族の歴史と向き合えば、読者それぞれの視点でそれは可能であろう。解説者もそうした読み方をした。

後進の解説者としては、著者の個性あふれる本書に対し、自らの視座と成果に基づいて毛利元就が生き抜いた地域の戦国時代史を描き出したいと思う。こうした著作を早い機会に刊行し、その責めを果たしたい。

〔付記〕本文中に述べたことについては、「解説」（岸田編『中国大名の研究』〈吉川弘文館、一九八四年〉）、「『人沙汰』補考—長州藩編纂事業と現代修史小考—」（『山口県史研究』三、一九九五年。のち岸田『大名領国の経済構造』〈岩波書店、二〇〇一年〉所収）、「大名領国関係史料の調査と研究—写本と原文書の差異—」（龍谷大学『国史学研究』三一、二〇〇八年）などによった。あわせて参照していただければ幸いである。

（広島大学名誉教授）

本書の原本は、一九八四年に新人物往来社より刊行されました。

著者略歴
一九一四年　生まれる
一九三九年　広島文理科大学史学科卒業
広島高等師範学校教授、広島大学文学部教授、
福山大学教授を歴任
一九九〇年　没

〔主要著書〕
『安国寺恵瓊』（吉川弘文館、一九五九年）、『瀬戸内海の歴史』（至文堂、一九六七年）、『南朝と北朝』（国民の歴史9、文英堂、一九七〇年）、『中世武家社会の研究』（吉川弘文館、一九七三年）、『足利義政と東山文化』（清水書院、一九八四年）

読みなおす日本史

安芸毛利一族

二〇一四年（平成二十六）十一月一日　第一刷発行
二〇一五年（平成二十七）四月一日　第二刷発行

著　者　河《かわ》合《い》正《まさ》治《はる》
発行者　吉川道郎
発行所　株式会社 吉川弘文館
郵便番号一一三―〇〇三三
東京都文京区本郷七丁目二番八号
電話〇三―三八一三―九一五一〈代表〉
振替口座〇〇一〇〇―五―二四四
http://www.yoshikawa-k.co.jp/
組版＝株式会社キャップス
印刷＝藤原印刷株式会社
製本＝ナショナル製本協同組合
装幀＝清水良洋・渡邉雄哉

ISBN978-4-642-06582-5

刊行のことば

現代社会では、膨大な数の新刊図書が日々書店に並んでいます。昨今の電子書籍を含めますと、一人の読者が書名すら目にすることができないほどとなっています。ましてや、数年以前に刊行された本は書店の店頭に並ぶことも少なく、良書でありながらめぐり会うことのできない例は、日常的なことになっています。

人文書、とりわけ小社が専門とする歴史書におきましても、広く学界共通の財産として参照されるべきものとなっているにもかかわらず、その多くが現在では市場に出回らず入手、講読に時間と手間がかかるようになってしまっています。歴史の面白さを伝える図書を、読者の手元に届けることができないことは、歴史書出版の一翼を担う小社としても遺憾とするところです。

そこで、良書の発掘を通して、読者と図書をめぐる豊かな関係に寄与すべく、シリーズ「読みなおす日本史」を刊行いたします。本シリーズは、既刊の日本史関係書のなかから、研究の進展に今も寄与し続けているとともに、現在も広く読者に訴える力を有している良書を精選し順次定期的に刊行するものです。これらの知の文化遺産が、ゆるぎない視点からことの本質を説き続ける、確かな水先案内として迎えられることを切に願ってやみません。

二〇一二年四月

吉川弘文館

読みなおす
日本史

- 飛鳥 その古代史と風土　門脇禎二著　二五〇〇円
- 犬の日本史 人間とともに歩んだ一万年の物語　谷口研語著　二一〇〇円
- 鉄砲とその時代　三鬼清一郎著　二一〇〇円
- 苗字の歴史　豊田　武著　二一〇〇円
- 謙信と信玄　井上鋭夫著　二三〇〇円
- 環境先進国・江戸　鬼頭　宏著　二一〇〇円
- 料理の起源　中尾佐助著　二一〇〇円
- 暦の語る日本の歴史　内田正男著　二一〇〇円
- 漢字の社会史 東洋文明を支えた文字の三千年　阿辻哲次著　二一〇〇円
- 禅宗の歴史　今枝愛真著　二六〇〇円

- 江戸の刑罰　石井良助著　二一〇〇円
- 地震の社会史 安政大地震と民衆　北原糸子著　二八〇〇円
- 日本人の地獄と極楽　五来　重著　二一〇〇円
- 幕僚たちの真珠湾　波多野澄雄著　二二〇〇円
- 秀吉の手紙を読む　染谷光廣著　二一〇〇円
- 大本営　森松俊夫著　二二〇〇円
- 日本海軍史　外山三郎著　二一〇〇円
- 史書を読む　坂本太郎著　二一〇〇円
- 山名宗全と細川勝元　小川　信著　二二〇〇円
- 東郷平八郎　田中宏巳著　二四〇〇円

吉川弘文館
（価格は税別）